华章IT
HZBOOKS | Information Technology

SHORT VIDEO COMMUNITY
Product, Operation and Commercialization

短视频社区
产品、运营与商业化

张哲◎著

机械工业出版社
China Machine Press

图书在版编目（CIP）数据

短视频社区：产品、运营与商业化 / 张哲著 . -- 北京：机械工业出版社，2022.5
ISBN 978-7-111-70525-3

I. ①短… II. ①张… III. ①网络营销 IV. ①F713.365.2

中国版本图书馆 CIP 数据核字（2022）第 058918 号

短视频社区：产品、运营与商业化

出版发行：机械工业出版社（北京市西城区百万庄大街 22 号 邮政编码：100037）	
责任编辑：陈　洁	责任校对：殷　虹
印　　刷：河北宝昌佳彩印刷有限公司	版　　次：2022 年 6 月第 1 版第 1 次印刷
开　　本：170mm×230mm　1/16	印　　张：24.5
书　　号：ISBN 978-7-111-70525-3	定　　价：99.00 元

客服电话：（010）88361066　88379833　68326294　　投稿热线：（010）88379604
华章网站：www.hzbook.com　　　　　　　　　　　　读者信箱：hzjsj@hzbook.com

版权所有 · 侵权必究
封底无防伪标均为盗版

序一

2020年对各垂直领域App使用时长的调研表明，短视频社区App的占比逐步提高，仅次于社交软件，位于各领域应用中的第二名；抖音、快手、好看视频也逐渐成为国民级的应用产品，不仅每日活跃用户量早已破亿，各公司也受到资本市场的认可，短视频社区无疑正处于互联网潮流的中心位置。与此同时，有许许多多的普通人依靠短视频社区，获取流量，获得关注、点赞、评论，乃至于获取带货、广告、打赏的收入，短视频社区已不仅是大众娱乐学习的平台，也是大众创业创新、发展生意、寻求机会的沃土。

而站在我们互联网从业者的角度，短视频社区的产品设计/运营规则也随着市场的变化，正在经历着快速的迭代与转变，这一过程凝聚着产品经理的大量心血，值得用文字记录下来；任何一个公司都是要追求盈利的，短视频社区产品也不例外，商业化对任何一家公司来说都是重中之重；短视频社区的营销思路也在发展变化，广告、电商、直播、增值服务这几项传统的互联网变现思路，在短视频社区都有了新的呈现形式，商业与内容的统一也是各个头部短视频社区所追求的目标。

张哲的这本书从产品架构、运营方案、商业变现三个模块拆解了短视频社区这一产品形态，其中产品架构模块包含内容推荐、内容搜索、内容审核、内容平台等系统的产品设计，详细阐述了每个子模块的产品逻辑、设计原理和发展历程；运营方案则包括内容体系的引入、精选、推荐，用户体系的成长、促活、留存，创作者体系的升级、激励，以及相关的运营活动；商业变现模块则是从广告、直播、电商、增值服务、品牌孵化五个角度详细阐述了短视频社区的商业变现方案。

  在张哲邀请我给他的新书写序的那天，我仿佛又回到了当年在百度科技园周末一起写PPT的日子，当时的他总有一种想做成一件事情的冲劲，好不容易协调完用户产品、运营策划，拟定了视频创新产品的变现方案后，便马不停蹄地一周内跑完百度在北上广深四个城市的分公司，亲自对一线销售人员进行培训，期望早日卖出他亲手策划的这份商业产品。

  时间会让人成长，写作本书大概也是张哲特别想完成的另一件事情，好在本书终于和大家见面了。希望读者朋友们能够从这本书里了解自己感兴趣的短视频领域知识，加深对短视频社区的理解，并能将自身特长与短视频相结合，为自己的生活创造更大的价值。

马宝云
百度营销观星盘&品牌产品负责人

序二

从 20 世纪末到今天，尽管互联网在不断发展，但其商业本质仍然是围绕流量展开生意。流量在哪里，意味着用户的注意力就在哪里，创作者的创作方向也会偏向哪里。从 BBS、论坛、社区、社交网络，逐步发展到微博、朋友圈，虽然形式不断创新，但用户对精品内容的渴望是一直不变的。流量平台、创作者、品牌方、代理商、MCN 机构始终围绕着流量这个核心因素发展与成长，从而构建起一个又一个繁荣的内容生态系统。

现如今最具有代表性的内容生态系统就是短视频社区。从数据指标角度来看，短视频社区的用户日活数量、日均使用时长、次日留存率等数据都在不断飞速增长。从感性认知角度来看，短视频社区也诞生了诸如社会事件发声、营销事件出圈等现象，以抖音、快手、哔哩哔哩为代表的短视频社区都已经成为具有一定社会影响力的流量平台。

尽管短视频社区增长迅速，但业界关于短视频的大量书籍都是面向内容创作者的工具书，主要是在教创作者如何制作适合涨粉的视频，并如何进行营销与变现的偏向"术"层面的内容。市面上一直缺乏站在平台角度介绍短视频社区平台是如何设计产品与运营策略，如何通过平台规则平衡平台多方角色权益，以及如何实现平台商业化变现的书籍。

今天，终于有在短视频社区业内的一线实战斗士，系统化地拆解、分析与总结短视频社区这个近些年来最具流量吸引力的产品，从产品、运营和商业化三个角度，庖丁解牛般地剖析，并组织成为一本体系化的图书。这是我乐于见到的，相信它会从一个全新的视角给读者带来一些思考。本书站在"裁判员"的角度来解析短视频社区。对于躬身参与短视频行业的创作者和品牌方这样的"运动员"而言，所谓"知己知彼，百战不殆"，对于平台的了解和熟悉是成功的关键。

我可能是作者张哲在广告营销领域的首位引路人。在他大学刚毕业一年的时候，就来到天壤智能，负责做阿里妈妈钻石展位和直通车的优化工具的产品工作。既要保证日常产品的设计与研发进度，又要深入一线去跟品牌商和代理商交流，这便有了机会深入了解广告营销领域的上下游链条、了解其中的各角色职责分工与思维逻辑，张哲也由此开始了在商业化领域的成长。之后的他，无论是在电商行业、搜索行业、短视频行业，都一直在探索广告营销在不同领域内的落地。随着在这个方向上的持续积累，他也逐步将目光拓展到互联网商业化变现的其他领域，如直播带货、电商、会员服务、品牌孵化等。而在商业化实战的项目中，他也逐渐养成了用户侧产品的思维模式，在平衡商业变现与用户体验的过程中，积累了大量对搜索、推荐、垂类内容等领域的实践经验。

本书不仅系统地梳理了短视频社区的产品、运营和商业化的理论框架，也针对各个模块列举了大量实际案例，以帮助读者更好地理解前后逻辑关系，让读者不仅能够知其然，更能知其所以然。本书文笔流畅，可读性较高，对短视频社区相关的产品、运营、技术、市场等互联网行业从业人员，或者有意在短视频社区创作并进行变现的创作者，都非常具有指导意义。

韩定一

天壤智能创始人&COO

原阿里妈妈数据管理平台技术负责人

前言

为何写作本书

英剧《黑镜》里描述过未来世界的一幅场景：万物皆屏幕、万物皆视频、万物皆直播。在这个世界里，建筑物的墙壁与家具的桌面可以随时切换成屏幕，手表与戒指可以随时唤起虚拟交互界面。剧中人物的工作、生活、社交近乎可以通过各个屏幕随时沟通，人们生活在一个由视频和影像组成的世界内，不再需要大量客观现实中的物理交流，仅通过屏幕就能完成社会的整体正常运转。

得益于4G的普及，通信资费的降低以及智能手机的平民化，快手、抖音、哔哩哔哩等短视频社区迅速崛起，在过去的这一年，平均每一秒就有两场直播，每天有几千万个视频会被用户上传，每天有近10亿用户在短视频平台上花费将近一个半小时，短视频社区成了人们记录生活、分享信息、寻找价值的家园，似乎《黑镜》里描述的未来社会在这短短几年间就已经触手可得。

笔者在过去两三年一直在从事短视频内容的头部互联网公司工作，参与过不少项目的实战，也积累了一些做社区产品的方法论，在与编辑交流后，觉得将这些经验沉淀成一本书，不仅是对过去工作项目的总结，也可以帮助在短视频社区这个生态体系内的参与者与消费者，便有了写作本书的意愿与动力。

但与此同时，鉴于本书面向的读者背景不同或者诉求不同，为了使得本书的价值最大化，也为了坚守我心中对一本好书的定义，以下几点原则提前同步给各位读者：

- ❏ 本书不对能够通过搜索引擎查到的名词/概念进行百科内容的罗列，基础概念请读者自行通过互联网搜索工具去了解；
- ❏ 本书摒弃任何高大上的、抽象的、含义模糊的概念与定义，只用最接地气的语言讲清楚事情；
- ❏ 本书碍于篇幅限制，可能不会对每部分内容都面面俱到地讲解，而是侧重于介绍笔者在项目实战中总结出的重要部分，并将困难和问题剖析讲透。

本书主要内容

本书整体上划分为四篇，希望从短视频社区的产品、运营以及商业化三个方面帮助大家理解这一生态体系。

基础篇包括第 1 章，通过拆解"短视频"和"社区"两个词条介绍了短视频社区的产品定义；并介绍了社区产品在过去二十年的发展历史中，各个时期都诞生过哪些经典的产品，满足了人们的哪些需求；最后阐述了短视频社区的平台价值、用户价值与商业价值。

产品篇包括第 2～4 章，主要包括内容推荐、内容搜索和内容生产与互动三大产品模块。内容推荐介绍优质内容、推荐产品架构、推荐基础原理、推荐系统难题等主题；内容搜索介绍搜索产品架构、搜索基础原理、视频搜索、搜索挑战等主题；内容生产与互动部分主要介绍内容生产工具与内容消费互动的典型产品形态。

运营篇包括第 5～8 章，主要包括内容运营、用户运营、活动运营和平台运营四个模块。内容运营介绍内容生产、审核、分发和消费；用户运营包括消费者运营和创作者运营；活动运营主要指的是运营活动与资源；平台运营指的是社区文化与平台治理。

商业化篇包括第 9～13 章，是本书的重点，主要包括广告变现、直播变现、电商变现、增值服务、品牌孵化五个模块。广告变现主要介绍短视频广告的特点、品牌广告与效果广告的主要产品形态，以及重点行业的广告营销解决方案；直播变现主要介绍直播的特点，以及直播引流、直播打赏、直播带货三类主流直播变现模式；电商变现主要介绍短视频电商的特点，并按照商品销售的完整环节分成售前准备、售中营销、售后服务；增值服务主要介绍会员付费与内容付费；最后讲解近些年流行的品牌孵化主题，解析新锐品牌在短视频社区的崛起逻辑。

除本书外，笔者应粉丝要求还开发了一套短视频的视频付费课程，一共20讲。为了感谢读者对本书的支持，前10个课程免费对读者开放，扫描二维码即可观看。如果对后10个课程感兴趣，需要支付少许费用（支持单个视频单独付费），也算是对作者的肯定和支持。

读者对象

本书面向以下读者对象：
- 与短视频社区相关的产品、运营、技术、市场、策划等互联网从业人员；
- 有意在短视频社区创作并进行个人变现的创作者；
- 对短视频社区产品、运营与商业化感兴趣的其他人士。

致谢

首先感谢带我走进互联网行业，并给予我责任和使我得到成长的历任前辈，没有你们的指引和帮助，我也没有机会在这个行业里收获进步，并将自己的感悟与经验总结成书。

其次感谢和我一起工作生活的同事和朋友，写书的过程是非常孤独的，感谢你们在我需要陪伴的时候和我一起讨论问题，交换意见，打球放松。

尤其还要感谢机械工业出版社华章分社的编辑杨福川老师、陈洁老师在这半年的时间里始终支持我写作，并对本书的架构和写作提出宝贵意见。

最后也是最重要的，感谢我的家人在我写作过程中给予了很大的支持，并一直对我写书这件事抱以鼓励态度，让我能够没有后顾之忧地将过去半年里的大量时间投入到写作中。

目录

序一
序二
前言

基础篇

第 1 章　认识短视频社区　　2

  1.1　短视频社区的定义　　3
    1.1.1　短视频的定义　　3
    1.1.2　社区产品的定义　　5
    1.1.3　短视频与社区的结合　　9
  1.2　短视频社区的演变　　11
    1.2.1　最早的社区形态　　12
    1.2.2　图文类型的社区　　16
    1.2.3　视频类型的社区　　21
  1.3　短视频社区的价值　　25
    1.3.1　对于平台的价值　　25
    1.3.2　对于用户的价值　　27
    1.3.3　对于商业的价值　　28
  基础篇总结　　29

产品篇

第 2 章　短视频社区的内容推荐　33

2.1　认识优质内容　34
- 2.1.1　优质内容的七大特点　34
- 2.1.2　优质内容的两点价值　36
- 2.1.3　优质内容的识别方法　37

2.2　推荐系统的产品框架　41
- 2.2.1　首页推荐的两种模式　42
- 2.2.2　相关推荐的两种模式　45

2.3　推荐系统的基础原理　46
- 2.3.1　审核模块：机审与人审　48
- 2.3.2　召回模块：四种召回方案　51
- 2.3.3　排序模块：粗排与精排　58
- 2.3.4　规则模块：用户与内容　62

2.4　推荐系统三大难题　64
- 2.4.1　评价指标难题　64
- 2.4.2　技术实现难题　66
- 2.4.3　E&E 难题　68

第 3 章　短视频社区的内容搜索　70

3.1　搜索系统的产品框架　70
- 3.1.1　两类搜索前的产品设计　72
- 3.1.2　四类搜索中的产品设计　73
- 3.1.3　六类搜索后的产品设计　77
- 3.1.4　两类搜索异常态的处理　82

3.2　搜索系统的基础原理　83

3.2.1	索引模块：提高搜索效率	83
3.2.2	排序模块：决定搜索结果	85
3.2.3	识别模块：输入与输出	88
3.2.4	搜索与推荐的对比	90

3.3 搜索的新模式：视频搜索　　92
　　3.3.1　视频搜索介绍　　92
　　3.3.2　视频搜索的瓶颈与解决方案　　95

3.4 搜索系统的三大难题　　99
　　3.4.1　机器理解语义的难题　　99
　　3.4.2　既要快又要准的挑战　　100
　　3.4.3　垂直场景下的搜索解决方案　　102

第 4 章　短视频社区的内容生产与互动　　104

4.1 短视频社区的内容生产　　105
　　4.1.1　视频生产工具的发展　　105
　　4.1.2　视频生产工具的产品架构　　106

4.2 短视频社区的内容互动　　113
　　4.2.1　创作者与用户的互动　　114
　　4.2.2　创作者与创作者的互动　　117
　　4.2.3　用户与用户的互动　　120

产品篇总结　　123

运营篇

第 5 章　短视频社区的内容运营　　127

5.1 短视频内容的生产　　127
　　5.1.1　谁来生产：四类创作者　　128

         5.1.2 生产什么：品类三步棋 　　　　　　　　　　131
         5.1.3 怎么生产：五类解决方案 　　　　　　　　　132
   5.2 短视频内容的审核 　　　　　　　　　　　　　　　134
         5.2.1 内容发布前的审核 　　　　　　　　　　　　135
         5.2.2 内容发布后的回查 　　　　　　　　　　　　136
   5.3 短视频内容的分发 　　　　　　　　　　　　　　　138
         5.3.1 算法流：标签匹配分发 　　　　　　　　　　139
         5.3.2 社交流：社交关系分发 　　　　　　　　　　140
         5.3.3 地理流：地理定位分发 　　　　　　　　　　142
   5.4 短视频内容的消费 　　　　　　　　　　　　　　　143
         5.4.1 三个内容消费的评价指标 　　　　　　　　　144
         5.4.2 三种提高消费互动的方案 　　　　　　　　　145
         5.4.3 三个维度的内容评级 　　　　　　　　　　　147

第 6 章　短视频社区的用户运营　　　　　　　　　　　　　　149
   6.1 内容消费者的运营 　　　　　　　　　　　　　　　150
         6.1.1 内容消费者拉新的四个步骤 　　　　　　　　150
         6.1.2 内容消费者留存的三个步骤 　　　　　　　　154
   6.2 内容创作者的运营 　　　　　　　　　　　　　　　158
         6.2.1 内容消费者转化成创作者 　　　　　　　　　158
         6.2.2 帮助内容创作者持续成长 　　　　　　　　　160

第 7 章　短视频社区的活动运营　　　　　　　　　　　　　　163
   7.1 四类常见的运营活动 　　　　　　　　　　　　　　163
         7.1.1 常规提高留存的活动 　　　　　　　　　　　164
         7.1.2 IP 定制化的活动 　　　　　　　　　　　　　165
         7.1.3 UGC 创作内容的活动 　　　　　　　　　　　166
         7.1.4 重磅节日节点的活动 　　　　　　　　　　　167

7.2	不可或缺的资源运营	169
	7.2.1 资源投放介绍	169
	7.2.2 资源运营效率的监控	170

第8章　短视频社区的平台运营　172

8.1	至关重要的社区文化	172
	8.1.1 前期如何建设社区氛围	173
	8.1.2 后期如何处理社区平衡	174
8.2	平台治理：社区运营的法官	176
	8.2.1 官方治理的思路与规则	176
	8.2.2 社区共治的意义	178

运营篇总结　179

商业化篇

第9章　短视频社区的广告变现　184

9.1	短视频广告的三大特点	186
	9.1.1 广告流量的全面覆盖	187
	9.1.2 广告内容的深度渗透	187
	9.1.3 品牌粉丝的逐步转化	188
9.2	短视频社区的品牌广告营销	188
	9.2.1 品牌广告/流量资源的六种类型	189
	9.2.2 品牌广告内容营销的三个步骤	198
	9.2.3 品牌广告活动营销的三种类型	205
9.3	短视频社区的效果广告营销	211
	9.3.1 效果广告的四种流量产品	212
	9.3.2 效果广告的三种定向产品	216
	9.3.3 效果广告的三种创意产品	219

	9.3.4 效果广告的五种优化产品	223
	9.3.5 效果广告的三种转化产品	229
9.4	**案例：典型行业的营销解决方案**	**234**
	9.4.1 游戏行业	234
	9.4.2 教育行业	236
	9.4.3 数码行业	238
	9.4.4 快消行业	239

第 10 章　短视频社区的直播变现　　242

10.1　直播变现的三大特点　　244

10.1.1　全民皆主播　　244

10.1.2　触达即转化　　245

10.1.3　直播与短视频互补　　245

10.2　直播引流：阶段与场景　　246

10.2.1　三个直播引流的阶段　　246

10.2.2　三种直播引流的场景　　253

10.3　直播打赏：认可并付费　　259

10.3.1　建立社交的两种场景　　260

10.3.2　鼓励打赏的三种方案　　262

10.3.3　持续付费的四种玩法　　263

10.4　直播带货：构建人货场　　268

10.4.1　如何选择主播　　268

10.4.2　如何选择货品　　273

10.4.3　如何营造场域　　277

第 11 章　短视频社区的电商变现　　281

11.1　短视频电商的三大特点　　282

11.1.1　由兴趣而激发的消费　　283

11.1.2　满足用户需求的增量　　284
   11.1.3　打造生意复利的模型　　286
  11.2　商品销售前的准备　　288
   11.2.1　账号与店铺合而为一　　289
   11.2.2　店铺页面的管理　　291
   11.2.3　店铺商品的管理　　294
   11.2.4　店铺的三类附加权益　　298
   11.2.5　店铺的三类营销工具　　301
  11.3　商品销售中的营销　　308
   11.3.1　达人合作的三个步骤　　308
   11.3.2　广告投放的标的与优势　　311
   11.3.3　两种类型的平台活动　　313
   11.3.4　三类实时监控的数据　　315
  11.4　商品销售后的服务　　320
   11.4.1　客服服务：人工与机器　　320
   11.4.2　发货履约：订单与包裹　　324
   11.4.3　服务保障：售后与仲裁　　327
   11.4.4　资产结算：流水与开票　　330
   11.4.5　数据复盘：监控与诊断　　333

第12章　短视频社区的增值服务　　338
  12.1　会员付费：用户维度的增值服务　　338
   12.1.1　付费会员的两个特点　　338
   12.1.2　付费会员的三大价值　　340
   12.1.3　付费会员的进阶体系　　342
   12.1.4　付费会员的留存策略　　344
  12.2　内容付费：内容维度的增值服务　　348
   12.2.1　内容付费的定义与发展　　348

12.2.2	内容付费两种维度的类型	351
12.2.3	内容付费的前景	355

第13章 短视频社区的品牌孵化   359

13.1 新品牌崛起逻辑   359

    13.1.1 新品牌产品端的四个特点   360

    13.1.2 新品牌营销端的三种方案   361

    13.1.3 新品牌数据端的两类建设   363

13.2 短视频社区的两大优势   364

    13.2.1 流量优势   364

    13.2.2 达人优势   365

13.3 新品牌与平台社区的博弈   366

    13.3.1 新品牌自身的扩张需求   366

    13.3.2 平台社区如何扶持新品牌   367

商业化篇总结   370

后记   371

基 础 篇

本篇首先介绍短视频社区的定义，分别阐述了短视频的特点、类型和起因，对比了社区产品、社交产品、社群产品的不同之处，以及短视频与社区相结合所迸发出的能量；其次介绍了短视频社区的演变，通过具体的案例来逐个分析 PC 时代、移动互联网的图文时代、移动互联网的视频时代典型的社区产品，详细描述了各个社区产品的主旨、用户特征、用户诉求、内容布局等主题；最后从平台角度、用户角度、商业角度阐述了短视频社区具备的三方价值。

第 1 章 CHAPTER

认识短视频社区

短视频社区是以短视频为内容载体的社区平台，主要通过短视频内容构建用户之间的社交关系，让用户在社区上进行关注、点赞、评论、转发、分享等互动行为，并长期活跃在社区平台。本章分别从短视频社区的定义、演变、价值三方面来进行介绍，带大家清楚认识什么是短视频社区，如图1-1 所示。

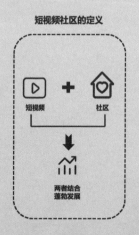

图 1-1　认识短视频社区

1.1 短视频社区的定义

我们从字面上拆解"短视频社区"这个概念,很明显一个是短视频,一个是社区,分别代表内容的消费形式和用户的运营模式。要想搭建好一个成功的短视频社区,则需要在这两个方向上去深究,接下来我们就分别从短视频与社区产品两个角度出发,深度剖析"短视频社区"的定义。

1.1.1 短视频的定义

短视频指的是时长为 10s～15min 的短片视频,是一种创新的互联网内容传播载体,其可以利用移动智能终端设备(手机/运动相机/无人机等)快速拍摄并美化编辑,在互联网上实时分享,快速传播,适合人们利用零碎时间在移动网络环境下观看。下面我们从短视频的特点、常见的内容类型及短视频为什么能够发展起来三个角度详细讲述短视频的定义。

1. 短视频的特点

不像电影、电视剧那样具备专业的制作水准,短视频并没有特定的表达形式与制作要求,而是具有创作门槛低、传播成本低、内容接受度高等特点。

(1)创作门槛低

短视频的制作工具比较简单,只要有一部手机就能完成所有的拍摄、编辑、上传、分享等流程,且各个短视频社区都提供了模板、滤镜、美颜等功能来保证短视频的基本质量,制作成本低,大量的普通用户都能够参与进来。

(2)传播成本低

短视频的传播借助了移动互联网,用户可以在制作完短视频的同时立刻在第一时间分享到社区平台,而大量用户的点赞、评论、转发将带来"一传十,十传百"的病毒式传播扩散效果。

(3)内容接受度高

当前快节奏、高压力的生活状态,使得人们越来越缺乏耐心和现实条件,很难花完整的几小时来观看一部电影或者话剧，人们在日常生活中已经习惯短平快的内容表达方式，而短视频开门见山、直切主题的内容节奏更容易被用户所接受。

2. 短视频的类型

大多数短视频因为需要在极短时间内抓住用户的眼球，所以它们所具有的共通之处在于贴近生活、幽默有趣且容易引起人们的共鸣，短视频的主要类型有以下几种。

（1）幽默搞笑类

创作者设置特定的情景演绎搞笑短剧，通常会在剧情中设置反转环节，制造前后冲突，引发人们的心理起伏。

（2）生活常识类

创作者会分享一些贴近用户的生活常识，例如快速叠衣服、给热水杯除垢等小技巧，以引起用户的共鸣。

（3）颜值潮流类

爱美是所有人的天性，短视频上有大量的高颜值男女的舞蹈视频，哪怕没有剧情也会获得大量关注。

（4）社会热点类

社会热点通常来得快去得也快，能够在短时间内引起用户广泛的讨论，这符合短视频传播碎片化、爆发快的特点。

（5）技术剪辑类

许多技术流创作者利用剪辑技巧和创意，为用户制作精美震撼的短视频，例如一些城市标志性建筑的酷炫变化，动漫电影人物入侵现实等3D技术。

（6）旅游摄影类

有许多旅游博主精心制作了许多河流山川的风光大片，让普通用户足不出户就能欣赏到许多需要跋山涉水才能看见的风景。

3. 短视频的起因

短视频之所以能够发展起来，是因为当今时代人们开始拥有了大量碎片化的时间，而且随着移动网络费用的大幅度降低，人们开始习惯使用移动化的网络环境。内容载体随着环境的变化，也在发生变化。例如知识文本内容，从原来作者熬个一两年出一本书，到现在每天在网上日更小说；自媒体内容，从原来一两万字的博客文章，到现在几十个字的微博；视频内容也从原来的几十分钟的短片，缩短为几十秒钟的短视频。当今时代唯有突出内容的短时长、快节奏、高密度，才能够提高内容与用户的交互频次，满足用户在最短时间内获取最多内容的需求。

1.1.2 社区产品的定义

提起短视频社区产品，大家的第一反应往往是每天都在使用的抖音、快手、哔哩哔哩（以下简称 B 站），但如果再追问一下社区产品和社交/社群产品的区别，大家或许就会有些许困惑：抖音在做好友推荐，可以通过抖音号加好友；快手有粉丝群，可以群聊天；B 站可以私信 UP 主进行沟通，那抖音、快手、B 站到底是属于哪一类产品呢？

简单来说，区分社区、社交、社群产品的关键只要把握住社区的核心是内容，社交的核心是关系链，社群的核心是价值观就可以了，如图 1-2 所示。

图 1-2 社区产品、社交产品、社群产品的关系架构

社区产品的核心是内容，用户由优质内容而聚集，围绕着内容产生连接；社交产品的核心是关系链，用户彼此因社交关系链而聚集，内容只是标识用户的辅助手段；社群产品的核心是价值观，用户因对意见领袖的认可而聚集，社群内用户拥有共同的价值观和彼此一致的目标。

1. 社区产品与社交产品

典型的社交产品是微信，典型的社区产品是抖音，我们用微信联系同学朋友，闲下来的时候打开抖音消磨时间。作为日常高频使用的两款产品，社区产品和社交产品到底有什么不同呢？

（1）核心主体不同

社区的核心是内容，是代表社区独特价值观的内容，用户由内容吸引而来；社交的核心是关系链，社交产品沉淀了我们的家人、同事、同学、朋友，我们的关系链在哪里，我们就会使用哪款社交产品。

社区产品的内容主要是创作者生产的 UGC（User-Generated Content，用户生产的内容）和平台购买的 PGC（Professionally-Generated Content，专家生产的内容）。大多数社区用户使用社区的目的就是消费这些内容，满足自身的需求，所以内容是主体；社区产品当然也需要用户的参与，用户的互动、交流、评论是社区产品持续繁荣的动力，但是用户与用户的联系要通过内容这个载体，用户对同一内容产生兴趣才会有互动，所以人是副线。

社交产品也有内容，其内容主要是用户在社交网络平台打造的人设形象，包括个人简介、照片、视频、说说等，但这些人设形象是为了更好地与他人建立联系，让别人通过这些内容标签快速了解自己；如果一个人对你很重要，哪怕他在社交平台上什么内容展示都没有，你也会主动联系他，所以对于社交产品来说，人才是主体，内容只是副线。

（2）内容价值不同

社区的内容要成为爆款，必须至少被社区的大多数人认可，拥有更多的点赞、评论、收藏、转发量，其内容价值才更高；但是社交的内容可能只需要被关系链内的少数人认可就行，这些内容对其他大多数人来说可能是毫无价值的；

我的好朋友在朋友圈可能简单拍了一张照片或随手写下一段文字，由于我和他有共同的经历或者共同的价值观，所以我对这张照片或这段话有共鸣，我看得懂，所以这条朋友圈对我有价值，我会去点赞评论，但这样的内容放在社区产品里可能根本就无人问津。

（3）文化氛围不同

社区产品有着鲜明的感情和性格色彩，知乎的"人在美国，刚下飞机"、B站的"下次一定"、虎扑的JRs（虎扑社区的梗，翻译为家人们，因复数所以加s），只要是社区的重度用户都会秒懂这些梗的含义，社区也借由这些文化氛围提高了用户的凝聚力；而社交产品更多偏工具属性，很难描述微信这个产品有什么特点，社交产品更强调的是效率，就像空气、水与电，在你需要它的时候出现，方便好用，在你暂时没有需求的时候也不会过分打扰。

（4）用户黏性不同

社区产品满足用户的一部分精神需求，但用户的精神需求可能会随着时间发生变化，用户的精力可能会被其他更重要的事情所占据，只有在空闲的时候才想起来需要满足某类精神需求，这就导致社区产品用户不会每天都黏在上面；但社交是人类的天性，用户每天都会使用社交产品与他人联系，用户使用社交产品的频次明显更高。

（5）信息开放程度不同

社区的内容信息往往都是开放的，除了部分付费内容外，对所有用户都是可见的，社区甚至还会通过产品设计和运营活动等手段鼓励内容的广泛传播，塑造头部优质内容的示范作用；而社交的信息，例如两个人的微信聊天记录、微信群里的图文视频等，由于要保证用户隐私，都是仅部分人可见的，社交产品的内容信息开放程度不如社区产品。

（6）产品排他性不同

社区产品由于有着各自独特的品牌调性，满足的是用户多样化的需求，我可以在快手刷土味视频，这并不妨碍我在虎扑讨论NBA，在知乎讨论财富自由，在B站看跳舞的小视频，市场上可以容纳多个社区产品，社区彼此之间是可以共存的；但对于社交产品，由于用户真实世界里的关系链是唯一的，当一个社交产品沉淀了用户的大部分社交关系链后，用户的迁移成本就变得非常高，因为用户没有理由在不同的社交产品上重复维护自己的社交关系链，从而使得社交产品强者愈强，市场无法容纳社交产品里的"第二名"，社交是一个"赢者通吃"的赛道。

2. 社区产品与社群产品

典型的社群产品是知识星球，本质上就是粉丝因为信任某个大V而付费进入其私人社群，获取大V分享的相关内容，这么看来，社区与社群都是由内容而吸引一群人组织在一起，但是两者之间仍然具有以下差别。

（1）组织目的不同

社区产品的用户是由于对内容的爱好、价值观、认同感一致而彼此认可，其目标感没有那么强；而社群产品的用户往往是由于要完成某件具体的事情，带着特定的目的而聚在一起。

没有目标的社群产品是没有活力的，无法持续生存。一个财经类大V想做私域流量的运营，通过财经科普类短视频吸引到了不少粉丝后，他将粉丝导入到社群里进行持续运营，他需要不断地输出财经类知识、观点、文章才能维持社群的基本活力，获取粉丝的互动，如果哪天这个财经大V在群里开始分享旅游见闻、炒菜技巧，势必会引起众多粉丝的不解与排斥，这个社群也就运营不下去了。

而社区产品的目的性则远没有这么强，用户对于内容泛化的接受程度也远高于社群，很多社区开始发展往往是由于特定的品类，但后期往其他品类发展也并没有产生特别大的矛盾。举例来说，虎扑社区开始是一群NBA球迷聚在一起讨论篮球，但后期慢慢拓展出了情感、电影、工作等话题，并没有引起原生用户的反感。

（2）组织结构不同

社区产品的组织结构是网状的，用户与用户之间权利平等。社群产品的组织是树状的，每个社群必须要有意见领袖，引领社群，发起话题讨论；然后是社群的核心人员，参与讨论，引导话题展开；最后是普通社群参与人员，只浏览信息，较少参与讨论，属于沉默的大多数。

社区产品的用户之间固然有粉丝量与社区影响力的区别，但社区用户的权利其实是均等的，没有人可以强迫其他人去点赞/转发某条内容，用户在社区规则范围内可以自由地表达观点，交流信息。

而社群产品则是需要意见领袖去引导和示范的，意见领袖的言行举止决定了一个社群的基本调性，社群中的成员也不是权利平等的，会有管理员规范社群行为、制定群规则，如果任由社群成员自由发挥，社群的群体凝聚力很快会被削减。

（3）组织规范不同

社区产品鼓励百家齐放，在符合基本社区规则的情况下内容越丰富越好，而社群产品则强调社群用户需要有一致的价值观、一致的行为规范和持续的互动关系。

除了基础的社区公约不能违背以外，大部分社区对用户和内容的管理，采取的态度接近于"无为而治"，社区相信优质的内容在自然流转过程中能够被用户"用脚投票"筛选出来，社区只需要对这些优质内容适当引导加权，一般不排斥用户进行创新与试错。

而社群则有着严格的群规，如每日签到、社群打卡、禁止无关话题、禁止私加好友、禁止群发广告等，社群规范体现了群体利益至上的原则，社群成员的言行举止需符合规定，且群主具有评判与奖惩社群成员行为的权利。

1.1.3 短视频与社区的结合

在了解了短视频的定义和社区产品的定义后，我们来看下"短视频"这一内容载体与"社区"这一产品形态相结合后，为何会产生如此惊人的能量，在短短的四五年间迅速崛起，一跃成为国民级的移动应用。

1. 短视频社区的崛起逻辑

评价一个产品能不能崛起，主要是看该产品是否有足够的流量，吸引了足够多的用户注意力，拆解成指标的话，主要是看DAU（Daily Active User，日活跃用户数量）和用户时长这两个指标，而 DAU 又极度依赖用户留存率这个指标，因为用户拉新可以靠砸钱买量短暂获得，但用户留存率的高低则是由产品本身质量决定的。

拆解"短视频社区"这一概念，会发现短视频所代表的内容消费模式与社区所代表的产品基础形态，两者在用户时长和留存率方面具备天然优势。

（1）对于短视频这类内容消费模式

随着网速加快、流量费用降低，短视频的观看成本与创作成本也在逐渐降低，而每天工作生活场景的变化也使得用户的时间逐渐碎片化，短视频恰好可以填补这些碎片化的时间，积少成多，导致短视频日均整体使用时长超过了其他大部分应用，目前仅次于社交通信。

（2）对于社区这一产品形态

通过强化各种互动指标，如点赞率、评论率、分享率等，让用户真正参与其中，逐渐习惯使用社区平台。用户在社区里认识朋友、感受社区氛围，这些都是无可复制的。用户对平台的依赖度越高，用户留存率也就越高。

基于以上逻辑，在有了用户时长和用户留存这两个关键指标的保证后，大量短视频社区通过口碑传播与广告买量的方式，不断跑马圈地获取新用户，DAU 数据随即水涨船高，短视频社区的快速崛起也就在情理之中了。

2. 短视频社区的竞争优势

承载短视频这一内容形态的产品很多，例如有短视频社区、短视频工具、短视频资讯，为什么最后是短视频社区成了用户量最大、用户时长最高的产品形态呢？

（1）短视频工具

短视频工具的定位是一个工具属性的产品，只为用户提供视频拍摄与剪辑服务，用户习惯用完就走，很难积累出足够的用户时长。

（2）短视频资讯

短视频资讯是指传统媒体平台将图文新闻的展现形式换成了短视频，但是用户与创作者、用户与用户之间很难形成互动，资讯产品无法将流量沉淀为用户。

(3) 短视频社区

短视频社区则提供了一个短视频创作与分享的平台，社区上的内容类型更加丰富多彩，不仅满足了用户观看多样性内容的需求，也满足了用户展现自我与结交有趣好友的需求，即沉淀了用户情感需求，本质上具有更强的用户黏性与吸引力。

1.2 短视频社区的演变

要厘清短视频社区的发展，有两条最重要的主线：一个是设备的演变，从PC端发展到移动端；另一个是信息载体的演变，从图文载体向视频载体转变。

第一阶段：2000～2010年

互联网发展初期，典型的社区是天涯、猫扑、贴吧、股票论坛等。城市里的上班族下班后回家打开电脑，忙了一天后在社区里看新闻、聊八卦、交流炒股信息等。这一阶段的社区特点是社区用户少（只有少部分城市高阶人士有家庭电脑）、使用时长短（下班回家后的时间）、使用频率低（只有特定需求的时候才会去社区逛），且此时社区的信息载体以文字为主。

第二阶段：2010～2015年

移动互联网兴起后，典型的社区是知乎、豆瓣、虎扑等，社区话题逐渐从泛综合品类转变为垂直品类，从广度聚焦到深度，逐渐诞生出虎扑是直男聚集地，豆瓣上都是文艺青年这样的社区标签。这一阶段的社区特点是用户群体垂直（社区用户具有共同爱好）、使用时长提升（社区文化逐渐形成）、使用频率高（移动化使得社区App打开次数快速提升），但此时社区的信息载体仍然受限于费用和技术，以图文为主。

第三阶段：2015年至今

随着4G的普及和通信费的降低，短视频逐渐开始取代图文，典型的短视频社区有抖音、快手、B站、小红书，各家从泛娱乐内容起家，逐步扩充到知识、教育、财经等全品类，而由于品类的提升，短视频社区不断扩大覆盖用户，逐步培养用户产生深度使用习惯，用户对内容互动、传播和创作的需求也在不断提升，从而推动短视频社区走向繁荣，逐步成了全民级产品。这一阶段的社区特点是用户群体广（全民皆用户，视频的理解与制作门槛都极大降低）、使用时长长（视频内容供给丰富多彩）、使用频率高（用户已养成刷短视频的习惯）。

下面针对各个时期的典型社区，通过拆解社区标签、用户特征、用户需求、内容详情等维度，更加直观地认识"社区"这一产品形态的发展历史，以及"短视频社区"诞生的必然性。

1.2.1 最早的社区形态

1. 北邮人论坛

北邮人论坛成立于2003年，又叫"北邮人"或"BYR"，是北京邮电大学学生处管理下的一个校园BBS，是目前仅针对北邮校内学生及周边院校学生开放的信息交流平台，如图1-3所示。持有北邮学籍的学生可凭借学籍证明获得邀请码，邀请其他院校同学注册论坛。论坛首页十大热帖、毕业生找工作、考研专版、职场人生、缘来如此是北邮人论坛的特色版面。我上学的时候一直通过北邮人论坛获取考试、实习、面试的相关信息，即使现在毕业了，也会经常回论坛的"职场人生"板块看看大家毕业后的生活，特别是临近春节会有很多毕业五年以上的同学在该板块做年终总结，都是具有丰富信息量的好帖。北邮人论坛的架构采用discuz搭建，沿袭了社区论坛最早的架构形态，笔者上学的时候几乎每天都会逛论坛，也通过论坛获取到有价值的信息，认识了朋友，收获了温暖，北邮人论坛在我心中就是最早的社区形态。

（1）社区标签

服务于北邮校内师生生活、实习、工作的信息交流平台。

（2）用户特征

九成以上是北邮的学生（本科生到博士生），少部分是社会职场人士。

（3）用户需求

交流学习、生活、工作，获取校园资讯、企业招聘等相关信息。

（4）内容详情

北邮人论坛主要由以下板块构成：本站站务、北邮校园、学术科技、信息社会、人文艺术、生活时尚、休闲娱乐、体育健身、游戏对战、乡亲乡爱等，目前流量较高的是信息社会与休闲娱乐。

论坛首页将各个热门板块平铺展示，核心位置会给"近期热门话题"（也就是所谓的十大热帖），同时也有"近期推荐文章""近期热点活动"等板块展示。

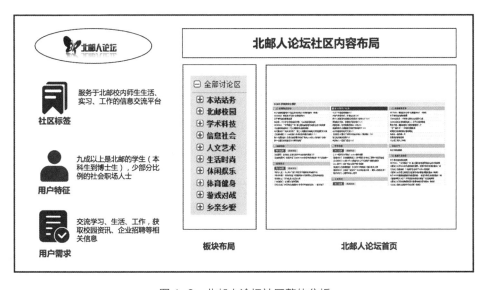

图 1-3 北邮人论坛社区整体分析

2. 天涯

天涯社区创立于 1999 年，几乎是一个包罗万象的论坛，由于诞生了大量的热门网络事件而带有一定的传奇色彩，其拥有众多丰富多彩的板块，例如天涯杂谈、娱乐八卦、情感天地、百姓声音、经济论坛、故事论坛等，如图 1-4 所示。在 PC 互联网的早期，天涯社区几乎寄托了一代人的情感，其开放、包容、充满人文关怀特色的宗旨备受大家推崇，后随着移动互联网和视频化的兴起，天涯论坛在年轻一代心中已有太多替代品，但不可否认天涯论坛在早期网民心中的崇高地位，以及其为网络论坛这一早期互联网社区形态起到的模范作用。

（1）社区标签

全球有影响力的网络社区，具有包容、开放的社区文化。

（2）用户特征

70后、80后为主，早期网民，主要集中于一二线城市，且具有较好的教育背景。

（3）用户需求

获取并交流娱乐八卦、国际军事、经济分析、时尚资讯等信息。

（4）内容详情

天涯论坛主要由以下板块构成：天涯主版、天涯别院、区域论坛、旅游论坛、职业交流、大学校园、天涯问答等板块；天涯首页分为热帖、娱乐、杂谈、经济、情感、旅游、文学、问答板块，热帖板块基本上没有算法推荐，24小时根据浏览量进行排序，内容基本上是杂谈八卦。

图1-4 天涯社区整体分析

3. 百度贴吧

百度贴吧诞生于 2003 年，是一种基于关键词的社区，其诞生的逻辑始于众多用户通过百度搜索兴趣关键词。聚合搜索相同兴趣关键词的用户在一个社区，提供平台方便他们交流与互助，从而汇集志同道合的网友，供其展示自我风采，结交知音，如图 1-5 所示。贴吧所涵盖的范围甚至超过天涯论坛，因为任何一个搜索词都能够组成一个贴吧主题，涵盖社会、地域、生活、教育、娱乐明星、游戏、体育等方方面面。在贴吧的黄金年代，"李毅吧"的爆火，"魔兽贴吧"的"贾君鹏你妈妈喊你回家吃饭""元芳你怎么看"，无一不激起全民讨论的热潮，只是受用户群体的成长速度、贴吧管理的混乱，以及"血友吧"等激进商业化的影响，贴吧在移动互联网兴起后逐渐没落，虽然也做了移动化跟进，贴吧 App 也有将近千万日活，但仍只是一个曾经的现象级社区产品。

图 1-5 百度贴吧整体分析

（1）社区标签

兴趣聚合、极致新鲜，服务于用户的每一个冷门兴趣，了解每一个冷门知识，充分挖掘用户的细分兴趣。

（2）用户特征

三四线城市居多，男性用户居多，用户偏低龄化。

（3）用户需求

交流个人的兴趣爱好，探索与挖掘自己的冷门兴趣，寻找同道中人。

（4）内容详情

贴吧主要由娱乐明星、爱综艺、追剧狂、看电影、体育、小说、生活家、闲趣、游戏、动漫宅、高校、地区、人文自然等板块组成；贴吧首页主要根据用户兴趣推荐用户可能会关注的贴吧，并陈列了贴吧分类，同时针对用户关注的贴吧，动态展示其相关信息。

1.2.2 图文类型的社区

1. 知乎

知乎通过早期只对精英进行邀请制注册的运营手段，打造了高端、专业、深度的知识问答社区形象，之后的破圈着重于推荐用户感兴趣领域的话题频道、兴趣圈子，内容载体也从文字逐渐拓展到图文、直播、视频、音频等，内容展现方式更加灵活，但仍以图文为主，优质的回答和文章内容仍然是知乎内容社区立足的根本，如图1-6所示。

案例：知乎社区的视频化探索

（1）社区标签

深度、专业、硬核的问答社区。

（2）用户特征

三四线城市以上，职场人偏多，男女比例均衡。

（3）用户需求

获取专业、深度的解答，分享自身知识经验以获取精神享受和物质回报。

（4）内容详情

知乎App由首页推荐、会员、视频、消息四个板块构成，首页推荐根据算法推荐用户感兴趣的图文内容，扩充用户时长；会员板块是知乎重要的变现渠道，着重展示会员能够获取的权益和付费内容；视频板块显示知乎最近正在发力的短视频内容，公司层面给予了视频一级入口；消息板块则是知乎用户之间的私信沟通渠道，方便用户之间的互动。

图 1-6　知乎社区整体分析

2.豆瓣

豆瓣对电影、音乐、图书等作品客观中立的打分机制，赢得了国内用户对其评价体系的信任。用户在消费文艺作品前，往往习惯先去豆瓣看看评分，再决定是否消费。豆瓣设立了小组、话题等产品形态，高度聚合用户兴趣，让用户进行深度探索与沟通，进而产生一定的社交，产品的用户黏性得以提升，如图 1-7 所示。

（1）社区标签

提供书影音作品实时/深度评论，文艺青年聚集地。

（2）用户特征

一二线城市、年龄 25～35 岁，女性用户偏多，都市白领偏多。

(3) 用户需求

交流书影音作品点评、阅读与分享兴趣内容、找寻共同爱好的圈子。

(4) 内容详情

豆瓣 App 由首页、书影音、小组、市集四个板块构成，书影音是豆瓣的核心，推荐用户感兴趣的相关内容；小组提供社交功能，挖掘用户兴趣圈子；市集作为电商板块实现变现；首页推荐内容凸显话题和用户，侧重点引导用户关注小组与社交；动态列表强化关系链，按时间线展示用户关注列表的动态。

图 1-7　豆瓣社区整体分析

3.虎扑

虎扑最初以 NBA 篮球论坛为起点，聚集了大量喜爱体育运动的男性用户，进而遵循用户的兴趣爱好，拓展了数码、汽车、游戏等领域，衍生出"虎扑步行街""湿乎乎的话题"等独特的兴趣圈子；后期由于大量男性用户在虎扑上鉴别球鞋真假而逐步孵化出电商业务，并开展了"路人王"这样的线下篮球赛事，硬核与真实一直是虎扑吸引广大男性用户的标签，如图 1-8 所示。

（1）社区标签

虎扑直男的根据地，专注体育赛事/数码/汽车/游戏等垂直领域。

（2）用户特征

全地域分布、年龄20～30岁，男性用户偏多，小镇青年居多。

（3）用户需求

体育赛事相关话题的分析/分享/投票，参与兴趣话题，商品鉴定求助。

（4）内容详情

虎扑App由首页推荐、社区、赛事、直播等四部分构成，社区主要是兴趣圈子的分类，方便用户根据指引找到感兴趣的圈子；赛事模块实时同步各类体育赛事的最新动态，方便用户掌握赛事一手信息；直播品类较丰富，除了通常的秀场、游戏直播外，还有聊球、音乐等模块；首页推荐以帖子为主要内容组织方式，凸显用户头像，弱化话题，同时高亮热门评论，根据用户兴趣以算法推荐相关热帖；热榜模块每10分钟更新一次话题，实时展示社区内大家关注的最新热门话题。

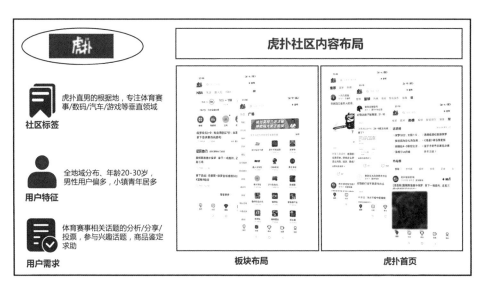

图1-8 虎扑社区整体分析

4. 小红书

小红书最早只是一个都市白领女性分享香港购物清单、推荐海外好物的平台，随着社区的发展逐步拓展出美妆、美食、情感、旅游、摄影等众多品类，始终围绕着展现"美好生活"这一目标强化社区氛围，如图1-9所示。随着短视频的崛起，小红书重点发力视频内容与直播，按照兴趣频道分类笔记内容，且由于小红书社区自带的展示和分享氛围，目前已经逐步发展成国内最大的种草社区平台。

图 1-9　小红书社区整体分析

（1）社区标签

小红书是一种生活方式，强调展现美好生活的方方面面。

（2）用户特征

一二线城市、年龄 20～35 岁，年轻女性为主体。

（3）用户需求

探索美好生活的相关事物，分享个人生活以获得认同感。

（4）内容详情

小红书 App 由首页推荐、商城、日常记录等模块构成。首页根据用户历史行为与标签，推荐用户感兴趣的相关帖子；商城契合小红书种草特点，争取用户"种草—下单"的闭环实现；日常记录的目的主要是提高用户的日活与留存；首页推荐以双列帖子为内容组织方式，且重点突出帖子图片和视频内容，以吸引眼球，相对弱化作者头像相关信息；同时"视频"与"直播"作为首页紧邻推荐的两个模块，体现了小红书对内容视频化的决心与重视。

1.2.3 视频类型的社区

1. 抖音

抖音并不是最早的短视频社区，但是后来居上，目前已经是全球第一的短视频社区平台。抖音早期是去各个艺术院校找学生拍短视频，体现年轻、高颜值、时尚的特点，进而先俘获一二线城市的用户。由于抖音采用单列推荐的视频展现方式，中心化流量分发，用户可以获取沉浸式的体验，社区调性与产品交互的加成，使其得到大量品牌广告主的青睐，进而获取大量的广告预算，并不断地扩充品类、买量，加上其国际版本 TikTok 在全球范围内无人可挡，最终获得如今的成就，如图 1-10 所示。

案例：
TikTok在海外市场的巨大影响力

（1）社区标签

国内最大的短视频社区，短视频博物馆。

（2）用户特征

全地域分布、年龄 20~60 岁，男女比例均衡，国民级短视频产品。

（3）用户需求

看热点时事新闻，看娱乐信息消磨时间，作为记录生活的短视频首选工具与平台。

（4）内容详情

抖音 App 由首页、朋友、消息、我四部分构成，左上角为固定直播入口。比较有趣的是第二个模块——"朋友"，如果你的抖音社交账号关注或粉丝较少，该板块内容供给将会是一个很大的问题；抖音如今能够单独将"朋友"模块放在如此重要的位置，说明抖音社交已经初具规模；固定直播入口，也说明抖音对直播的重视；首页推荐分为本地、关注、推荐三个模块，均为单列分发，关注与本地体现了抖音对社交的重视，推荐视频页集合了话题、音乐、小程序等模块，且每一个模块都有对应的二级页面，足以体现抖音对内容的拓展与丰富程度。

图1-10　抖音短视频社区整体分析

2. 快手

快手最早是一款GIF（Graphics Interchange Format，一种图形格式）动图制作工具，后期才逐步发展成国内最早的一批短视频产品工具，最早占据的是下沉市场，由一篇《你不知道有这样一款App，记录了中国的底层物语》而逐渐被人知晓，快手的短视频内容最早以猎奇、有趣为主。快手最初采取双列分发的产品模式，采用流量普惠原则，打造私域流量进而通过直播间带货变现，后期为平衡社区与头部主播的关系，以及基于流量广告变现角度考虑，快手也开始逐步推进单列视频推荐模式；内容运营上也逐步开始采取引进明星等策略，改变在广告主心中低端、下沉的印象，如图1-11所示。

(1)社区标签

记录真实的生活,拥抱普通老百姓每一种不同的生活方式。

(2)用户特征

偏向四五线城市、年龄20~40岁,男性用户偏多,小镇青年居多。

(3)用户需求

获取猎奇有趣的土味视频,参与老铁主播的直播活动。

(4)内容详情

快手App由首页、同城、消息、我四个模块构成,非常简单。同城模块具体还划分成同城与同校,体现了快手想引导用户基于LBS(Location Based Services,基于位置的服务)进行社交的野心,说明快手在强化自己建设私域流量优势这方面可谓是不遗余力;快手首页又细分为3个模块:精选、发现、关注,默认进入"精选"模块。除了"精选"模块采用大单列推荐视频外,"发现"和"关注"模块都仍然保留了双列推荐的样式,说明快手在广告收益与流量普惠之间做平衡。

图1-11 快手短视频社区整体分析

3. B 站

B 站最早是以二次元、动漫、番剧、鬼畜吸引 Z 世代的年轻用户,后期通过自制综艺逐步破圈,得到资本市场的认可,并逐步拓展了知识、生活、综艺等其他品类。B 站得益于最早就是一个视频社区的形态,积累了大量高质量的优质 UGC 视频内容,大量 B 站的 UP 主(Uploader,指上传视频到社区的创作者)也拥有稳定的粉丝群体,形成了非常良好与高质的社区文化,并拥有如弹幕、入站考试这样的创新产品形态,这些都成了 B 站在短视频社区世代稳固的护城河,如图 1-12 所示。

(1)社区标签

你感兴趣的视频都在 B 站,以高质量 UGC 视频为主。

(2)用户特征

集中于一二三线城市,年龄 20~30 岁,男女用户比例均衡,用户多拥有大学以上学历。

(3)用户需求

获取感兴趣的视频信息,成为 UP 主分享自己的生活与见解,获取粉丝深度沟通的成就感。

(4)内容详情

B 站 App 由首页推荐、动态、会员购等模块构成。首页推荐由算法根据用户关注列表、过往数据完播率、一键三连等指标综合推荐用户可能感兴趣的视频;动态则重点体现了 B 站的私域流量的运营,展现图文、视频、直播等丰富载体表现形式;会员购则依托于 B 站泛二次元的特点,专注于手办、游戏等垂直品类的售卖。首页推荐强化封面、标题、标签,弱化 UP 主的头像和昵称,说明 B 站依旧希望社区是以优质内容为主,弱化社交关系;推荐模块左侧为直播模块,说明 B 站非常重视直播这一形态,希望在 UGC 短视频生态的基础上,能够丰富直播这一视频新形态;热门重点推荐站内 24 小时热门内容(由于视频制作成本高,数据积累周期较长,所以热门模块无法像图文社区那样 10 分钟一次刷新）；追番模块体现二次元内容是 B 站内容的主要竞争力。

图 1-12　B 站短视频社区整体分析

1.3　短视频社区的价值

随着内容碎片化时代的到来，短视频社区顺应时代潮流而发展壮大，社区这一产品形态并不是靠资本能够短时间内砸钱做起来的，而是依赖于时间，去积累足够优质的内容，沉淀足够多的用户，吸引足够强大的创作者，形成正向循环，同时也为平台本身、用户以及品牌创造极大的价值。如图 1-13 所示，下面分别介绍短视频社区是如何带来平台价值、用户价值、商业价值的。

1.3.1　对于平台的价值

短视频内容社区的发展为平台带来了内容生产成本的降低、用户黏性的提高、平台品牌价值的提升和平台差异化壁垒的增强，这些优势帮助短视频社区在近几年迅速发展，同时也创造了极大的平台价值。

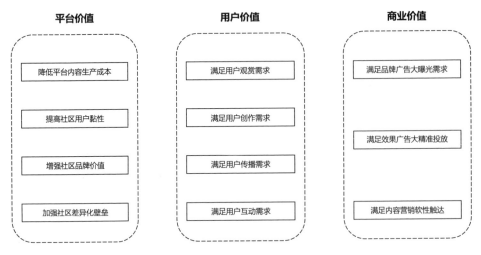

图1-13 短视频社区的平台价值、用户价值、商业价值

（1）UGC短视频降低平台的内容生产成本

相比于优爱腾这种长视频平台需要花重金采购大量内容版权，UGC短视频依赖于用户自发的生产与创作，极大地降低了短视频媒体平台对PGC内容的依赖，极大地节省了内容与时间成本。

（2）短视频社区氛围提高用户黏性

用户通过短视频内容寻找共鸣，寻找兴趣，与其他用户就某条视频开展交流与讨论，逐渐培养起对社区平台的依赖度，使得短视频社区的使用时长与使用频次不断加强，用户黏性得以提高。

（3）短视频社区的品牌价值增强

平台通过规则设置与示范引导，维持社区的健康发展，不断优化社区内容质量，用户逐渐对平台产生信任感，从而提高了平台的品牌价值。

（4）短视频社区的差异化壁垒逐步加强

每个社区都有其独特的平台价值观，用户生产的相同内容，在抖音、快手、B站、微博等平台分发的效果必然不同，渐渐地用户就会着重发力在契合自己特点的平台上，平台也在这一过程中愈发明确其价值观，平台间的差异化壁垒形成，用户迁移成本也开始提高。

1.3.2 对于用户的价值

随着移动化和视频化的发展，用户也对互联网形成了深度使用的习惯，用户从单向被动接受媒体信息，逐渐转变为对信息量要求更高，且愿意主动创作、发布信息内容，用户对信息内容的观赏、创作、传播、互动需求与日俱增，短视频社区也逐步满足了用户的这些需求。

（1）满足用户对信息内容的观赏需求

短视频极大地拓展了内容单位时间内的信息量，相比抽象的图文形式，短视频基本上百分百还原了内容完整的信息量，用户能够通过短视频足不出户游遍千山万水，能够接触其他个体丰富多彩的生活，用户的观赏需求被极大地满足。

（2）满足用户对信息内容的创作需求

图文创作起码需要一定的文化水平才能够生产出一篇行文通畅、值得阅读的文章，但是短视频创作只需要掏出手机进行录制就可，只要拍的内容足够特别（注意不是质量足够高），就能够吸引到一部分用户的关注，例如一段展示农村场景的短视频，对习惯城市生活的人来说也具有独特的吸引力。这一特点极大地解放了用户创造内容的生产力。

（3）满足用户对信息内容的传播需求

微信公众号圈子里一篇爆款图文的阅读量定义为10万以上，但在抖音、快手等短视频社区内，被播放10万次以上的短视频不能够称之为爆款，破百万千万播放量的短视频比比皆是，得益于视频内容的可理解及社区的用户黏性，短视频往往具有惊人的传播力量。

（4）满足用户对信息内容的互动需求

有不少用户在刷抖音的时候其实是为了看首条神评论，又有不少用户为表达对UP主的支持与喜爱而在B站一键三连，平台为了提高用户的互动程度，还开放了红包雨、口令、AR、VR特效等形式，相比于图文时代只是点赞和评论，短视频的互动方式丰富了许多。

1.3.3 对于商业的价值

短视频社区凭借流量与内容的巨大优势，既能够满足品牌广告主对品牌声量的诉求，也能够满足效果广告主对ROI（Return on Investment，投资回报率）的要求，还能够创新地为满足软性内容营销提供巨大的内容储备。

（1）巨大流量支撑品牌广告的曝光目标

得益于短视频社区快速发展成为国民级产品，其巨大流量足以满足品牌广告主将短视频社区作为一个必选的发声平台，且因为短视频形态能够较好地承载品牌主想表达的完整信息量，赋予用户沉浸式的观看体验，越来越多的品牌广告主开始将大量预算迁移至短视频社区。

（2）用户圈层全覆盖支持效果广告的投放效果

效果广告主更多的是追求ROI，短视频既拥有广泛的用户圈层，又拥有强大的算法能力，能够精准地将效果广告主目标匹配上有相应需求的用户，从而保证效果广告投放ROI，典型的效果广告行业如电商、教育、游戏，早已将短视频社区作为自己的投放主阵地。

（3）视频内容满足内容营销软性触达用户

近些年来品牌植入、直播带货等内容营销方式逐渐超越展示、搜索等硬广，成为大部分广告主增加预算的主要广告形式，而短视频社区具备大量视频内容的天然优势，其内容品类布局、内容生态标签、用户对视频的高接受度，使其成为开展软性视频化营销的优选对象。

基础篇总结

本篇总结了短视频社区的定义、演变和价值，随着互联网的发展，短视频社区也在逐步往社群和社交的方向衍化，强大的短视频社区如抖音、快手也希望能够引导用户去关注好友，沉淀社交关系，也开始强调社群运营，给予平台创作者、广告主工具去开展私域流量运营。对于这一现象，我们只能说这符合互联网产品无边界扩张的逻辑，但是只要社区的内容核心不变，用户还主要是为内容而来，社区的本质就不会改变。

产 品 篇

短视频社区的产品架构遵循短视频"内容生产—内容分发—内容互动"的逻辑,在每个环节予以业务方向在产品能力上的支持。

- ❑ **内容生产环节**:提供生产工具降低短视频内容的生产门槛,提高短视频的内容质量。
- ❑ **内容分发环节**:主要分为匹配用户标签与内容信息进行被动推荐的推荐系统和满足用户主动搜索兴趣的搜索系统。
- ❑ **内容互动环节**:通过创新型的产品设计,引导用户之间、创作者之间、用户与创作者之间的互动,提高用户的互动参与率,同时帮助创作者沉淀私域流量。

下图清晰地展示了内容生产环节、内容分发环节、内容互动环节所配套的重要产品能力支持。

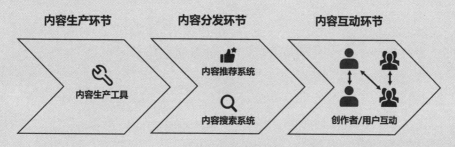

短视频社区产品架构

本质上，短视频社区最重要的事情就是"将优质的内容，通过系统分发给合适的人"，优质内容的获取主要依靠社区长年累月运营能力的引导，而"精准分发"这件事情却极度依赖于产品能力，所以在产品篇，我们调整了一下顺序，在第 2 章重点讲内容的被动分发——内容推荐，第 3 章重点讲内容的主动分发——内容搜索，最后在第 4 章为大家介绍短视频生产工具，以及一些短视频社区创新型的互动产品。

第 2 章 CHAPTER

短视频社区的内容推荐

移动互联网的发展，使得用户在移动端的使用时长远超过 PC 端，而相对于 PC 端的大屏，移动端的小屏化也逐渐促使内容的组织方式发生了变化。在 PC 端可以通过罗列类目与头部内容的方式供用户挑选，但是在移动端，首先小屏幕无法承载 PC 端如此丰富的内容，其次用户的耐心也逐渐变差，App 的打开、退出成本非常低，所以及时将用户感兴趣的内容在首屏就推荐给用户，吸引用户留存，就开始变得非常重要。

基于以上用户需求背景，加上机器学习算法技术、数据存储处理能力的提高，推荐系统逐渐成为移动端产品最重要的产品能力，对于短视频社区而言，同样如此，在彼此内容没有绝对壁垒的情况下（短视频 UGC 内容版权暂时没有剧集那么严格），能否在第一时间通过最直接的方式将用户最有兴趣的内容推荐给用户，几乎是短视频社区的核心竞争力。

本章先介绍推荐系统应该推荐什么样的优质内容，包括优质内容的特点、价值以及如何筛选出优质内容；其次介绍推荐系统的产品框架，包括首页推荐与关联推荐的产品设计；接着介绍推荐系统的基础原理，从审核、召回、排序、规则四个模块拆解了推荐系统的各环节；最后介绍目前推荐系统面临的三大难题与发展方向。

2.1 认识优质内容

评判一个推荐系统最应该做的事情是什么，几乎所有人都会毫不犹豫地说，"将优质内容推荐给适合的用户"，那么在短视频纷繁复杂的内容体系下，如何定义优质呢？

2.1.1 优质内容的七大特点

我们都明白，绝对的优质内容是比较难定义的，毕竟短视频社区的用户量级太大，尔之蜜糖彼之砒霜，很难找出某个内容适合于所有用户的口味。但为什么会有爆款内容这一说呢？说明高于社区用户平均认知，具有普遍价值与认可的内容特点，还是可以被归纳总结出来的。我们接下来就看看优质内容都具有什么样的特点。

（1）内容契合社区独特的价值观

用户看了某个视频的第一反应，下意识地认为是某特定平台上的内容，这种能够极致反映社区特点、符合社区调性的内容，对于社区来说绝对是优质内容，例如B站的新宝岛、鬼畜视频，快手的农村土味视频，抖音的时尚潮流视频，能够提供给目标人群自家短视频社区明确、独特的内容，是平台应当推崇和鼓励的内容方向。

（2）内容原创且属于平台独家

内容本身非抄袭且属于创作者的独立思考，如果创作者只在某平台单独发内容，那么用户想看该创作者的内容，只能专门来某平台看，平台这时候对内容就具有垄断性，而值得平台用独家协议去签订的创作者，其内容质量往往在前期也受到了广泛认可。独家内容对于提升平台时长和占据用户心智都是有利的，这部分内容我们也可认为其属于优质内容。

（3）内容在特定领域具有专业度

这些内容确实能够帮助用户解决问题，在垂直领域更具指导性。短视频社区许多播放量、点赞量都很高的内容往往并不是多么华丽和精美，例如生活常识类的织毛衣小技巧、如何更快地倒车入库，法律知识类的每天教你一个民法生活小宝典等，这类专业内容哪怕只是用手机简单录制的，但只要是足够专业有效的，也被平台认为是优质内容。

（4）内容具有普遍意义上的趣味性

绝大多数用户使用短视频社区是来寻求放松与愉悦的，如果是"新奇、好玩"等大众普遍意义上趣味性更高的内容（排除一些低俗等不符合大众审美的内容），能够带给用户猎奇、有趣的感官享受，促使用户对美好生活向往的正能量内容，平台也应当予以鼓励。

（5）内容具有明确的逻辑性

一条短视频内容能够做到内容结构严谨、画面清晰美观、台词表述得当，几十秒的时间内能够把一段故事讲清楚，其实还是需要一定水平与技巧的。大部分用户对短视频内容的忍耐度也就前三秒，如果讲了半天不知所云，用户很快就会划走了，这条内容的完播率之低也就可想而知。所以对于逻辑清晰的内容，平台也会视为优质内容。

（6）内容具有当下实时性

移动互联网环境下，用户对信息的传播速度几乎缩短到了秒级，"抢占热搜"对于各家短视频社区变得至关重要。试想一场比赛结束后用户更想看到的是实时结果与赛后分析，而不是几天前关于这场比赛的预热信息。实时性内容能够帮助培养用户对平台的使用惯性，也可被平台视为优质内容的特点之一。

（7）内容具有一定的新颖性

短视频内容市场的发展用日新月异来形容也不为过，成为爆款的内容模式和剧情套路，在短时间内会被大量创作者模仿，出现在各大短视频社区平台上，这也就造成了用户很快会对相似内容审美疲劳。而新颖的内容不仅能够让用户有眼前一亮的感觉，也能让用户意识到平台的独特价值，所以平台应当大力扶持创作者去生产新颖的内容。

综上，我们总结了优质内容的七大特点，在推荐系统的训练过程中，我们应当找到准确的指标去将这些特点量化，进而去影响创作者的内容创作方向。毕竟，推荐系统偏好什么内容，其实也就是社区价值观的体现，如果推荐系统的方向引导正确，之后社区氛围引导、创作者方向培养等工作也将水到渠成。

2.1.2 优质内容的两点价值

基于上面所定义的优质内容所具备的特点，推荐系统将努力选择推荐优质内容给用户，从而带来用户价值与平台价值的提升。

1. 用户价值

推荐优质内容最重要的是使用户需求得到满足，也即用户能在短时间内看到高价值内容，这里着重体现了两点用户价值：一是要有"高价值"的内容；二是用户需要在"短时间"内就获取这些高价值内容。

（1）高价值内容

优质内容一定满足高价值内容的标准，这些内容要么足够实用，能够给用户带来帮助；要么足够有趣，能够使用户获得愉悦感。用户对于短视频内容具有容忍度低、兴趣度宽泛、专业度要求高等特点，当用户选择某类短视频社区平台时，通过浏览推荐的内容判断其是否有足够的价值，而抄袭的、随意拼接的、人云亦云的内容，不仅无法满足用户需求，也将会促使用户"用脚投票"，降低平台在用户心中的地位，导致用户很快离开平台。

（2）短时间获取

足够多的优质内容，辅以推荐系统的优化，一定能够满足短时间获取高价值内容的需求。在短视频内容迭代快速、同质化严重的环境下，用户对平台的耐心极大地降低，这也对平台推荐系统提出了极高的要求，"在App首屏，立刻、马上给用户看到他想看的内容"，几乎成了考核一个推荐系统的黄金法则。

2. 平台价值

平台价值本质上就是"拉得了新客，留得住老客"，优质内容能够帮助平台激发新用户的兴趣，同时精细化老用户的运营与留存，最后稳固平台在所有用户心中的价值形象。

（1）优质内容激发新用户的使用兴趣，提高新用户的使用时长

新用户在社区内愿意花时间浏览、播放、使用产品，探索其感兴趣的内容，延长产品的使用时长，是每个短视频平台最难做到的事情，"新客使用时长"这一指标也是考核平台产品运营非常重要的指标。

优秀的推荐系统会在新用户首次进入产品后，将优质内容尽可能在短时间内全方位地覆盖到用户产品使用路径之上，提高新用户持续使用平台的动力，但"巧妇难为无米之炊"，如果没有足够多的优质内容作为供给，则很难做到这一点，优质内容作为"弹药"，为推荐系统俘获新用户提供了强大的支持。

（2）优质内容帮助精细化运营老用户，提高老用户的留存率

这里面的逻辑是：用户对使用哪个短视频社区其实是具有一定倾斜的，哪个短视频社区能够更好更快地满足用户需求，哪种品类内容是短视频社区的侧重点，用户会逐步在心中强化短视频社区的特点，而最后能够留存下来的对社区忠诚的用户，也是恰好契合社区价值观的一批用户，这批用户将成为短视频社区的基本盘，牢牢占据社区的核心用户圈，甚至反过来对社区产生影响。

（3）优质内容巩固了平台的护城河，将平台价值观深入人心

特定的优质内容会让用户对平台造成固定印象，用户会因为想看某方向的优质内容而第一时间想到某特定平台，平台的这一特点将会愈发深入人心，这某种程度上也造就了平台的护城河，即优质内容可帮助平台巩固其用户心智。

2.1.3 优质内容的识别方法

讲清楚了优质内容的特点和价值，那么剩下的问题就是，我们应该如何识别出优质内容？通常我们会通过机器识别与人工识别两类方法来达到目标。

- 通过机器识别，批量化保障内容的精准性和时效性；
- 通过人工识别，保证优质内容更加符合社区平台的规则与需求。

1. 机器识别

（1）优质内容精准性

用户可以主观地通过感性认知认为什么内容比较好，但平台不可能为每个用户去分配单独的人工编辑来实时推荐内容，这样做成本实在太高了，所以对于推荐系统来说，计算各个维度的指标数据，通过机器算法筛选内容则是必须要做的工作。

我们列举一个短视频社区平台的推荐算法简化过后的计算公式例子：

优质内容得分＝播放量×权重1＋点赞×权重2＋评论×权重3＋收藏×权重4＋分享×权重5－举报×权重6＋创作者粉丝量×权重7＋创作者投稿量×权重8＋……

纵观以上评价指标，主要分为两类：一类是从内容本身出发的，包括播放量、点赞、评论、收藏、分享、弹幕、举报等；另一类是从内容创作者角度出发的，包括创作者粉丝量、创作者投稿量等。前者反映了推荐系统对消费者（用户）维度的考量，后者反映了推荐系统对生产者（创作者）维度的考量。

以上公式是抽象了计算优质内容分数的方法，实际算法模型要复杂得多，用到的特征量更大，可能还会用到隐性特征，计算逻辑也未必是线性公式，但这里我们暂时忽略这些细节，明确一下为什么要用以上这些指标来评估内容的得分，以及各指标的权重各自应占多少比重。

1）播放量。这是一个评价内容质量最基础的指标，播放量越大，说明内容的受众越多，而为了防止机器人刷量，平台往往会在内容稿件被播放了一段时间以后才计为一次播放，力求数据的真实准确性。

2）点赞。点赞体现了用户对内容的认可，可能是用户当时的心理情绪被满足，或者内容本身确实有趣，但点赞仍然属于一个较轻的用户行为。

3）评论。评论体现了用户对内容本身的参与，用户通过评论表达与创作者相同或者相反的看法，有时候评论和内容本身产生一定化学反应后会共同创造新的内容价值，且评论容易吸引其他用户共同参与新的讨论，提高内容价值。

4）收藏。收藏体现了用户对视频内容反复观看的需求，是用户对视频内容质量更高的认可，虽然被收藏的视频某种程度上代表了用户想要学习和进步的一面，但"丢进收藏夹吃灰"的现象并不少见，用户会乐于收藏一段 Java 学习视频，但可能更多还是会点开娱乐视频观看。

5）分享。分享表达了用户乐于将视频给更多人看见的意愿，视频内容或者满足了用户的炫耀心理，或者具有一定的格调，让用户愿意用该视频体现自己的品位；或者内容足够有趣，能够引起广泛的兴趣，容易被新用户所接纳。

6）举报。举报体现了用户对内容负面情绪的表达，内容有可能触犯到了用户的某些禁忌，或者触犯到了平台规则，冒犯了社会的公序良俗的集体认知，举报内容势必需要引起审核人员的重视，同时在推荐该内容时也需要进行降权处理。

7）创作者粉丝量。创作者粉丝量代表了创作者过往内容的质量，大部分平台创作者增粉的唯一途径就是生产出契合平台价值观的优质内容，而粉丝量可以理解为创作者通过一次又一次的投稿，不断积累下来的优质内容的侧面体现。基于平台对创作者历史稿件质量的信任，粉丝量越大的创作者稿件，获得的权重也应当更高。

8）创作者投稿量。创作者投稿量反映出创作者的输出能力，即创作者更新稿件的频次，可以理解为，创作者的投稿量越大，创作者更新频率越快，内容产量更高，对平台的依赖度和重视度更高；而用户往往看到优质内容以后，会习惯点开内容创作者的个人空间页查看其历史稿件，此时创作者的投稿量越丰富，带给用户的惊喜也就会越多。

以上就是机器算法推荐优质内容公式里各个指标含义的解释，至于每个指标赋予多少权重，既可以由经验丰富的平台运营人员决定，也可以由机器模型训练拟合出来。总之最后筛选出的一定是和用户具有最高匹配度的内容。

（2）优质内容时效性

理论上来说，时效性可以作为内容本身的某一属性，代入上面所举例的算法公式中，但又为什么要单独将时效性拎出来呢？

因为内容时效性关乎内容对用户决策的影响，也关乎用户的流失速度。影响用户决策方面，例如财经领域的短视频内容，股市每天都在变化，一个月前的股市信息对于当前的用户决策来说基本毫无意义，因为可能整个市场行情都已经发生了变化；用户流失速度方面，用户来到平台是希望获取到最新资讯的，如果平台一直给用户推荐过时滞后的内容，将会导致用户对平台印象分大减，进而流失。

基于以上原因，我们希望时效性是对内容进行单独考量的一个指标，而将时效性放进优质内容得分公式，作为影响内容得分计算的影响项之一，只会模糊时效性这一因素在内容质量评价里的作用。

那么机器识别又如何帮助系统判断内容的时效性呢？

第一，依据内容发布时间，系统判断距离当前时间越近的内容，自然时效性越强；

第二，依据内容分区标签，视频内容带上时政类、新闻类的标签，往往时效性较高；

第三，依据内容关键词提取，算法可以提取内容的标题和简介，带有"当前时刻""实时热点"等字样的，属于时效性内容的概率较高。

2. 人工识别

除了建立优质内容的机器识别机制外，还需保留人工编辑的识别与干预权限，这一方面是为了避免推荐系统推荐出的内容由于违规而造成一定风险，需要人工运营及时处理；另一方面是对于曝光量级大的 App 首屏位置，有时候需要留给社区平台运营主办的活动，或者社区运营希望某段时间内社区能够引导某品类内容的发展，就会用运营手段调节推荐排序，让扶持类目得到更多的流量曝光机会。

人工识别可以帮助防止一些只有机器识别会出现的问题。

（1）只有机器识别容易造成信息茧房

机器识别会一味地推荐符合用户兴趣的优质内容，容易

分析：
如何理解短视频推荐的信息茧房

造成信息茧房，用户的兴趣爱好是会随着时间的变化而变化的，你无法预测用户什么时候对陈旧内容失去了兴趣，而对某部分内容又重拾了兴趣，用户如果不能在内容平台上发现更多新鲜内容，会逐渐对平台失去兴趣，最终流失。

（2）只有机器识别容易造成马太效应

要适度地将资源倾斜给中腰部创作者，中腰部创作者的内容可能看起来并没有那么优质，甚至对社区各指标带来的帮助也不会像头部内容那么明显，但社区需要源源不断的新生力量来保持活力，头部内容创作者也是从中腰部内容创作者成长起来的，否则社区的马太效应将会愈发严重。

（3）人工识别可确保优质新内容的挖掘

由于机器识别都是采用根据历史经验与规律总结出来的判断模型，虽然能够确保不会遗漏大量优质内容，但是却可能忽略部分具有潜力的新品类内容，这些内容可能早期数据表现并不优秀，达不到机器识别判断为优质内容的标准，但是其未来的潜在爆发力很强，这部分内容就只能依赖于人工识别去挖掘。

2.2 推荐系统的产品框架

在明确了优质内容的定义后，我们来看看推荐系统的产品架构是如何通过分发优质内容，进而提高用户的内容体验与创作者的创作效率的，如图2-1所示。

站在创作者的立场上看，其逻辑是：创作者进行内容创作→系统理解内容，并打上内容标签→内容标签精准匹配用户画像→内容被更好地分发给有需求的用户，内容分发效率提升，创作者涨粉快，创作动力提升。

站在普通用户的立场上看，其逻辑是：用户进行内容观看→系统理解用户，解析用户画像→用户画像精准匹配内容标签→用户得到更精准的内容分发→用户的内容体验得到提升。

理解了推荐系统的产品架构后，我们将介绍产品推荐最重要的两个展现位置：首页推荐和关联推荐。

图 2-1　推荐系统产品架构

2.2.1　首页推荐的两种模式

首页推荐的产品样式主要有两种，分别是单列模式和双列模式：单列模式典型的应用是抖音、西瓜视频、快手极速版等，用户通过上滑下滑切换观看的内容；双列模式的典型应用是快手、哔哩哔哩、小红书，用户首先浏览界面，然后选择感兴趣的内容进行观看。

单列模式的产品设计如图 2-2 所示。

双列模式的产品设计如图 2-3 所示。

针对首页推荐的单列模式和双列模式，我们可以打一个有趣的比方：单列模式就像你去一家餐厅吃饭，老板直接把菜端上来放在你面前，说我们已经很了解你过去爱吃的菜品种类，今天做的这道菜完全是按照你的过往习惯，为你量身定做的；双列模式就像餐厅给你拿上了菜单，想吃什么由餐厅有什么菜品和你想吃什么菜品两者共同决定。

1. 单列模式

抖音和西瓜视频都采用单列模式，平台采取的是中心化分发流量的方式，视频被曝光给用户后会立即开始自动播放,省去了用户对视频的CTR(Click Through Rate,点击率)点击这一环节,这一分发方式导致单列平台普遍有以下三个特点。

单列模式

- 中心化分发流量
- 视频自动播放
- 要求社区内容质量足够高
- 用户容忍度差

抖音　　　　　西瓜视频

图 2-2　首页推荐的单列模式

双列模式

- 去中心化分发流量
- 推荐系统容错性高
- 选择权交给用户

哔哩哔哩　　　快手　　　小红书

图 2-3　首页推荐的双列模式

(1)对平台推荐算法的要求更高

此时用户看到的内容都是平台推荐的,用户对平台是信任的,对平台推荐出自己感兴趣的精品内容抱有期望,如果用户不喜欢推荐的内容会立刻划走,如果用户连续刷到两三条自己没兴趣的内容,则可能引发对平台本身的不信任

43

感,所以基于如此苛刻的要求,就要求平台的算法推荐足够精准。

(2)爆款内容比较容易获得更高的播放量

由于用户的耐心较低,所以平台需要优先推荐大众意义上的优质好内容,这样平台的犯错概率会降到最低,而这部分内容更容易获得更多的曝光量,获得更高的点赞/评论/转发数据,如此循环,优质内容极易获得超多曝光量。

(3)单列平台的内容集中度较高

基于以上亮点,平台推荐内容容易集中于爆款内容,这使得平台拥有了媒体属性,更适合推荐一些全民关心的内容,进而导致平台受到媒体、机构、明星等头部组织机构的青睐。

2. 双列模式

哔哩哔哩、快手和小红书都采用了双列模式,平台采用去中心化流量分发的模式,这一分发方式导致双列平台普遍有以下三个特点。

(1)用户对平台推荐的容忍度会更高

双列模式会展现视频内容的封面、标题、播放量、点赞数等数据,这些因素支持用户自主选择观看哪个视频,即便用户觉得选错了视频,也不会迁怒于平台的推荐,毕竟是用户自己选择的视频,所以用户对平台相比单列推荐方式会更加宽容。

(2)肩腰部内容比较多,头部爆款内容较难产生

双列模式相比单列模式多了一道用户选择,由于用户本身喜好的多样化,进而削弱了全民爆款内容诞生的可能性,反而是肩腰部内容的数量和占比较多。

(3)双列平台的内容丰富度更高,集中度更低

双列模式在单屏幕下可以展现更多内容,这给了平台测试更多视频内容的机会,平台可以用小流量测试与挖掘用户兴趣,进而使平台的内容丰富度得到提高;与此同时,用户的主动选择与平台推荐产生互动,使得平台更容易形成社区,有利于创作者私域流量的沉淀。

本质上来说，首页推荐是采取单列模式还是双列模式，没有绝对的正确与否，而是一种取舍，选择单列就是选择爆款内容和头部化，使平台更容易成为媒体；选择双列就是选择多样性和丰富度，使平台更容易成为社区。

2.2.2 相关推荐的两种模式

相关推荐指的是当用户在播放视频场景内，同屏下关联推荐的相关视频，其样式主要有两种：一种是推荐与当前播放视频相关的其他独立视频；另一种是推荐与当前播放视频属于同一分类下的合集，如图 2-4 所示。

哔哩哔哩　　　　　　　　　西瓜视频

- 根据当前播放视频的主题/标签/作者信息去做相关推荐
- 吸引用户兴趣，提高使用时长

- 与当前视频紧密相关的零散视频组成"合集"
- 将短视频集合成剧集这样的内容组织方式，引导用户观看更多视频

图 2-4　相关推荐的产品设计

前者会根据当前播放视频的主题、标题、创作者、标签去做其他相关视频的推荐，例如推荐属于同创作者的其他视频，提取当前播放视频标题的关键字匹配相关视频，推荐与当前播放视频划分为同一类别或分区的其他视频，其目的是吸引用户留在播放页不要出来，造成播放页的"黑洞"效应，持续观看其有可能感兴趣的其他视频，进而提高用户使用时长。

后者的本质是受限于当前短视频的分发方式，用户被动接受单个视频，而很难去被动接受一部剧集，那么当用户点击观看某部剧集里的一段视频时，有

理由相信用户对这个视频的兴趣会进一步发展到对整部剧集的兴趣，特别是对于关联性紧密、剧情性较强的剧集，用户会倾向于看完整部剧集。

2.3 推荐系统的基础原理

在了解了推荐系统的产品框架后，我们来到推荐系统最重要的一节内容，推荐系统的基础原理。下面来看下短视频社区平台的推荐系统架构是如何划分的，由底层往上分别是日志信息层、模型策略层、数据计算层、数据结果层与用户交互层，如图 2-5 所示。

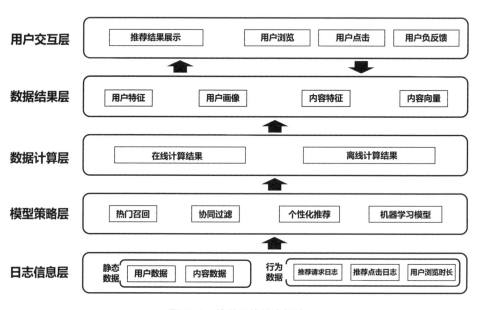

图 2-5　推荐系统技术架构

（1）日志信息层

该层主要分为两部分，一部分是静态数据，例如用户数据与内容数据，用户的年龄、性别、地区，稿件内容的标题、时长、作者，在很长一段时间内都是固定数据，系统每天取其增量存入日志信息层；另一部分是行为数据，例如推荐请求日志，记录哪些内容曝光给了哪些用户；推荐点击日志，哪些用户点击了哪些内容；用户浏览时长日志信息、用户 LBS 地点信息等等。

（2）模型策略层

该层主要是决定采取何种模型、策略来分析与解读日志信息层的静态数据和行为数据，例如在召回阶段是更多地进行热门内容召回，还是根据用户行为进行协同过滤的召回；在排序阶段采用何种机器学习模型来进行精排等策略。

（3）数据计算层

该层是基于模型策略层定下召回排序策略和模型后，采取离线大规模计算与在线实时计算两种方式，计算出模型训练的结果。离线计算是由于机器数量与性能的限制，大量数据需要采取离线方式计算出结果，在线计算是针对线上用户的实时反馈行为，系统快速做出回应，改善用户体验。

（4）数据结果层

该层作用是在不同数据应用系统中存储数据计算层得出的相应计算结果，例如用户画像与内容特征可以存储在 ElasticSearch（搜索数据库）中，因为这些数据只需要批量查询读取；而用户行为数据则需要存储在 Redis（内存应用）中，方便快速响应前端界面的用户反馈。

（5）用户交互层

该层的交互逻辑分为两部分，第一部分是展现由各层最终计算出的推荐结果给用户，第二部分是记录用户对于推荐结果的反馈行为，例如浏览行为（时长/路径）、点击行为（点击哪些内容/完播率等）、负反馈行为（不感兴趣/投诉等不同程度的负反馈）。

基于以上描述，我们了解了推荐系统技术架构的整体框架，但还是给人感觉太复杂、太技术范儿了。归根结底来说，推荐系统要做的不就是从海量内容库里选出几十个用户可能感兴趣的优质视频吗？我们将推荐系统抽象成一个信息过滤系统，分为审核、召回、排序、规则四个模块，层层递进地过滤内容，如图 2-6 所示。

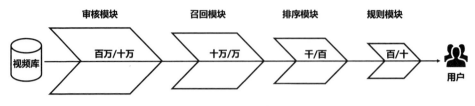

图 2-6　推荐系统技术架构简化

- 审核模块将符合短视频社区规则与价值观的视频过滤出来，输出量级大致在百万左右；
- 召回模块将根据用户行为与热门等规则，快速找到一小部分优质内容，输出量级大致在十万左右；
- 排序模块分为粗排与精排，采用比较复杂的模型，融入较多特征，输出量级在百个视频数量左右；
- 规则模块，也叫 ReRanker（重排序）模块，会在排序模块结果的基础上附加人工干预、规则限制等，最终将结果呈现给用户，输出结果在几十个左右。

我们接下来对这四个模块进行具体介绍，需要注意的是，由于某些部分涉及很多算法与数学公式，笔者尽量站在产品经理的视角，用产品经理的语言和图形解释清楚每种算法的原理。

2.3.1　审核模块：机审与人审

大部分短视频社区的审核模块都采取先机器审核后人工审核的双层设置，只有在机器审核和人工审核都不通过的情况下才会进行相应的违规处理，审核模块流程如图 2-7 所示。

我们按照流程图顺序，分步骤详细讲解审核模块的流程。

（1）视频来源

对于短视频社区来说，其内容来源通常有以下几种途径：用户上传自己制作的 UGC 内容、爬虫抓取的其他渠道的优质内容、版权购买的 PGC 内容三类。

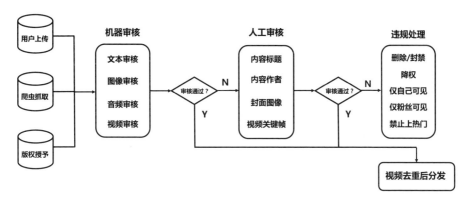

图 2-7 审核模块流程图

越是成熟的短视频社区平台，由于搭建起了完善的内容社区生态与用户心智，其内容来源里 UGC 占比就越高，越需要加强审核力度；而对于新兴的短视频社区平台，由于用户量少，其内容来源大部分是依靠爬虫抓取的其他渠道的优质内容，虽然面临着版权风险，但是由于其他平台的内容都是已经审核通过才会在市场上流通的，反而不需要过度依靠自身平台的审核能力；而版权购买的 PGC 内容审核本就不需要过度依赖于平台，这些内容本身出版之前就已经通过了政府和出版机构的审核。

（2）机器审核

机器审核这一环节过滤了大量的劣质内容，通过提前设置好的规则模型或者智能算法，拆解了内容的四种模态，包括文本、图片、音频、视频。

- 文本部分，通过设置敏感词/违规词规则，解析视频内容的标题与简介，遇到不符合要求的则不予通过；
- 图片部分，通过图像识别等 CV（Computer Vision，计算机视觉）技术，将待审图片匹配违规图片素材库，解析图片上的文字、符号、图形，违规图片不予通过；
- 音频部分，通过抽取内容图像的音频，并将声音降维成文字，进而匹配违规语料库，违规音频不予通过；
- 视频部分，通过抽取视频中的画面与关键帧（例如 15s 的短视频每隔 5s 抽取一帧），将视频降维成图片，违规视频不予通过。

以上是从内容的四种模态考虑机器审核维度，而大部分机器审核更多的是要抵制低质量灌水内容、低俗辱骂内容、恶意推广内容、政治敏感内容、暴恐违禁内容、色情暴力内容等，这里面审核效率的提升，与平台的违规素材库密切相关，一般认为对审核越重视、UGC内容越丰富的平台，其违规素材库越全面、审核规则越细致，相应的审核效率也越高；而机器审核未通过的内容，会进行高亮标记后继续进行二道审核——人工审核。

（3）人工审核

人工审核主要针对机器未通过的违规视频内容用人力进行抽查，通常不会对机器审核未通过的每条内容都进行人工审核，而是会基于当前审核策略的考量，不同时间段有不同的侧重点，例如对于头部创作者的视频内容，万一机器审核未通过，人工审核会重点对待，并会联系创作者进行对应改进；对于某一阶段平台想重点扶持的内容类目，人工审核也会适当予以放松，通过软性规则来判断内容是否能够在社区内流通。

人工审核通常会重点关注内容标题、内容作者、封面图像、视频关键帧等因素，甚至会完整地看完整个视频，进而做出通过与否的判断。

人工审核占据了大量的人力物力，理论上来说随着机器审核的逐步成熟与完善，人工审核的比重应该逐渐降低，应该将人力抽出来进行内容方向的引导和运营。

如果某内容机器审核和人工审核都未通过，那么接下来就需要进行违规处理了。

（4）违规处理

违规处理分为不同的限制等级，由轻到重可分为禁止上热门、给视频降权、仅粉丝可见、仅自己可见、删除/封禁视频五种限制等级。

- ❏ 禁止上热门：视频还是能够正常分发，但无论视频播放量多大，都不允许该视频上热门榜单；
- ❏ 给视频降权：视频只能在小范围内分发，甚至低于正常给新视频分配的流量池曝光；

- 仅粉丝可见：视频只能被自己的粉丝看见，不会曝光给任何一名非粉丝新用户，目的是限制账号涨粉；
- 仅自己可见：视频只能被自己看见，基本上这个视频就不在社区内流通了，只能在个人空间内看见该视频；
- 删除/封禁视频：属于最严重的视频内容违规处理方式，直接导致视频内容不会存于社区平台内。

这里需要注意的是，违规处理非常依赖于一套完整的处理细则，并需要根据这些细则来判断违规处理结果的等级，这是为了规避审核人员主观判断的影响，塑造更公平的内容审核环境。

（5）视频正常分发

某条视频内容经过层层考验后，在这个环节算是可以正常分发了，但是这时往往会做一步视频内容去重的操作，平台基于对创作者利益的保护，对重复视频不予分发；但重复视频的判断规则比较复杂，例如有可能是标题重复但内容不重复，或者是内容某一帧重复但其他帧不重复，故平台也会基于扩大内容供给量的考量，将视频去重放在最后的步骤做。

2.3.2 召回模块：四种召回方案

通过审核模块过滤掉大部分违规内容后，我们接下来看推荐系统的召回模块。召回模块是根据用户特征与内容特征，通过构造不同的召回通路，从能够正常在社区分发的海量内容库里快速找到一小部分用户感兴趣的内容。对召回模块的要求是需要处理的内容数据量巨大，处理速度要快，策略与模型要简单易懂。

通常在主流的短视频社区推荐系统里，召回模块主要分为以下四种类型：

- 热门召回：召回内容适合面向所有用户，适合做新用户的冷启动；
- 个性化召回：基于用户行为、社交关系、当前环境、兴趣标签的召回，适合拉活；
- 相关内容召回：基于对当前播放视频的相关内容的召回，适合提升用户时长；

- 基于模型召回：算法模型召回一般都是作为上述三种召回方式的补充召回通路，适合探索一些新的内容方向。

1. 热门召回

热门召回最简单的做法是，推荐系统将每个视频推荐给每个用户，再统计每个视频各个维度的数据，就能筛选出全站最热视频的排序了，真的如此简单吗？且慢，这里有个非常重要的矛盾无法解决，那就是平台的用户数量相比内容数量，其相对值是非常小的（平台在国内最多做到 10 亿 DAU，而内容却可能有几百亿条），也就是说，每个用户的内容曝光机会都是非常有限的，平台不可能给每个用户曝光每个视频，所谓的"热门"，一定是建立在基于一部分人认可前提下的热门，而非真正的全站所有人的热门。

基于以上逻辑，推荐系统的热门召回如图 2-8 所示，试图去处理好视频分层、晋级、降级以及优质视频精品库的逻辑关系。

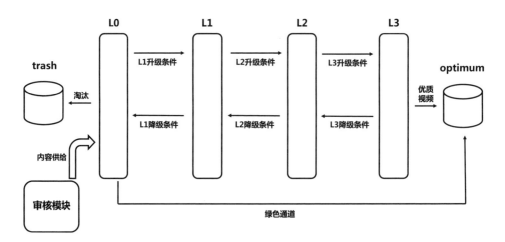

图 2-8　热门召回框架图

我们将整个短视频社区的所有内容划分为 6 个层级范围。

（1）一头一尾两个固化层级 trash（淘汰内容）和 optimum（优质内容）

这两个层级都属于不再参与流动的固化层级，trash 表示其内部的视频内容质量较差，不应该再予以流量分发；optimum 表示优质内容精品库，热门召回的内容都应该从其中获取。这一头一尾两部分占据的内容占比都不高。

（2）L0～L3 这四个流动层级

大部分的视频内容在 L0～L3 这四个层级之间流通，L0 层级给予通过审核模块的视频一部分基础流量，这部分在消耗完基础流量后，如果能够满足 L1 升级条件，将会自动晋升到 L1 层级；而该视频在 L1 层级将获得更多的流量分发，在这部分增量流量消耗完后，如果满足 L2 升级条件，则会晋级到 L2 层级，但是也有可能因为表现不佳而达到了 L1 降级条件，该视频则回退到 L0 层级，假使这个视频既不满足 L2 升级条件，也不满足 L1 降级条件，那么该视频将一直停留在 L1 视频，并且将只得到少部分流量的分发机会；对于 L2、L3，则遵循以上相同的原理进行视频内容的升级与降级。

对于 L3 层级的视频，如果满足优质视频的条件，那么就直接进入优质视频精品库 optimum，从而退出流动层级；对于 L0 层级的视频，如果一直达不到 L1 升级条件，则在给定足够量的曝光后，自动淘汰，进入垃圾视频库 trash。

（3）特殊的绿色通道

对于视频内容来说，除了遵循以上常规的"升级打怪"路径外，热门召回模块也规划了一条直接从 L0 晋级到优质视频精品库的绿色通道，这条通路一般开放给人工运营人员，用以扶持特殊品类。

在确定了以上热门召回的框架后，留给产品和算法人员的难题就是确定各个层级的升级与降级条件。

与前面介绍的筛选优质内容的逻辑类似，我们会针对视频的账号类型、创作者粉丝量、视频曝光量、点赞量、转发量、完播率等指标，动态调节各个指标的权重后，计算出一个北极星指标。在 L0 到 L4 层级的视频中，每多增加一次曝光，就会重新计算一遍北极星指标，进而判断该北极星指标数值是否达到了使视频进行晋级或者降级的条件。

热门召回通路最终会从 optimum 优质视频精品库中召回热门内容，且相对于个性化召回、相关内容召回、基于模型召回，热门召回的比例是最大的，毕竟推荐热门内容也是第一时间获取用户留存的利器。

2. 个性化召回

个性化召回主要分为以下四种：基于用户行为、基于社交关系、基于当前环境、基于兴趣标签，下面进行具体介绍。

（1）基于用户行为

基于用户行为的召回方法主要分两种：一种是User-CF（用户协同过滤）；另一种是Item-CF（内容协同过滤）。下面我们来具体看下各自的召回原理。

1）用户协同过滤（User-CF）。其逻辑原理就是"基于当前用户对内容的喜好找到相似用户群，并将该用户群的其他喜好内容推荐给当前用户"，如图2-9所示。

图2-9 User-CF 原理示意图

如何通过用户协同过滤将内容2推荐给用户A的呢？简要步骤如下：
- 找到用户A喜爱的内容1；
- 找到与用户A类似，也共同喜爱内容1的用户群；
- 找到这个用户群喜爱的内容集；
- 将该内容集里的其他内容（排除内容1），例如内容2，推荐给用户A。

从计算逻辑来讲，本质就是将用户对各个内容的喜好作为一个向量，以此来计算所有用户之间的相似度，找到和当前用户相似度最高的其他有限个用户，并将其他有限个用户喜爱的内容排序作为推荐列表。

2）内容协同过滤（Item-CF）。其逻辑原理就是"基于当前用户对内容的喜好，找到相似内容（越多相同人群喜欢的内容越相似），并将该相似内容推荐给当前用户"，如图 2-10 所示。

图 2-10 Item-CF 原理示意图

如何通过内容协同过滤将内容 2 推荐给用户 A 的呢？简要步骤如下：
- 找到用户 A 喜爱的内容 1；
- 找到内容 1 被哪些用户群体喜欢；
- 找到也被相同用户群体喜欢的内容 2，此时可以认为内容 2 与内容 1 相似；
- 将内容 1 的相似内容——内容 2 推荐给用户 A。

从计算逻辑来讲，本质就是从内容的角度去考虑，将所有用户对某个内容的喜好作为一个向量，以此来计算内容之间的相似度，得到当前用户喜爱内容的相似内容集合后，构建一个推荐列表给当前用户。

讲完了用户协同过滤与内容协同过滤，我们到底在什么时候选择哪种方法呢？一般认为考虑到计算成本，用户相对多的时候用内容协同过滤计算更快，内容相对多的时候用用户协同过滤计算更快，所以对于短视频社区而言，大部分时候基于用户行为的召回，都采取 User-CF 策略。

分析：
用户协同过滤与物品协同过滤的比较

协同过滤方案的优点是能够帮助发现用户新的感兴趣的内容方向，系统并不清楚用户对某条内容的感兴趣程度，但仍然会推荐给他，因为相似用户对其有兴趣；缺点是无法解决冷启动的问题，当一个新用户没有用户行为的时候，无法对其进行协同过滤的推荐。

（2）基于社交关系

社交关系对于每个用户来说都是独一无二的，所以基于社交关系的个性化召回通常能解决以下两个方面的问题：

1）**冷启动问题**。对于缺乏用户行为的新用户，可以推荐其好友喜爱的内容。默认为社交关系中的好友与用户存在一定程度的相似性，那么有理由相信好友喜爱的内容，当前用户也可能喜欢。

2）**提高推荐的可解释性**。例如微信游戏或者微信看一看，经常会给推荐的内容打上"您的好友都在看/都在玩"的标签，这样可以轻易获取用户的信任。

（3）基于当前环境

如果系统能够获取权限，读取到当前用户的地点、时间、手机型号、网络环境等信息，则也可以基于以上信息做出相关推荐，来解决当用户标签与行为数据不够丰富时的冷启动问题，例如很多短视频社区内都设置有"同城""同校""现在正在发生"等推荐内容板块，极大地拓展了推荐维度的丰富度。

（4）基于兴趣标签

兴趣标签通常是运营人员根据内容类目的标签体系所创建，通过算法或者人工方式打在用户身上的标签体系，该方法可以抛开用户画像与内容向量的分析，最简单直接地给用户匹配上具有兴趣标签的相关内容。

该方案能够奏效的前提是需要具有颗粒度较细的用户和内容标签体系，如果只是一级类目标签匹配，如给一个NBA洛杉矶湖人队的篮球球迷只匹配上"体育"标签，进而推荐一堆跳水、赛马、足球等体育类视频，无疑会让用户感到困惑。标签体系越细分越好，细分程度决定了匹配的精准程度。

3. 相关内容召回

相关内容召回的原理是根据当前用户观看视频内容本身的标签，去寻找有相似标签的其他内容，进而推荐给当前用户，其原理如图2-11所示。

如何通过相关内容召回将内容2推荐给用户A呢？简要步骤如下：

- 找到用户A喜爱的内容1；
- 分析内容1的标签信息，假设内容1的标签是{盗墓，奇幻，探险}；
- 找到与内容1具有最大相似度的其他内容，也就是寻找和内容1标签重合度最高的内容，假设找到内容2，其标签是{盗墓，奇幻，爱情}，内容 2 只有一个标签与内容 1 不同，其他标签完全相同；
- 将内容 2 推荐给用户 A。

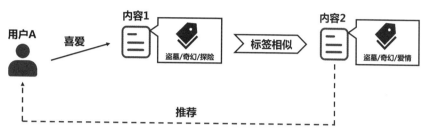

图 2-11　基于内容的召回原理示意图

如上我们在寻找相似内容的时候舍弃了内容 1 标签"探险"的完全匹配，而是通过"盗墓"与"奇幻"这两个标签找到了相似内容，假设根据这两个标签我们没有找到相似的内容，那么我们可以进一步舍弃"奇幻"或者"盗墓"标签，只要匹配上任意一个标签就可以认为是相似内容，依此类推，我们可以按照相似标签重合度降序，由近及远地推荐相似内容给用户。除此之外，还可以拓展视频内容的标签类型，或根据标题、高质量评论、抽帧（视频降维成图像，CV 分析）等进行推荐。

关于相关内容召回，还有以下三点需要说明：
- 由于没有用户行为的分析，纯粹是从内容本身出发，所以并不属于个性化召回；
- 内容各个标签的权重是不一样的，各特征的权重可以通过机器学习训练出来；
- 内容标签更多是根据手工 / 规则打的，并不能完全涵盖某条视频内容的全部特征，且视频内容标签多势必会降低计算效率，所以如何平衡内容标签的数量，如何取舍内容标签的权重，都是需要反复考量和测试的。

4. 基于模型召回

基于模型召回常常是热门召回、个性化召回、相关内容召回的补充，在召回总量中的占比较低，那么为什么还会有基于模型的召回方式呢？

在基于标签的召回方式中，我们往往是拆解内容标签与用户标签两个维度来进行匹配，但这里标签之间往往是独立的，当标签数量多到几百上千的时候，我们不禁会考虑一个问题，内容侧与用户侧的标签和标签之间，是不是还有一些标签向量相互交叉的隐性关系？

基于此前提，可将之前一直应用在排序环节的机器学习算法模型——FM（Factorization Machine，因子分解机）模型与DNN（Deep Neural Networks，深层神经网络）模型逐渐应用到召回环节，其优点有两个：

1）交叉的隐性向量比较抽象，一般人难以理解，需要靠机器学习算法模型解析出这些隐性向量；

2）特征向量多维度的交叉导致特征组合方式太多，一般规则解决不了如此复杂的问题，也需要算法模型来处理。

以上优点可以帮助推荐系统找到用户的隐藏兴趣，并且作为召回通路的补充，能够召回新的内容，提高召回效率。

2.3.3 排序模块：粗排与精排

经过了召回模块对内容的多路召回截断后，内容数量从百万量级降低到了十万量级，这时需要用到推荐系统中最重要的模块——排序模块。我们接下来看一下排序模块是如何进一步对内容进行过滤的。

排序模块通常分为**粗排**与**精排**两部分。粗排环节存在的原因是召回后的视频数量太多，需要在粗排环节利用简单的模型与少量用户、内容特征来对召回结果进行粗略的排序，在保证一定精准度的前提下减少视频数量，并输送到精排环节；而在精排环节，可以利用大量特征使用复杂的模型，尽可能地精准排序。可以这么说，粗排的最高优先级是快，精排的最高优先级是准确。

由于精排环节对模型精准度的要求较高，而机器学习模型本身是通用技术，那么各家短视频社区平台为什么还有推荐性能上的差异呢？这就涉及训练模型的样本选择与特征提取了，我们接下来介绍样本与特征的作用，并介绍当前主流的排序模型与各家通用的排序效果评估方案。

1. 样本与特征

通常一个机器学习模型的学习路径是：首先在全局真实数据中选取一部分数据作为样本，在这个样本集上训练得出模型后，再应用到全局数据中去。从该路径可以看出，一个模型训练得怎么样，基本上是由挑选的样本质量决定的，样本如果是真实全局数据的无偏采样，那么训练出的模型则是靠谱的，但如果样本采集时本身就有一定的偏差，那么训练出的模型也很难"以偏概全"，去准确预测结果。

合适的样本选取是紧贴业务逻辑的，这非常考验技术人员对业务的理解能力，例如如果希望构建一个用户实时反馈模型，就不能拿用户前一天的浏览行为与相隔一天后的点击行为来进行组合，作为实时反馈的训练样本，这完全违背了"实时"的定义。所以对于样本的选择一定要符合业务逻辑，选取到合适的样本往往能够事半功倍。

特征是样本在各个评价维度上的指标，打个比方，我们要预测全校同学对某电影的喜好程度，我们选取了某个班级作为样本，而这个班级里各个同学的年龄、性别、身高、历史喜好影片等就是特征。具体选取样本的哪些特征也非常依赖于技术人员对业务的深刻理解，对用户行为的细致研究。针对特征的提取与选取，甚至发展出了"特征工程"这样的专业技术，虽然机器学习技术的发展带来了特征提取的自动化，但是对于推荐特征较多的复杂场景，还是需要人工参与进来选取出合适的特征。

对于短视频社区这样的业务形态，常见的基础特征包括：
- 用户特征，如用户的年龄、地域、性别、商圈、家庭收入等；
- 内容特征，如内容分类、标题、标签、创作者粉丝量等；
- 环境特征，如LBS定位、手机型号、网络环境等；
- 行为特征，如用户浏览、点击、收藏、转发等；
- 交叉特征，如用户特征与内容特征的交叉等。

2. 排序常见模型

在了解了样本与特征的基本概念后，接下来介绍排序的常见模型，最早是

"线性模型+人工提取特征",后期是"非线性模型+自动提取特征",直到现在用的深度学习模型。这里重点介绍两类主流的排序模型,一类是当前在各平台应用时间最久,也是最简单的 LR(Linear Regression)模型;另一类是目前应用较多,代表前沿技术趋势的深度学习模型。我们尽量避免出现复杂的数学公式,用图形与逻辑讲清楚模型的原理。

(1)LR 模型类

1)LR 即线性回归。LR 是一种简单的线性模型,通过学习用户的点击行为来构建点击率预估模型,其原理如图 2-12 所示。

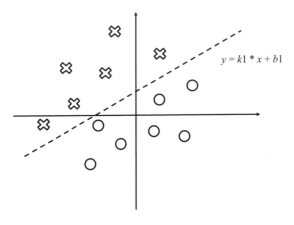

图 2-12 LR 原理图

图 2-12 中,正样本用圆圈表示,负样本用叉号表示,在遍历完所有样本结果后在坐标轴中标记正负样本结果,然后系统会尽量找出一条线性边界 $y=k1*x+b1$ 来区分正负样本,使得在边界一侧都是正样本,另一侧都是负样本,那么这条线性边界便是由该样本集训练出的线性模型,其中 $k1$ 与 $b1$ 的具体值便是训练得出的结果,我们把这一过程形容为 LR。在有了 $y=k1*x+b1$ 这一线性模型以后,对于测试样本 $x0$,我们将其代入线性模型公式,便能够得出预测结果到底是归属于正样本还是负样本。

将以上抽象模型套用到实际业务场景中,以预测用户 A 对某搞笑视频的点击率为例,"浏览并点击"标记为正样本,"浏览未点击"标记为负样本,通过分析用户 A 对其他搞笑视频的历史点击行为，得到预测模型后，便可预测用户 A 对当前搞笑视频的点击概率。

2）GBDT（Gradient Boosting Decision Tree，梯度提升决策树）+LR。GBDT+LR 是对 LR 模型在特征环节上的升级，LR 的特征都是彼此独立的，并不能反映特征彼此之间的联系，而特征的组合却可能是蕴含着一定信息含量的；GBDT 能够处理特征之间的联系，原理是将特征彼此之间分组，通过迭代决策树的方法，将所有树的结论累加起来作为答案，然后将这些通过 GBDT 处理过后的特征再输送给 LR 模型，以期拥有更精准的分类。

（2）深度学习模型类

1）wide&deep。我们介绍一种通用的深度学习模型类型 wide&deep，如图 2-13 所示，图形左侧是 wide 部分，其主要作用是从历史数据中挖掘特征之间的相关性，记住用户的历史兴趣，起到记忆作用；图形右侧是 deep 部分，其主要作用是发掘历史数据中没出现过的特征组合，寻找用户可能的新喜好，起到探索作用。通过将 wide 与 deep 两部分结合到一起，相当于既能够记住用户的历史兴趣，又能够探索到用户可能的新兴趣，且在两者之间做到平衡，该模型在工业界应用得比较广泛。

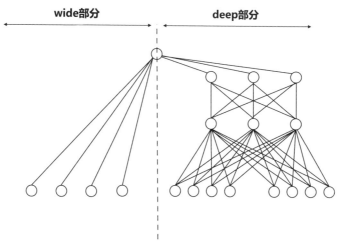

图 2-13　wide&deep 原理示意图

2）DeepFM。DeepFM 模型是在 wide&deep 模型基础之上的优化，之前 wide 部分大多数时候采用的是 LR 模型，该模型只能解析互相独立的特征；而 DeepFM 在 wide 部分采用了 FM 模型，该模型能够自动构造二阶特征的叉乘，不仅能够保留特征与特征之间的关联信息，还能够挖掘出更多隐性特征，提高模型效果。

3. 排序效果评估

模型排序结果的评估分以下三个步骤。

（1）离线评估

一般选取样本训练出排序模型后，会找到离线验证集，将模型输出结果与离线结果进行比较。这一过程需要技术人员和业务人员共同去把握，业务人员基于业务场景的需要去评估最相关的几个指标是否符合预期，技术人员要根据样本集选取的偏差情况来预估该模型是否可以拿到线上去做实验。

（2）线上小流量实验

离线评估通过后，会拿排序模型到线上进行 AB 测试，但初期为了不影响大盘，只会切一部分小流量，并采用控制变量法进行实验，一般观察 1~2 周（分策略优先级来定，影响较小的策略可以缩短实验时间），到时间后验证实验组和对照组的数据情况。

（3）线上扩量实验

线上小流量实验的实验组数据验证为正向后，就可以进行线上扩量实验，扩量实验一般按照 5%→20%→50%→100% 这样的节奏去推进。

2.3.4 规则模块：用户与内容

规则模块又叫作 reRanker（重排模块），在经过了粗排和精排的排序模块之后，视频内容数量到了规则模块可能只剩下几十个了，这时候产品或者运营人员会在此排序基础上进行打散或者重排，例如去掉用户三天内已看过的视频内容、连续三条内容不能出现相同分区下的视频、连续 N 条视频内容必须出现某一热门品类的内容等，这些规则没有规律，完全依赖于产品和运营人员的决策，但大方向一定是从改进用户体验、提升平台效用的角度出发的。

我们总结下各大短视频社区推荐系统在规则模块常用的一些规则，如图2-14所示。

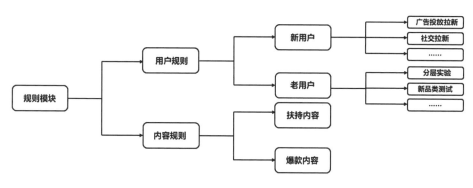

图2-14　规则模块示意图

整个规则模块分为用户规则和内容规则两大部分，我们来逐一介绍下。

（1）用户规则

站在用户层面考虑，业务人员往往希望针对不同用户进行相应的规则引导，从而平衡整个社区的内容曝光量，而最常见的则是将用户划分成新用户与老用户。

对于新用户来说，短视频社区的拉新往往有很多不同的渠道，例如有的是因为点击广告投放而拉来的新用户，这时候不仅要对这部分新用户在首次打开App的第一时间展现吸引其点击下载该App的广告素材内容，甚至针对不同广告渠道来的新用户还要进一步做素材的精细化区分；有的新用户是单纯因为身边朋友推荐，通过社交拉新而下载的App，这部分新用户则希望对其展示"好友也在看"的相关内容，吸引其进一步使用App。

对于老用户来说，由于老用户对短视频社区平台比较熟悉，可以理解为这部分群体是代表社区价值观的典型用户，运营业务人员会针对老用户进行分层实验，以观察某些品类的稳定性，或者将新品类的内容优先推荐给这一批老用户进行测试，以验证新品类是否符合平台的调性。

（2）内容规则

站在内容层面考虑，业务人员往往希望通过运营手段来有针对性地扶持或者限制一些内容的曝光，而最典型的会受运营人员干预的，则是特殊品类的扶持内容或者爆款内容。

对于特殊品类的扶持内容来说，假设整个社区决定在接下来的一个季度要重点扶持某品类的内容，承诺给了该品类的创作者相应的流量加持，这时候运营人员一般会在排序结果前列强插该品类的内容，以增加其曝光率。

对于爆款内容来说，系统一般会对其进行标记，而运营人员则会对该内容进行限制或者提权。限制的原因可能是运营人员不想让某个账号过于迅速地涨粉，或者是要平衡整个社区的头部账号体系，那么则会将该视频在排序列表里去除；提权的原因可能是该视频代表了社区目前正在推进的内容示范，那么该视频将会在排序列表里被置顶。

2.4 推荐系统三大难题

通过以上对优质内容、推荐系统产品架构和技术原理的讲解，我们大致了解了推荐系统的全貌，那么推荐系统已经完美无缺了吗？如果真的是这样，那为什么我们在逛短视频社区的时候，还是会刷到一些兴趣不大的内容呢？接下来我们分析一下推荐系统仍然面临的一些问题，我们将这些问题分成评价指标、技术实现、新品探索三个维度，并探讨可能实现的解决方案。

2.4.1 评价指标难题

做任何事情都需要有明确的目标，对于推荐系统也是一样，我们需要定义清楚推荐系统的具体评价指标，这样才能明确推荐什么样的内容。但是"推荐"这个概念并不是通过单一指标就能评价好坏的，它并不像"身高180一定比身高170个子高"，通过身高这个指标来比较那样简单易懂，推荐是要"猜测用户可能感兴趣的内容并推荐给用户",这样一个抽象的概念要细化成具体指标,会遇到不少结果和设想相悖的问题,我们举例如下。

如果以点击率作为优化目标,这个是很容易想到的指标,只要点击率高就代表推荐的内容是用户愿意看的,但一些低俗内容利用更吸引人眼球的图片、一些故意夸大事实的标题,往往能够获得高于均值的点击率,长此以往内容水化的概率会大大增高。

如果以用户使用时长作为优化目标,那么推荐系统则会不断地推荐连续剧或者时长高于 15min 的长视频,低于 5min 的视频不管质量如何其推荐占比一定会逐渐减小。

如果以完播率作为优化目标,那么推荐系统则会大幅度降低长视频的推荐率,甚至会导致那些毫无剧情、毫无质量,只有 2~3s 的短视频内容泛滥,这些视频用户稍微看一会儿就播完了,完播率几乎接近于 100%。

如果以提高点赞、评论、分享这些互动率作为优化目标,那么势必会导致创作者在视频的评论区进行互动抽奖行为,私建微信群要求粉丝提高互动率等利益刺激行为,反而忽略创作的内容质量,同时会加大社区平台的审核工作量。

通过以上例子可以看出,推荐系统任何单一目标的初心都是美好的,但执行下来的结果往往会偏离本意,这些单一目标之间相互依赖,此消彼长,没有哪一个单一目标能够在各方面都取得完美的结果。那么是否能够通过多目标优化的方式来取得一个综合效果最好的结果呢?

我们拟定一个北极星指标,该指标是一个综合了点击率、用户使用时长、完播率、互动率等数据所加权计算出来的结果,然而每个单一指标在这个公式里所占据的权重也是一个难以计算的值,通过人工运营设置规则是没办法挑出最优解的,只能通过机器学习的方法去模拟出多目标建模的解,然后当某一个因子发生变化时,如果其权重过大,则会对推荐结果产生较大的影响,导致北极星指标失效,只能说,推荐系统的评价指标制定是一个需要业务人员和技术人员共同参与、长期探索的过程。

2.4.2 技术实现难题

在推荐系统的技术实现过程中，存在实时性问题、线上线下特征不一致的问题、数据分布不一致的问题、脏数据问题以及算法复杂度问题，我们接下来逐一介绍各技术问题的详细情况。

1. 实时性问题

推荐系统能够针对离线数据进行规模复杂的计算，来定义清楚用户特征与内容特征，但是用户的兴趣是不断变化的，通过解析用户的线上行为，及时针对用户变化的兴趣做出反馈，是提升推荐效率的一个非常重要的方面。例如用户的标签是"男性，26岁，爱好运动与摄影"，这些是根据用户历史行为得出的标签数据，但是如果用户搜索了"绘画教程"这样的词语，那么推荐系统要是能在用户下一次刷新首页的时候及时推荐《21天学会画漫画》这样的教程，该内容点击率一定会得到极大的提升，用户的兴趣经常是一闪而过的，能够捕捉到这些瞬时兴趣，更能体现推荐系统的优劣。

在实时性计算的问题上，由于短视频社区的用户和内容特征量巨大，因此想用协同过滤召回则比较耗时，实时推荐主要依靠兴趣标签的方法来计算，能否及时给用户的临时兴趣打上标签，并且决策好该用户兴趣标签的权重和时效，都是算法与工程环节面临挑战的问题。

2. 特征不一致

这里的特征不一致，主要指的是线上模型的特征和离线模型的特征不一致，为什么会发生这种情况呢？一般离线特征都是按照天级别处理的，离线特征处理完后导入到线上，供线上模型使用，假设离线特征计算完成的时间是T-2，那么在T-1天其实线上用的是离线T-2计算出的特征模型，依此推算，在T天线上应该用离线T-1天计算出的特征模型，而如果由于系统的计算延迟等问题，造成在T天线上还是用的T-2天计算的特征模型（T-1天离线模型尚未来得及上传至线上），由于线上模型未能及时迭代更新，则会造成离线训练效果较好，但线上效果却不及预期的情况发生。

要严格保证线上线下的特征一致，避免特征问题而导致的模型性能差异，就需要工程上及时进行计算，保障系统的稳定性。

3. 分布不一致

有时候在系统稳定、线上特征与线下特征一致的前提下，仍然会发生模型在线下训练效果不错，但在线上效果差强人意的现象，这有可能是因为样本数据与真实环境数据分布的偏差造成的。举个例子，在一个 100 人的电影社区小组里，有 20 个喜欢戏剧的人，我们在采样的时候选取 10 个人作为样本（假设我们在 20 个喜欢戏剧的人里选取了 7 个人，在剩下 80 个喜欢电影的人里选取了 3 个人），经过对该样本的分析，得出一个预估该电影社区小组 70% 的人会喜欢戏剧的结论，但当将这个模型应用到线上全量数据后，会发现预估结果偏差较大（真实全量人群喜欢戏剧的比例只有 20%）。

以上情况在推荐系统里很常见，往往就是因为样本选取的偏差太大，不足以反映整体人群比例的分布情况，这种现象通常也比较隐蔽，缺乏大致预判的情况下往往难以发现，这就需要在选取样本的过程中有比较了解业务的人员参与，或者通过离散采样多准备几份不同的样本（随机采样），最后的模型是这几个不同样本组综合训练得出来的结果。

4. 脏数据问题

线下训练的数据往往会采用特征工程，工程技术人员利用大量的算法进行缺失数据填充、标准化、离散化、归一化处理后，生产出一份干净完备的标准化数据训练集，模型在这个标准化数据集上能够得出不错的结果。然而线上环境的数据却是非标准化的，因为数据规模量级会大很多，甚至有很多数据是缺失的，需要涉及非常复杂且烦琐的特征工程工作，数据集的收集、清洗和加工都需要耗费大量的人力物力，而模型能否在如此复杂的线上数据环境取得不错的效果，则要看数据处理的效果。

5. 算法复杂度

算法追求的是精准度。可以认为，越复杂的算法模型，其计算越精准。例如之前在个性化召回里介绍过的内容协同过滤算法，其时间和空间复杂度是 $O(N\times N)$，一个内容视频可以有几十个特征，而短视频社区内还在分发的可能有几千万个视频，如此量级下可能需要跑几天才能计算出结果，这对于推荐系统来说是不可接受的，必须要做算法优化。兼顾算法复杂度，在保证推荐结果的精准性和在工程角度取得良好性能这两方面，需要找到一个平衡点。

2.4.3 E&E 难题

E&E 的全称是 Explore & Exploit（探索与利用），就是在探索新内容和一直推荐老内容之间，探索出一个平衡点。这类似于参加一个游戏，这个游戏有十种不同的场景，且游戏设置了两条规则：第一条是每参加一种场景都需要花费固定数量的金币来获取积分，每种场景的积分不确定；第二条是可以反复参加同一种场景，或者参加不同的场景，直到金币全部花完后获取最多的积分。

我们每解锁一个场景，就知道该场景下可获取的积分是多少，但其他场景到底积分更多还是积分更少，则是需要我们花费金币去实验的。当我们去尝试新场景时，如果积分更多我们就赚了，但是万一积分更低，则我们就会亏损。一直反复参加一个老场景，其积分是确定的，就像推荐系统一直推荐老内容，这个就是"利用"；去参加不同的新场景，其积分是不确定的，就像推荐系统去推荐新内容，这个就是"探索"。到底拿多少比例的金币去"探索"，拿多少金币去"利用"，就是所谓的 E&E 难题。

接下来介绍 E&E 难题在冷启动、多样性、惊喜度三方面带来的实际业务问题。

1. 冷启动问题

不管使用哪种推荐算法，冷启动通常都是各个短视频社区面临的非常棘手的问题：新用户进来应该推荐什么样的内容？新内容应该推荐给哪些用户？

在前面已经介绍过，新用户可以推荐热门召回模块的优质内容精品库，将大部分人关心的内容推荐出来；而对于新内容则可以走热门召回的晋级降级通路，让用户和时间去评判内容的真正价值。

在对某新用户给定了一定量的新内容后,其实已经探索出一部分用户感兴趣的内容了,那么是否还要继续探索新内容呢?这时候推荐系统就面临 E&E 难题,比较稳妥的做法是推荐系统设定一个冷启动结束的指标,在冷启动阶段和成熟阶段分别制定不同的探索程度。

2. 多样性问题

由于担心存在信息茧房,推荐系统非常重视探索的重要性,会通过不断尝试将新内容推荐给用户,快速验证新内容与用户的匹配度,根据实验指标迅速迭代并拓宽用户喜爱的品类。但是由于探索是无法保证点击率的,所以在这里就有个取舍的过程,也就是说到底牺牲多少点击率,来换取一个怎样的多样性分布度,同时还要考量 E&E 的 ROI 最终是大于 1 的。

3. 惊喜度问题

如何理解用户的惊喜度这个问题呢?其本质就是推荐给用户之前他没有看过的新内容,用户并没有预期自己会看到,但是看了之后用户又觉得很精彩,我们通常可以用用户观看内容的完播率是否比较高、观看结束后是否关注作者等指标来评价用户的惊喜度。

E&E 问题在处理惊喜度的时候一直有一个比较通用的方法,就是首先忽略用户的喜好与标签,先将最热门的内容推荐给用户,然后根据用户的反馈去进行动态调整,这个过程可以通过热门内容较大概率地保证用户的惊喜度,同时也能兼顾新内容的探索。

第 3 章 CHAPTER

短视频社区的内容搜索

随着短视频社区内容库的丰富，用户不仅仅满足于只是被动地观看推荐的内容，也开始有意识地主动搜索其感兴趣的内容，短视频社区也开始愈发重视搜索产品功能的建设，毕竟如果能够培养起用户在社区内的搜索习惯，对于提高用户时长和留存会大有裨益，也会增添更多的商业想象空间。

本章首先介绍短视频社区搜索的产品框架，在搜索前、搜索中、搜索后如何设计以强化用户体验与感知；其次介绍搜索引擎的基础原理，并比较了上一章介绍的推荐和搜索在原理上的区别；接着探讨了视频搜索的可能性，介绍视频搜索的场景、品类与价值，以及相应的难点与挑战；最后介绍搜索系统的三大难题，以及未来可改进的方向。

3.1 搜索系统的产品框架

相比于推荐，搜索是用户主动发起的一个行为，且该行为是一个在时间线上具有前后关系的完整动作，所以我们将这一行为按照搜索前、搜索中、搜索后进行分类，拆分搜索系统的产品框架如图 3-1 所示。

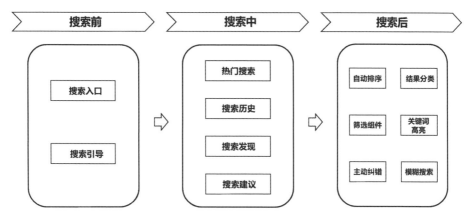

图 3-1　搜索系统产品框架示意图

（1）搜索前

指用户在使用搜索功能前如何发现搜索功能，包括：搜索入口，怎样让用户找到搜索入口并使用搜索；搜索引导，怎样鼓励并刺激用户使用搜索产品功能。

（2）搜索中

指用户在输入搜索词的页面设计，包括：热门搜索，看看大家关心的话题是什么；搜索历史，方便用户找到过去的搜索记录；搜索发现，根据用户搜索偏好推荐相关话题；搜索建议，自动补全与猜测用户可能想搜的关键词，提高搜索效率。

（3）搜索后

指用户搜索出结果后的页面设计，包括：自动排序，千人千面个性化组织搜索内容；结果分类，方便用户快速查找搜索类别；筛选组件，精细化地筛选搜索结果；关键词高亮，在搜索结果集里高亮显示搜索词；主动纠错，对用户输错的词自动纠正；模糊搜索，拼音转文字展示搜索结果。

下面分别具体介绍三个环节中各个具体搜索场景的产品设计。

3.1.1 两类搜索前的产品设计

1. 搜索入口

搜索入口的设置取决于社区对搜索功能的定位与业务权重，常见的有底部模块配置、页面顶部配置、右上角图标配置三种类型，如图3-2所示。

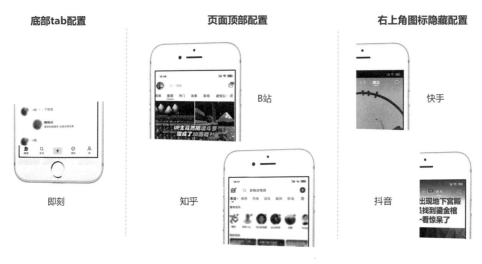

图 3-2 搜索入口的设计

（1）底部模块配置

即刻、微博采用了将搜索入口设置在底部模块的方式，说明平台比较重视搜索功能，且搜索页面承载的内容较丰富，值得单独拎出来成为一个独立的模块。

（2）页面顶部配置

知乎、B 站采取将搜索入口设置在首页顶部的方式，说明平台的内容体量较丰富，希望引导用户通过搜索去快速获取自己想要的内容，逐渐培养起用户在平台内的搜索习惯，为平台未来的变现提供更多可能性。

（3）右上角图标配置

快手、抖音采取了在右上角搜索图标的配置，由于这两个 App 首页是竖屏沉浸式的内容自动播放，所以为了提高用户在首页的浏览体验，在设计上都尽量弱化其他功能点，搜索图标便放在了右侧。

2. 搜索引导

常见的搜索引导如图 3-3 所示，例如微博搜索模块的"大家正在搜"，B 站、知乎首页的默认搜索词配置。

图 3-3　搜索引导的设计

像图 3-3 中对于搜索比较重视的 App，通常会在搜索模块或者在首页顶部搜索框内，做一些运营干预与引导的行为，常见的是设置默认搜索词，通常会按照运营设置的规则一段时间更新一次，辅以"大家都在搜""热门搜索"等文案。

搜索框内的默认搜索词虽然不太起眼，但每天带来的流量其实是很大的，运营时通常会将该位置作为重要站内活动或者热点事件的引流入口之一，一方面提高活动、事件的流量热度，另一方面培养用户对平台搜索功能的认知，提高搜索功能的使用频率。

3.1.2　四类搜索中的产品设计

1. 热门搜索

随着微博成为大众获取实时信息的重要媒体渠道，微博将其"热门搜索"运营成了国民追踪新鲜资讯的第一选择，"上微博热搜"几乎成了大众判断一件事情是不是具有热门流量的标准，随即其他社区平台也开始越发重视热门搜索的建设，常见的各家平台热门搜索功能如图 3-4 所示。

图 3-4　热搜功能的设计

热搜榜单一般通过标签话题展示，并辅以"爆""新"等关键词与不同配色，进行热搜话题的特征标注；热搜新闻一般能够做到每 15 分钟或者半小时更新一次，热门电影/剧集/音乐因为内容数量相较于新闻数量更少，所以基本上都是每天更新一次。

由于热搜更多的是基于全民用户的考量，更加像新闻发布窗口，所以热搜排序基本是按照热度值降序排列，而较少使用到千人千面的个性化分发，目前只有部分平台在尝试这种方式。

最后由于热搜产品的重要性，所以运营后台针对热搜会有黑名单与白名单的设置，黑名单是用来针对违禁话题与恶意刷量话题进行管控，白名单是方便运营对热搜进行排序调整，或者人工添加某些热搜词。

分析：
互联网时代社会文化现象"热搜"

2. 搜索历史

搜索历史是为了提高用户搜索效率，是方便用户进行快速二次搜索的便捷入口，一般是按照时间倒序排列的方式组织，如图 3-5 所示。

图 3-5　搜索历史设计

在用户习惯于被动接受平台算法"投喂"、越来越"懒"的环境下，用户的每一次主动行为都会被平台重视，平台会记录用户的视频浏览情况、收藏夹，同理，平台也会重视用户的主动搜索行为，减少用户的操作成本，所以平台在搜索页设置了"搜索历史"模块，将其保留并放在搜索页很重要的位置。

而搜索历史其实是属于用户本人很隐私的信息，所以平台也将删除历史信息放在了很显眼的位置，通常有两种设置方式：一种是像图 3-5 里抖音那样每条搜索历史记录都显示删除按钮，可以快速删除搜索记录；另一种是像知乎、快手那样提供全部搜索记录的删除按钮，支持一键删除所有搜索历史记录。

3. 搜索发现

搜索发现模块是平台在搜索页提供内容引导的一种设计，本质上是吸引用户兴趣、提高用户时长的一种方案，如图 3-6 所示。

搜索发现推荐相关搜索词或者话题，是平台根据用户的历史搜索词，将相关度最高的其他内容召回显示出来，或者是搜索发现模块内的搜索词或话题（此处可参考上一章讲推荐召回的相关内容），每次展示 10 条以内的内容，且支持用户点击"换一换"以浏览其他的推荐话题。

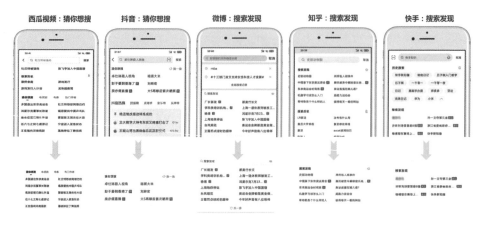

图 3-6　搜索发现设计

搜索发现模块具有以下作用：一是为用户提供了方便，假使用户对平台在搜索发现推荐的标题产生兴趣，那么用户可立刻点击标题搜出感兴趣的内容；二是该模块可以为了平台的热门活动或者用户感兴趣的活动来进行引流，是一个重要的平台资源模块，作为运营手段之一服务于平台。

4. 搜索补全

搜索补全指的是用户在搜索框内输入关键词的时候，系统会根据用户已经输入的搜索词自动补全其他词汇，并下拉显示在候选词列表上，如图 3-7 所示，在各家社区平台搜索"互联网"后，搜索系统能够在搜索框下拉列表里补全关键词后展示候选词，如"互联网创新创业""互联网项目""互联网专业"等，注意这里的候选词头部必然是输入的关键词，对词表组合顺序的要求比较严格。

搜索补全的好处如下：一是节省用户的操作成本，不用全部输入想搜的词，只要在候选词列表里找到想搜的词就可以立刻点击跳转；二是用户有时候只记得完整搜索词的一小部分，这时候可以通过候选词来帮助用户找到完整且正确的想搜的词。

候选词的来源一般都是符合搜索词的话题、包含搜索词的标签、用户名、内容标题等，按照搜索量的高低进行降序排列，很少有公司会在搜索补全部分提供个性化的算法策略。

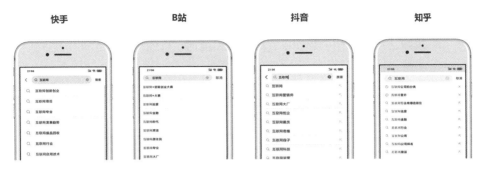

图 3-7　搜索补全设计

3.1.3　六类搜索后的产品设计

1. 自动排序

搜索结果"综合"页的自动排序是指系统通过综合多个内容类型，赋予不同内容类型相应权重，综合计算各个内容类型的分数，将分数高的内容优先展示的逻辑，如图 3-8 所示，在抖音平台搜索关键词"互联网"时，向下滑动综合搜索页，依次展示视频内容、用户、小程序、商业广告、话题、相关搜索、合集等。

图 3-8　搜索结果排序

❑ **视频内容**：平台基于视频内容质量与账号质量，计算出的与搜索词关联度最高的视频；
- ☐ **用户**：用户昵称中必须包含有搜索关键词，按照用户粉丝量和社区影响力降序展示；
- ☐ **小程序**：小程序名称包含有搜索关键词或者有较大相关性，用户量越高的小程序会越优先展示；
- ☐ **商业广告**：广告主向平台购买了该搜索关键词，广告主的付费越高，商业广告内容展现顺序越靠前；
- ☐ **话题**：话题名称中包含搜索关键词，话题讨论度与话题相关稿件内容将决定话题能否被展现；
- ☐ **相关搜索推荐**：平台根据搜索词进行相关推荐，其原理与之前介绍的"搜索发现"类似，若用户对当前搜索结果不满意，则引导用户去进行类似搜索；
- ☐ **合集**：若合集名称里包含搜索关键词，或者合集里的某个内容与搜索关键词强相关，那么合集会在搜索结果集里展现。

这些不同内容类型的排序完全是个性化分发的，平台所做的一切努力都是将用户期望的内容优先展现出来。

2. 结果分类

用户输入关键词搜索时，其对应的往往有多个结果，例如搜索"互联网"，用户可能想看的是与互联网相关的内容视频，也有可能是想关注互联网相关达人，也有可能是想看大家讨论互联网的相关话题，当无法判断用户到底想看什么的时候，我们可以在搜索结果页将内容结果进行分类，如图3-9所示。

在抖音搜索"互联网"后，结合抖音本身的平台特性，依次展示的内容是视频（播放量为主）、用户（支持一键关注）、商品（支持加购和下单）、直播（搜索结果页直接播放直播）、音乐（音乐热度排序）、话题（浏览热度排序）、地点（打卡人数排序）。平台的分类顺序其实都有一定的讲究，可以看出抖音在大力扶持电商、直播、音乐、POI（Point of Interest，地理位置兴趣点）本地生活等业务，才将这几个业务排在前列。

第3章 短视频社区的内容搜索

图 3-9　搜索结果分类

3. 筛选组件

当用户通过关键词搜索出来的内容结果与类型比较丰富，或者用户需要进行精细化的自定义搜索时，为了缩小内容规模和提升用户的搜索效率，搜索结果页通常会设置筛选组件，如图 3-10 所示。

图 3-10　搜索结果筛选

抖音支持按照类型、排序依据、发布时间来筛选；B站支持按照播放量、发布时间、弹幕量、视频时长、视频分区等维度筛选；小红书支持按照热度、

79

发布时间、内容类型进行筛选。

筛选条件通常结合要筛选的内容本身所具有的特征来定指标,例如短视频社区的筛选通常可以根据视频时长/播放量等来筛选,同时各平台也可以结合本身的特色提供特殊指标,例如B站就有"弹幕量"和"分区"这两个独特的筛选条件。

4. 关键词高亮

通常搜索结果列表的各个内容项中,会高亮显示和搜索关键词匹配的内容,如图 3-11 所示,在微信、知乎、虎扑等平台搜索"互联网",会对内容结果中的"互联网"字段进行特殊处理,改变其字体颜色,将它与搜索结果的其他文字区分开来。

搜索结果高亮的目的一方面是提高用户的选择效率,让用户通过高亮字体快速识别自己想要的结果;另一方面是为了提高用户对搜索质量的信任度,表明搜索结果标题或者正文内容确实包含搜索词,搜索结果没有错误。

图 3-11 搜索结果高亮

5. 主动纠错

当搜索系统发现根据用户的原始输入搜索词得到的搜索结果过少时,会自动对用户搜索词进行纠错,并且将正确搜索词的搜索结果展示出来,如图3-12所示。

搜索"人工之能",搜索系统会自动纠错,显示搜索"人工智能"的结果

图3-12　搜索结果纠错

在快手和抖音内搜索"人工之能"后,系统会在搜索结果上方显示一行小字:"已显示'人工智能'的搜索结果,仍然想搜:人工之能"。

这证明搜索系统已经判定用户的搜索词"人工之能"有错误,故而系统自动帮助用户纠正,并且还友好地提示用户是否不满意系统的纠错结果,可以仍然去搜索"人工之能"的结果。这依赖于系统有强大的搜索词库作为基础,能快速匹配并识别出用户的搜索词正确与否。

6. 模糊搜索

除了主动纠错之外,搜索系统对于用户的拼音输入也会进行"猜测",而由拼音会联想到多种不同类型的文字信息,所以搜索系统会进行模糊搜索,将系统猜测到的可能结果都尽量展示出来,典型的模糊搜索场景如图3-13所示,在各家社区平台搜索"dianfanbao"后,搜索系统会自动联想到"电饭煲",并展示相关搜索结果。

模糊搜索在各家社区平台中都十分常见,成熟的搜索系统一般会默认使用这种搜索模式,这样可以保证用户无论输入什么样奇怪的关键词,搜索结果页都不会空着，给用户造成系统出 bug 的误解，尽可能提供更多内容展示给用户。

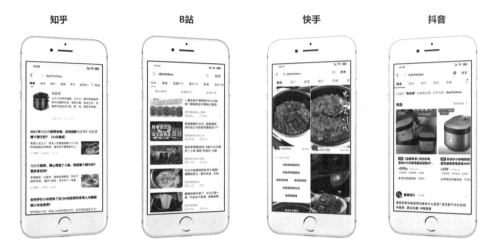

图 3-13　模糊搜索

3.1.4　两类搜索异常态的处理

搜索异常态指的是在搜索过程中出现的异常问题，产品设计时需要考虑这类异常问题，并给予稳妥的解决方案。常见的搜索异常情况包含两种：第一种是搜索无结果；第二种是网络异常。下面分别介绍这两类情况下搜索系统是如何处理的。

1. 搜索无结果

搜索无结果通常是短视频社区内容生态内适合当前搜索关键词的内容极少甚至没有所造成的，这时候如果展示一片空白的搜索结果页，用户体验一定是非常糟糕的。产品的处理手段，要么是在空白页上给用户一句安慰的标语，智能化一些的做法是给用户一些推荐搜索词来提醒用户可以尝试一些其他的搜索；要么是将用户搜索词最相关的结果展示出来，并用高亮文案提醒用户，尽量不要出现什么都没有的空白页。

2. 网络异常

网络异常通常在"搜索中"与"搜索后"两个环节出现的时候需要注意处理方案。

1）搜索中出现网络异常：搜索历史与搜索补全的数据可以记录在本地数据库里，不依赖于网络，所以还可以正常展示出来；热门搜索与搜索发现依赖于网络，可以通过不展示的方式，或者展示但明确提醒网络异常的标语进行处理。

2）搜索后出现网络异常：搜索结果页的功能点除了筛选组件外，基本上都需要依赖于网络，所以需要在搜索结果页给出一个明确的异常状态提醒，告知用户网络异常，请耐心等待网络恢复重新搜索的标语。

3.2 搜索系统的基础原理

在了解了搜索系统的整体产品设计后，我们来看下搜索系统的基础原理，整个搜索系统分成三大模块：最底层是索引模块，用于对视频内容库进行存储，并构建索引方便召回；中间层是排序模块，用于预测用户点击率，并对搜索结果集进行排序；最上层是识别模块，分为两部分，一部分是解析用户查询输入，一部分是将搜索结果输出。在介绍完这三大模块后，我们比较一下搜索系统和前面介绍的推荐系统在基础原理上的异同。

3.2.1 索引模块：提高搜索效率

索引模块的目的是处理内容数据并创建索引，这样搜索系统就可以不再处理高达几百 T 的数据，而只需要处理轻量级的索引即可，从而极大地提高了搜索效率。索引模块的原理架构如图 3-14 所示，分为内容采集层、内容转换层、索引创建层，下面分别进行介绍。

1. 内容采集层

对于短视频社区，大家往往认为其内容源格式都比较规范（短视频上传时一般会要求必填标题、简介、地点、时间等信息），而不像其他全平台搜索引擎那样需要用网络爬虫去对各个站点进行爬取，然后再处理大量杂乱无章的数据。

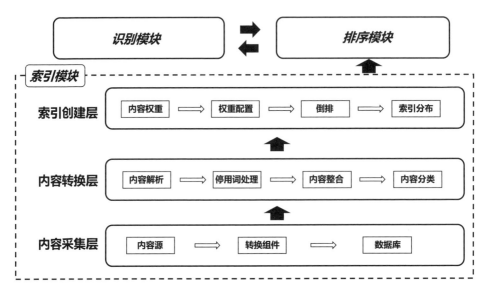

图3-14 索引模块原理架构图

虽然如此，但因为如前面搜索系统产品介绍的那样，用户的搜索目的不仅是内容本身，还有话题、活动、商品等其他类型，所以社区的内容源不仅有短视频内容结构化的数据本身，还有其他内容类型，同时用户上传UGC内容时也会填写进大量的杂乱数据，某些平台的内容来源也不是只有UGC，也可能有其他OGC（Occupationally-Generated Content，职业生产内容）。

基于以上三点，需要转换组件将这些内容统一数据格式，之后，系统会将这些规范格式的内容存储进数据库。由于视频数据量远远大于图文，所以短视频社区往往需要非常强大的数据压缩技术，否则再多的存储设备也存不下海量的短视频内容。

2. 内容转换层

在将内容存储进数据库之后，在创建索引前还需要进一步进行内容转换，将海量内容进行处理、整合与分类，提高检索效率。

内容解析这一步是将无论是什么形态的内容（文字/图片/音频/视频等）都统一解析成文字；因为用户的习惯仍然是通过输入文字来检索，而很少会用图片、音频、视频作为输入方式来搜索内容，检索系统为了查询输入与内容能够匹配，也需要将数据库统一解析成文字。

将内容解析成文字后，为了提高匹配效率需要进行切词处理，其中最常用的就是停用词处理，例如中文里的"的""呢"等，英文里的 of、to 等，这些词没有实际意义但是却经常出现。这里需要先准备好一个停用词库，避免将有意义的词识别为停用词。

最后还需要进行内容的整合与分类，如果社区本身对内容有分区，例如美食区、娱乐区、数码区等，那么在底层索引里相对应的也应该进行分类，目的仍然是提高效率。

3. 索引创建层

在处理好内容采集与内容转换后，我们终于可以进行索引创建了，这层需要处理好内容权重、权重配置、倒排、索引分布等事项。

首先，不可能每个视频内容都同样重要，我们需要对内容权重进行标记，提供给后续的排序模块来进行处理；其次，传统的文本检索可以通过 tf-idf 等方法计算词的权重，进而判断文档权重，但是视频内容由于其特殊性，往往还需要人工运营进行另外的权重配置，例如一个运用了 3D 渲染技术的视频，标题文案比较简单，同时也没有命中热度词，但是其视频内容本身质量很高，那么人工可以将该内容进行提权。

内容权重设置完成后，需要进行倒排，这是一项基础操作，将"内容 – 索引项"转换成"索引项 – 文档"，进行索引项与查询词的匹配，同时如果索引的量非常大，还需要进行索引分布的处理，将索引派发到不同的计算节点上，支持并行查询。

3.2.2 排序模块：决定搜索结果

索引模块构建完成后，搜索系统在识别模块收到用户查询信息时，便会在排序模块中将视频内容按照相关性与重要性进行排序，这决定了用户最终会看到什么样的搜索结果。与推荐系统类似，排序模块分为召回策略与排序策略。召回策略中主要分为完全匹配与模糊匹配，完全匹配召回量太小的话就启用模糊匹配；排序策略里则需要根据相关性、时效性、播放量等因素进行综合计算，如图3-15所示。

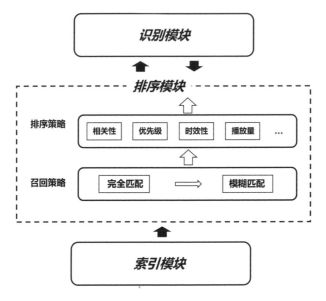

图3-15 排序模块原理架构图

1. 召回策略

召回策略讲究快速、高效，分为完全匹配与模糊匹配，优先级是先进行完全匹配，后进行模糊匹配。完全匹配指的是将与搜索查询词完全匹配的内容排在最前面，主要是匹配标题、简介、作者名称等。如果完全匹配召回的内容较少，那么系统会进行模糊匹配，对搜索词进行拆解，提取搜索词的前缀、后缀、进行分词等，去匹配其中某一部分的内容，并将其排在前面。举个例子，当用户输入"周杰伦发行的第四张专辑"这样的查询词时，如果完全匹配召回的内容过少，搜索系统会将搜索查询词拆分成"周杰伦""第四张""专辑"进行模糊匹配，而用户可能在"周杰伦"这个词的召回里找到周杰伦的百科，进而找到其第四张专辑的资料。

召回策略需要注意以下三方面的问题。

（1）匹配粒度要适中

匹配的范围如果过于精细，则有可能造成相关的结果被误截断；匹配的范围如果过于宽泛，则可能引入太多和搜索词不相关的杂乱内容，所以匹配粒度需要在适中的范围。

（2）召回需要有结果

对过长的输入查询，搜索系统一般会直接返回空搜索结果，智能化的搜索系统会将此输入查询去掉某些权重较低的词，缩减搜索信息后再次查询。一般为了提升用户体验，要求搜索必须有结果，或者用合适的文案说清楚原因。

（3）召回结果应具有多样性

这里主要是针对短语搜索，例如用户搜索"苹果"，其目的到底是想了解苹果公司的信息，还是想了解苹果这种水果呢？所以需要尽可能将多种可能的搜索结果都召回进来。

2. 排序策略

针对搜索的排序策略，除了如推荐章节里介绍的算法模型外，这里我们需要重点介绍下需要考虑的相关度、新鲜度、权威度、联想度、场景性等特征。

（1）相关度

相关度是衡量内容与用户检索需求最高优先级需要考虑的因素，与搜索查询相关度越高的内容排序应该越靠前，该因素权重也应较高。

（2）新鲜度

新鲜度衡量搜索引擎对突发性事件的响应程度，特别是对于新闻类内容，用户肯定期望看到最新的内容，而不是两年前的陈旧消息，所以越新鲜的内容排序也应该越靠前。

（3）权威度

随着自媒体内容的日趋丰富，对于相同的搜索查询，可能自媒体因为风趣的语言和夸张的图片，其内容获取了更高的流量，而权威百科因为只有枯燥的数据和事实，从而导致内容流量低于自媒体内容，这种情况下如果唯流量论，那权威内容势必会排在较后，所以需要对权威度进行调权，以保障用户能看到官方内容。

（4）联想度

联想度指的是当用户搜索的是无明显意图的词时，需要搜索引擎去猜测用户多样化的潜在意图，比如用户搜索"感冒"，我们应该将感冒症状、治疗方法、预防手段、传播路径、药品等内容都穿插着展现给用户，这体现了搜索引擎针对用户搜索词的发散联想。

（5）场景性

针对用户不同的搜索需求，应该针对其特定场景将适配搜索结果提前，例如用户搜索"北京到上海的高铁"时，应该将12306购买高铁票的网址置顶；用户搜索"洗衣液"的时候，应该将商品广告提前，方便用户查询后立即下单购买。

搜索引擎其实是个非常复杂的系统，在真实的排序环境中，以上五个因素往往会相互影响，其权重大小也需要根据实际情形动态调节。

3.2.3 识别模块：输入与输出

识别模块承担了搜索系统与用户交互的功能，分为两部分：一部分是承担用户输入搜索关键词后的查询预处理与查询转换工作，作用是将用户语言翻译成机器语言；另一部分是将排序结果输出展现给用户。识别模块原理架构如图3-16所示。

1. 查询预处理

针对用户输入的各式各样的搜索查询词，查询预处理有以下几种处理方式。

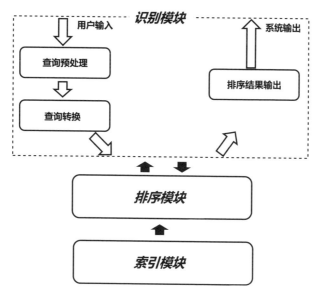

图 3-16　识别模块原理架构图

（1）拼音转中文

当用户在搜索框中输入拼音时，系统能够将拼音识别出有可能组合成的几种中文结果，这种场景其实在日常搜索中非常多，例如我们碰到只会拼但不会写的字时，往往就会通过输入拼音来替换。

（2）自动纠错

这需要系统维护一张纠错表，在对用户的错误查询搜索无命中内容后，对用户查询要通过纠错表来将原词映射给纠错后的词，从而实现自动纠错。在搜索产品设计里我们也介绍过自动纠错，要注意在展现纠错结果时，需要有文案提醒用户"目前展现的是纠错后的结果，您是否要继续搜索原词"等。

（3）词意转换

用户有时候很难精准地表达自己的诉求，比如用户其实并不知道"荨麻疹"这样的专业医学术语，只会搜索"皮肤上长满红点点而且还很痒"这样的描述性话语，如果搜索系统能够将专业术语和描述性话语相匹配，进行词意转换，将会极大地提高用户对结果的满意程度。

2. 查询转换

查询转换是理解用户搜索意图的关键环节，如果对用户的搜索意图理解不到位，那么无论后续的排序模块与索引模块做得多好，也很难得到用户期望的结果。与索引创建模块相对应的，这里会针对用户的查询进行分词、停用词去除与词干提取，生成可以和内容的索引相匹配的词汇。

查询转换环节与前文介绍的索引模块的内容转换层相对应，前者处理外部输入信息，后者处理底层存储数据信息，处理过后两边才能匹配、对应上，搜索系统根据查询转换后的短词去找到索引模块的对应索引项。与此同时，查询转换还承接了排序模块，排序模块需要根据查询转换解析后的关键词，从索引模块召回相应内容，完成排序。

3. 结果输出

结果输出模块是指对排序模块已经排好顺序的内容进行展示，就像在前面搜索产品设计里介绍的那样，该模块需要对内容进行自动排序、分类展示、关键词高亮等处理，也包括在用户内容里安插商业广告，以拓展收入目标。

结果输出模块需要注意的是，可以将用户满意（用户有点击行为可视为用户满意）的历史查询结果存储在缓存中，其目的是提高结果输出的速度，只有在缓存中没有的结果才需要去数据库中查询，这一设计模式能够减少重复查询对计算的消耗。

3.2.4 搜索与推荐的对比

在了解完搜索系统的原理后，结合第 2 章讲解的推荐系统原理，我们发现两者都有"召回＋排序"的环节，本质上也就是将视频内容与用户需求相匹配的过程，那么搜索和推荐到底有什么区别呢？我们从以下几个方面进行解读。

（1）搜索是针对搜索词查找内容，推荐是针对用户画像查找内容

用户画像相比于搜索词，表达的维度通常会更广，包含的信息也会更多。

用户画像包括用户的性别、年龄、地域、短期兴趣与长期兴趣等，系统可以根据任意一个信息进行内容匹配，召回内容相对会更加丰富；而搜索词往往比较精确，搜索更多的是考量相关性，故可供召回的维度较少。但是在某些场景下，搜索与推荐也会产生一定的协同，例如搜索也会在查询的时候附加上用户画像的信息，搜索里的"搜索发现"模块的内容是由推荐系统所生成的（推荐系统会结合用户的历史搜索词）。

（2）搜索侧重快速满足，强调用完即走

推荐侧重于持续服务，强调用户时长；搜索产品更加偏向工具属性，系统期望搜索结果的理想状态是：用户对首条搜索结果就很满意，点击后立即离开搜索结果页。所以效果越好的搜索系统，用户获取信息的效率越高，用户停留时长越短；而推荐的衡量指标则是为了拉升用户停留时长，对用户兴趣的探索更加深入，推荐的内容更加符合用户的兴趣，甚至能够为用户提供惊喜感，用户则也更愿意花时间在产品里。

（3）搜索结果要求精准，推荐结果则相对比较模糊

推荐推错的代价要小于搜索排错的代价。推荐并没有一个标准答案，没有说必须要给某个用户推荐什么内容的要求，只要是与用户兴趣相关，理论上都不属于"推荐错误"；而搜索却是有相对标准的答案的，特别是用户意图清晰的情况下，必须将最合适的结果返回给用户。

（4）搜索技术体系相比推荐技术体系的难度相对更高

第一是体现在两者需要处理的数据量级上，推荐是在优质内容库的百万量级池子里寻找内容，而搜索是在百亿池子里找到长尾内容，后者要处理的数据量级远高于前者；第二是体现在反馈速度上，搜索系统在需要处理大量数据的前提下，也要保证毫秒级的反馈速度，对于性能的要求更高。

（5）商业变现上，搜索广告侧重于精准的长尾流量，聚焦于中小广告主；推荐广告侧重于规模化，更加适合头部广告主铺量

搜索广告和推荐广告都已经是商业模式很清晰的变现方式，由于搜索广告强调精准度，没有任何其他广告形态能够像搜索广告那样带有明显的用户意图，其市场将持续稳定地存在，规模也会稳定增长；推荐广告由于越来越多的产品重视推荐信息流，所以其收入也水涨船高，在占比上超越搜索广告，受到大量品牌的青睐。

以上几点是搜索和推荐的主要区别，但是在短视频社区的发展趋势上，两者往往相互配合，共同积累用户数据后彼此共享，提升各自的用户体验，搜索会搜出更多让用户惊喜的内容，推荐也会愈发精准。

分析：
搜索广告持续增大商业想象空间

3.3 搜索的新模式：视频搜索

视频搜索是短视频社区兴起后的一种搜索新模式，之前在图文社区和全平台搜索引擎上，用户更加习惯于图文搜索，搜索结果也常用文字链的方式展示，而随着短视频内容愈加丰富，用户也逐渐习惯于通过观看视频去获取想要搞清楚的信息。本节讲解视频搜索的场景、品类和价值，以及视频搜索的难点与挑战，最后探讨最近流行的多模态技术解决方案。

3.3.1 视频搜索介绍

1. 视频搜索场景

这里首先对视频搜索下一个准确的定义。视频搜索是指用文字搜索，搜索出短视频作为搜索结果的场景。用户有四种输入模态的方式：文字、图片、音频、视频，虽然目前逐渐有了以图搜图的图片搜索方式和长按话筒说话搜索的音频搜索方式，但是文字搜索以其最轻量、最普适、最频繁的特点，仍然是搜索场景里最常见的输入模态。

由于视频全方位地展示信息，给用户提供身临其境的体验，视频搜索出来的内容质量在某些品类上相对于图文明显更高，特别是学习类视频和旅游类视频场景，我们以"学素描"和"西湖旅游"这两个场景举例，来看看视频展现方式相较于图文的优点。

（1）对于学习场景

例如用户想要学习素描。首先，视频里的素描不会跳过任何步骤，创作者一笔一画地将画作从零到一画出来，用户每个步骤都能看得一清二楚，不会漏掉任何细节；如果是图文，则有可能因为描述不清楚，或者忽略了某些环节，使用户对某些内容了解得不够清楚。

其次，素描全程由创作者本人描绘，不会出现代笔代工的现象，这保证了内容的真实性，也让用户更加容易信任创作者，从而使创作者关注度提高，并可将用户沉淀到私域粉丝池。

最后，视频场景会将图文以外的更多信息告知用户，比如画板的摆放、人的坐姿、握笔的习惯和细节等，这些在图文描述里往往是较难体现的。

（2）对于旅游场景

例如用户想要去西湖游玩。可能有人喜欢文人墨客对西湖美景的文字描述，但是对于大部分普通人来说，能够直观看到西湖美景，感受西湖边的鸟语花香，产生身临其境的感受，比靠图文去想象西湖有多美，体验会更好。

当然，视频结果优于图文的远不只这两种场景，任何可以给用户更真实更直观体验的搜索场景，视频体验一般都会更好，这也是视频搜索占整体搜索比重日趋上升的原因。

2. 视频搜索品类

在介绍完视频搜索适合的场景之后，我们来探讨一下比较适合视频搜索的内容品类。

（1）时事新闻类

传统图文方式的新闻往往需要大量的人工写稿、编辑、校验、发布，这种需要多方配合的方式效率较低，时效性不高，同时对于现场光靠图片也很难完全还原真实场景，而视频内容能够第一时间客观反映真实事件，收看视频新闻的人能有更加真切的感受。未来时事新闻的发展路径可能是短平快，强调现场感的新闻会越来越多地用短视频来呈现，而文字主要用于新闻事件的深度报道。

（2）本地服务类

疫情期间本地服务类短视频得到了爆发性的发展，由于疫情人们不能在线下活动，大量的房产门店和汽车 4S 店面临困境，这时有很多头脑灵活的商家开始通过拍摄短视频的方式介绍房源详情、介绍车辆优点，买家用户可以足不出户看房看车，视频尽可能地还原了产品信息，对用户最后做决策提供了非常大的支持。

（3）教育培训类

随着社会竞争压力的增大，越来越多的白领希望能够拓宽自己的职业技能，乐于在空余时间拓展教育培训，短视频因为有真人出镜进行通俗易懂的讲解，且三分钟视频讲解清楚一个小知识点的方式让用户学习起来没有压力，从而得到了大规模的增长。大量的教育培训内容还是以图文的方式存在于市场，视频占比较低，因而教育类短视频还有非常广泛的增长空间。

随着短视频用户的增多，视频搜索场景适合的品类也会逐渐拓展，而对时事新闻类、本地服务类、教育培训类的优质内容制作者、手艺人来说，则可以通过视频的形式直接面向用户，获得可观的收益。

3.视频搜索的价值

我们接下来从用户、创作者、平台三个角度探讨视频搜索的价值。

（1）对用户的价值

第一，视频搜索降低了用户对问题答案的理解成本，提高了检索效率。传统的图文搜索用户可能需要点开很多网页才能了解问题的全貌，而对于视频搜索用户只需要观看一个完整的短视频，便可以大致了解问题的整体概况。

第二，视频展现方式不需要太高的文化门槛，下沉市场用户能够非常轻松地理解视频内容，视频搜索通过内容展现形式的优势，逐步扩大了搜索使用人群与频次。

（2）对创作者的价值

第一，便于创作者与用户建立信任，进而引起用户关注。用户搜索的问题如果通过创作者的视频内容得到解决，由于用户因为能够看到创作者本人出镜，或者能够将视频完整看到最后，都会促使用户对创作者产生信任感，那么用户会倾向于关注创作者，该创作者创作的其他内容也会引起用户的兴趣。

第二，便于创作者后续变现。创作者在搜索场景下获取的粉丝往往比较精准，这些用户确实是对创作者内容有需求的用户，那么在后续行为上，创作者与这些用户的互动频次、直播打赏、电商交易等行为都更容易发生。

第三，视频内容相对不易被抄袭和洗稿，修改视频的门槛相对图文更高，所以视频对创作者的版权有着更好的保护。

（3）对平台的价值

对平台来说，视频内容将极大地丰富社区的内容生态建设，平台通过视频搜索更好地满足了用户需求，使得用户对平台的黏性提升，进而提升用户的停留时长与消费时长，那么平台则会吸引更多广告主入驻，从而产生正向循环，平台价值随之提升。

3.3.2 视频搜索的瓶颈与解决方案

1. 视频搜索的难点

尽管有着诸多优点，但视频搜索毕竟是随着短视频社区的崛起才在近几年发展起来的技术，尚存在诸多技术难点，在这里将逐一介绍视频搜索当前面临的难题。

（1）UGC 稿件信息缺失或者失真

短视频社区内容占比较大的是 UGC 稿件，UGC 内容质量往往参差不齐，这类稿件的标题和简介都存在文本质量差甚至缺失的问题，创作者可能只看中视频内容而忽视了标题和简介，但目前的视频搜索技术主要还是依赖于标题和简介的切词，这些信息的缺失将非常影响搜索的准确性。有的创作者为了提高视频被召回的概率，则会故意在标题或简介中添加一些热门词汇，而视频内容可能与这些热点毫无关系，这对搜索结果的相关性会造成极大影响。

（2）视频搜索头部查询词过于集中

图文搜索的内容结果所获取的流量相对分散，短视频的创作往往主要集中于一些热点事件和关键词,利用这些头部查询词能够搜出大量的短视频结果,而长尾查询词由于缺乏创作者,其视频搜索结果往往寥寥无几。由于头部查询词有着较多相关性高的视频,那么如何给不同人群分发更加合适的视频,也是一个需要解决的问题。

(3)视频搜索需要精准识别用户需求

视频搜索对用户需求的准确性要求更高,例如用户搜索"《指环王》前传的第二部电影",系统不仅要理解"《指环王》前传"指的是《霍比特人》,还要找出霍比特人第二部的相关视频内容,而不能仅仅是将《指环王》相关视频的搜索结果返回给用户,这样做用户一定是不满意的。要做到这一点,还需要系统在视频内容的知识图谱方面下大量功夫去调研、打标、匹配,需要非常精细化的操作。

(4)视频搜索数据处理量巨大

图文搜索的数据量最多也就几兆字节,而一个清晰度较高的五分钟视频可能就有几百兆甚至几吉字节,假设每隔 5 秒抽帧,那系统处理这个五分钟视频相当于要处理几百张图片,将会大量消耗机器资源。

(5)视频内容版权保护问题

对于热门视频,平台需要保护其原创权益,需要对侵权视频进行打压、降权,同时平台也要注意屏蔽一些违规违法的视频内容。

2. 视频搜索挑战

视频搜索想要保证准确性的前提是能够充分了解视频内容,然而视频内容的信息量往往非常丰富,不可能只通过简单的标题和简介就描述全面,而用户在检索过程中,针对相同的搜索关键词,其想要真正查找的内容差别非常大。基于前端用户需求与后台数据内容的复杂性,需要利用 NLP(Natural Language Processing,自然语言处理)/CV(计算机视觉识别技术)来解构视频内容,全面理解视频内容。

视频搜索面临的挑战就是拆分视频的各个组成部分,包括人脸、文案、角色、音乐、动作、场景、情绪,将这些内容识别清楚并打上相应的标签,从而极大地提高系统对平台的理解能力。下面我们来逐一分析一下。

（1）人脸识别

视频内容出现了哪些人物角色？是明星、网红还是普通路人？如果是明星、网红，代表着该视频被搜索的可能性较高，标注该标签能够提升视频权重。

（2）文案提取

视频内容上除了创作者自己配上的字幕或者标语等文案之外，还有一些场景会露出文字信息，例如广告牌、对联、道路名称等，这些信息对我们识别视频的地点、背景信息有一定的作用。

（3）角色关系

不少短视频内容为了提高视频效果，采用一些反转剧情，设置了一些略复杂的角色关系，系统如果能够理解角色关系，打上相应标签，就能够帮助用户理解剧情。

（4）音乐插曲

音乐在短视频的组成部分里越发重要。现在有越来越多的音乐创作者将短视频社区作为音乐首发平台，系统甚至可以识别同类音乐爱好者来作为短视频推荐的一条召回通路。

（5）动作效果

通过运动轨迹捕捉，我们能让机器认识到短视频里的人物是在打篮球、踢足球、滑雪、静坐、躺着、回头、仰视等多种复杂的动作，通过对这些动作进行识别打标，可以增加一个理解视频的维度。

（6）场景识别

视频是攀登者在征服一座雪山，还是潜水爱好者在深海游荡，抑或只是学生在图书馆安静地自习，系统通过对视频场景、时间、地点的打标，能够支持视频搜索按照地点分类进行召回。

（7）情绪状态

视频内容的情绪状态能够作为视频打分的一个参考选项。由于平台还是倾向于推荐正面情绪的内容，弘扬积极阳光的正能量，因此对负向情绪内容的视频理应进行流量管控等操作。

3．多模态技术解决方案

前面提出了视频搜索的难点与挑战，我们发现最难的点还是视频内容理解，而业界广泛使用的多模态技术解决方案，就是为了提高内容理解能力，为视频打上各种各样的标签，补充缺失的信息。

我们来看下什么是多模态技术。每一种信息的来源或者形式，都可以理解为一种模态，内容的形态可以用文字、图片、音频、视频来承载，而短视频恰好同时具备了这四种内容形态。多模态技术解决方案，就是指解析短视频上的文字、图片、音频、视频等多种模态，提高短视频内容标签的丰富程度，全方位地理解视频内容。多模态技术主要改善了以下三方面的问题。

（1）单模态信息的单一化与片面化

在大量 UGC 视频只有文字信息的情况下，只基于标题和描述，比较难检索到合适的短视频内容。

（2）用户搜索目的日趋复杂

比如用户想知道某地的旅行攻略，他不仅想看文字介绍，也想获取风景视频信息，多模技术对内容的解析能够帮助搜索同时召回多样化的内容。

（3）创作者的需求

创作者需要找各种各样的视频素材进行二创，而这些素材并不是统一有规范标题的，这时候能够通过多模技术去解析视频，创作者有更大概率找到自己需要的小众视频素材。

目前市面上各家公司对多模技术的研究热情非常高，但其本质基本上大同小异，这里不去探讨具体的算法技术方案，而是理解多模技术的本质。多模技术是将图片、音频、视频等模态的信息降维到文本模态，使其回归到传统文本搜索的技术框架体系内，从而满足用户对各维度内容的搜索需求。

多模技术可以识别综艺节目中的不同明星，并在一期节目结束后自动生成多个单独明星专辑片段的短视频;多模技术可以追踪一期剧集中的观看人数、互动频率,对剧集每一分钟的热度进行考评,并自动生成精彩片段;在未来,多模技术还有更广阔的应用场景来改进视频搜索体验。

3.4 搜索系统的三大难题

搜索系统的技术难度相对而言是大于推荐系统的。对于搜索系统来说始终存在"搜得更准""搜得更快""搜得更明确"三大难题,而这三大难题也就相应地要求搜索系统不断提升其语义理解能力(对应搜得更准),不断优化其计算性能(对应搜得更快),同时产品方面要制定特殊搜索样式以满足垂直场景(对应搜得更明确)的需要。

3.4.1 机器理解语义的难题

1. 语义理解的含义

语义理解的主要问题还是中文比较复杂,容易产生歧义,我们试着从以下三种情况来讲解。

(1)同一词汇在不同语境下有着不同的含义

想必大家都听过中国人教老外说"意思"的笑话:A 说"您这是什么意思",B 说"我只是意思意思",A 接着说"这就没意思了"。老实讲缺乏中文语境训练的老外第一次看到这样的对话确实容易懵圈。

(2)有些短语可能会造成歧义

相同的短语不同的人读下来,对意思的理解可能截然相反,例如用户搜索了"杰克租罗斯一间房子",既可以理解成杰克有一间房子,租给了罗斯,也可以理解成罗斯有一间房子,租给了杰克。

(3)有些搜索依赖于搜索系统对知识图谱的构建

例如搜索"变形金刚里的擎天柱和超能勇士里的黑猩猩队长有什么样的关

系",这时候系统如果没有理解两部动画片的关系,没有建立相应角色对应的知识图谱,是很难反馈给用户满意的结果的。

2. 搜索系统解决方案

针对上述相对复杂的语义理解问题,搜索系统常用的解决方案分为两种:字面匹配和语义匹配。

(1)字面匹配

字面匹配指的是将索引项与查询词,按照前缀、后缀、覆盖等方式,计算其相似度,字面相似度越高(包括文字内容、文字顺序)的结果排序越靠前,这是一种相对简单的解决方案。

(2)语义匹配

语义匹配则要考虑视频内容与搜索词在语义信息层面的相关度,需要用到视频内容的以下特征。

- 文本特征:将视频内容的标题与简介切词后,考量这些词汇与搜索词的匹配权重。
- 知识特征:通过理解视频本身想要表达的内容,结合知识库来构建用户搜索词对应的知识库体系内容。
- 后验特征:用户在哪些场景下点击过视频、观看了多久等,系统不仅只是记录用户信息与视频信息,也会记录这一过程中的环境信息系统,从而用这些用户后验行为来标记可能的语义理解。

尽管目前系统努力通过字面匹配和语义匹配的方法来增加对用户搜索词的语义理解,但还是不能非常完美地解决这个问题。知识库建设不够全面、后验特征随机性太强,可以说语义理解是搜索系统会一直面临的挑战。

3.4.2 既要快又要准的挑战

搜索系统面临的第二个主要问题是性能挑战,用户对于搜索系统的耐心是很缺乏的,在需要处理大量数据的前提下,既要求系统返回的结果准确,又要求系统返回结果的速度足够快。在前面搜索系统原理部分我们介绍过，整个搜索系统包含索引模块、排序模块、识别模块，从用户提交查询到将排序结果返回给用户，其实是一个相对比较复杂的过程。在网络正常的情况下要求系统延迟必须控制在毫秒级别，也就是说系统需要从千亿量级的短视频内容里找到可能的相关结果，还要进行排序，这就对性能提出了极高的挑战。

业界目前正努力从以下几点支持性能优化，缩短响应延时，提高查询速度。

（1）设计更优良的排序算法

搜索引擎的三大模块是索引模块、排序模块和识别模块，其性能瓶颈主要是在排序模块。索引模块可以在离线环境下构建完成，识别模块只是系统与用户的交互，排序模块才是优化空间最大的部分。最著名的排序算法是 Google 当年提出的 PageRank 算法（某个网页的重要性由有多少其他网页链接到该网页决定），但这里的排序算法优化不是指原理优化，而主要是指排序速度上的优化，以计算的空间复杂度替换时间复杂度，优化排序时间。

（2）优化索引表的设计

只对常用字段建立索引，选择性地放弃使用频率较低的字段，提高索引创建效率。建立索引时选择合适的字段大小，避免字段过大使索引树层级变多，节点变大，占用内存空间。只针对稳定的数据字段建立索引，更新频繁的数据字段不建立索引，索引本质上也需要数据库去维护的，频繁的数据更新字段会增加数据库的性能损耗。尽量使用索引组合，以增加查询的精准度，从而使得系统召回的数据量相对减少，提高索引的使用效率。

（3）在各个环节使用分布式方案

前面已经介绍过分布式索引。既然索引模块可以做成分布式的，那么同理，排序模块也可以做成分布式的。识别模块在处理用户输入时，将用户的众多查询分发到不同的计算节点；在处理系统输出时，汇总各个计算节点的处理结果。分布式方案某种程度上也是用空间换时间的方案，要注意的是需要协同好各个计算节点，否则容易造成汇总结果的重复计算或者丢失。

3.4.3　垂直场景下的搜索解决方案

搜索引擎除了要求"搜得准""搜得快"以外，还要求搜索结果更加明确，能够帮助用户一步到位解决问题，或者告诉用户用什么手段来解决，以及在哪里解决。搜索引擎将从一个内容信息提供方升级为解决方案提供方，也就是我们经常听到的"搜索即服务"。

对搜索引擎来说，如果要提供专业的服务，那么就要逐个攻破各垂直业务场景，而各垂直场景纷繁复杂，在每个场景下都能快速满足用户需求，这对搜索引擎的服务能力提出了比较大的考验。大部分平台考虑的是从用户的高频需求场景入手，然后逐渐拓展到其他低频场景。常见的用户场景以及搜索引擎应该提供的服务类型如下。

（1）看新闻

搜索引擎首条搜索结果应该是新闻标题与内容摘要，最好配上新闻的关键图片，同时应优化字体等细节，改进用户的阅读体验。

（2）看小说

搜索结果首屏应该平铺小说的各章节目录，方便用户快速选择章节阅读，最好还有用户的阅读记录的记忆功能，方便用户一键跳转到上次阅读的位置，背景图案应采用保护用户眼睛的背景色。

（3）看电影

搜索结果首屏展现电影的海报封面、豆瓣评分、缩略的电影简介与用户短评，同时还应提供用户购买电影票的快捷入口，缩短用户的消费决策路径。

（4）买门票

线下门票应该凸显营业时间、折扣优惠、演出人员、相关注意事项等信息，更加智能的可以通过定位用户当前的 LBS 信息，智能地提供用户到演出目的地的交通方案。

（5）听音乐

搜索首屏最主要的是显示音乐播放器与歌词列表，用户可在搜索完成后立即收听音乐，同时提供专辑列表信息、收藏功能、评论功能等，方便用户进行收听音乐后的下一步互动行为。

（6）搜医院

搜索首屏应该凸显医院官方网址，保证用户对搜索引擎结果权威性的信任程度，同时将挂号预约、报告查询、地址导航等常用功能提升到一级菜单。

（7）买商品

搜索首屏可以将品牌信息、价格、简介、图片、购物车功能、一键购买等功能强提醒用户，最大限度地提升用户购买商品的意愿，缩短购买路径。

在针对垂直场景直接提供服务的过程中，搜索引擎会不断收集用户操作日志信息，也会注意积累用户对快捷服务功能的使用情况数据，从而不断优化服务能力，甚至借助于第三方开放市场，去重构垂直场景搜索的服务架构，提升用户使用体验。

| 第 4 章 | CHAPTER

短视频社区的内容生产与互动

在介绍了内容推荐、内容搜索之后,我们就讲完了短视频社区产品架构里最重要的内容分发环节,还剩下"一头一尾"的内容生产环节和内容互动环节。内容生产的数量、质量,提供的是内容分发的"弹药库",只有弹药充足了,内容分发才能最大化地发挥其价值;内容互动的频率、效果,可以作为内容分发的"试金石",来验证内容分发是否真的将合适的内容匹配上了合适的用户。

本章在内容生产环节主要针对短视频社区的特点,介绍了视频剪辑工具发展壮大的原因,以及视频剪辑工具的产品模块——创作剪辑、视频模板和创作教程;在内容互动环节,针对相同角色和不同角色之间的两两互动,重点讲解了典型的创新产品,例如创作者与用户的互动,尤其是弹幕与互动视频这两个产品;创作者与创作者的互动,重点讲了联合创作这个产品;最后在用户与用户的互动部分,重点讲解了"一起看"和"一起听"这两个产品。

4.1 短视频社区的内容生产

传统图文社区产品并没有专门发布一款内容生产工具，最多带一些简单的滤镜功能，发布器集成在社区主 App 内部；而在短视频社区时代，不少头部社区平台都发布了相关的视频剪辑工具 App，例如快手的快影、抖音的剪映、B 站的必剪等。我们先来介绍为什么短视频社区要将视频剪辑工具摆在如此重要的位置，然后再介绍主流视频剪辑工具的三大主要产品模块——创作剪辑、视频模板和创作教程。

4.1.1 视频生产工具的发展

视频生产工具的发展归因于平台的三点考虑：第一是提高视频内容的丰富度；第二是降低创作门槛；第三是与视频主 App 起到联动作用。

（1）提高视频内容的丰富度

短视频社区发展的核心竞争力就是尽可能提高视频内容库的丰富度，除了有帮助人们休闲放松的娱乐性质短视频外，还要有能够帮助人们解决生活工作中的实际问题的技能类、学习类短视频。要知道图文内容已经发展了几十年，人们生活中的大部分问题都能够找到以图文形式存在的答案，然而短视频的兴起才不到五年时间，目前占据多数的视频内容品类仍是旅游、搞笑、人文、知识类短视频，有太多太多的图文内容还没有转变成视频这种呈现方式，例如你很难在短视频领域找到如何翻译一篇西班牙语的文献的技巧，关于如何做好企业管理与股权分配的内容也比较少，反映考古工作者、森林守护人、铁路维修师等冷门工作的内容也几乎看不到，而这些内容在图文领域或多或少还是能够找到相关文献的。

（2）降低创作门槛

基于短视频社区巨大的流量优势，平台其实明白大部分的图文创作者对于短视频创作都是跃跃欲试的，唯一的障碍是他们认为短视频创作门槛比较高，需要考虑拍摄技巧、剪辑、配乐、特效、真人出镜等复杂的问题，但是如果平台推出了简单易用的视频剪辑工具，就相当于告诉这些图文创作者，短视频创作其实门槛并不高，大家都来试试吧！一些视频创作的难题都被工具轻易解决了，创作者只需要专注于内容本身就好。

（3）与视频主 App 起到联动作用

工具 App 的增长对花钱买量的需求通常较低，工具做得越好，越容易通过自然增长获得用户。如果视频剪辑工具 App 能够取得不错的用户基数，相当于为视频主 App 增加了一个巨大的流量入口，通过导流/促活等方法，可以为视频主 App 带来更多日活，而通过视频剪辑工具 App 制作的视频内容可以一键发布到视频主 App，后者可以为通过前者制作的视频内容专门进行适当的流量扶持。

4.1.2 视频生产工具的产品架构

视频生产工具最重要的就是创作剪辑能力，其模块包含剪辑、滤镜、特效、贴纸、字幕、音乐等功能。为了节省视频制作成本，视频生产工具还推出了视频模板，这些模板原型大部分都是平台的热门视频，创作者可以直接套用这些模板，省去了拍摄编辑的烦琐操作。另外，如果创作者没有找到合适的视频模板，平台还提供了创作教程供创作者修炼内功，让创作者可以通过视频教程来逐步提高自己的短视频创作技巧。

1. 创作剪辑

头部视频剪辑工具（如抖音推出的剪映、快手推出的快影、B 站推出的必剪）创作剪辑的功能基本上大同小异，主要是剪辑、滤镜、特效、贴纸、字幕和音乐，这些丰富的剪辑能力基本上能够满足创作者的各种需求，具体介绍如下。

（1）剪辑

剪辑模块的产品示意如图 4-1 所示，快影、剪映、必剪三个 App 对剪辑能力的设计比较一致，都是放在视频浏览模块的下方，方便用户对某一段时长的视频进行特定的剪辑处理。常用的剪辑功能包括裁剪、复制、替换、倒放、旋转、转场、定格、防抖、分割、变速等。

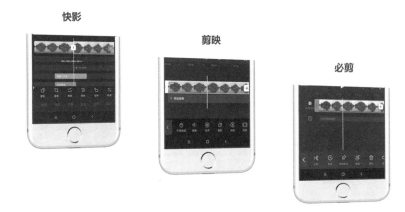

图 4-1　创作剪辑的剪辑模块

（2）滤镜

滤镜模块的产品示意如图 4-2 所示，滤镜其实比较考验视频剪辑 App 对色彩的把控能力，相同名字的滤镜在各家平台常常给人的感受不尽相同。常见的滤镜类目有人像、风景、质感、情绪、胶片、电影、复古、油画等，系统会根据用户的使用频率，将各个不同类目下的滤镜功能汇集起来作为"热门"滤镜模块，推荐给用户。

（3）特效

特效模块的产品示意如图 4-3 所示，特效模块的分类包括热门、氛围、动感、复古、综艺、自然等，在特效这里各家视频剪辑 App 各有特色，例如快手主打下沉市场，其热门特效流行浮夸的发光、金粉、彩带等烘托氛围的能力；剪映主打一二线城市人群，其特效更多是复古风、DV 风等格调较高的能力；必剪主打二次元、动漫，其特效更多是充满趣味的动态抖动、赛博朋克等偏动漫属性的能力。

图 4-2 创作剪辑的滤镜模块

图 4-3 创作剪辑的特效模块

（4）贴纸

贴纸模块的产品示意如图 4-4 所示，由于贴纸模块的创作成本较低，丰富度要求较高，平台会提供开放能力让第三方公司、个人来创作热门贴纸，且鼓励创作者将有趣/新鲜的贴纸样式及时上传到平台，以提高视频的趣味性。随着贴纸功能的普及，甚至有平台在贴纸这里找到了商业化的可能性。

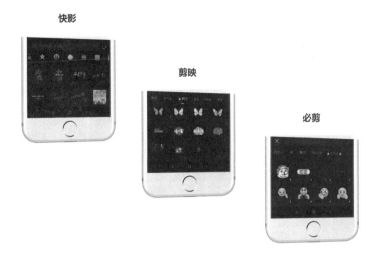

图 4-4 创作剪辑的贴纸模块

（5）字幕

字幕模块的产品示意如图 4-5 所示，主要分为新建文本、文字模板、识别字幕、识别歌词等功能。识别字幕功能极大地解放了创作者需要后期对口型加字幕的负担，它非常需要算法能力协助，利用语音识别技术将视频中的对话、旁白自动转换为字幕，识别得越准确，剪辑工具的产品竞争力越强。

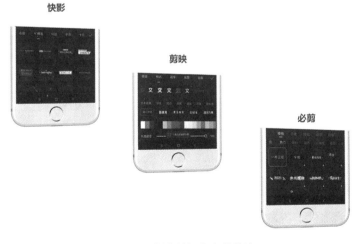

图 4-5 创作剪辑的字幕模块

（6）音乐

音乐模块的产品示意如图4-6所示，音乐模块主要提供音乐搜索、音效搜索、推荐音乐、提取音乐、导入音乐、录音等功能，很多爆款短视频往往同时能够带火其背景音乐。越来越多的音乐创作者开始重视短视频社区，逐渐将抖音、快手当做音乐宣发的首选平台，而平台基于此背景，也将音乐模块做得比较重，以满足各类用户的需求。

分析：
短视频如何改变音乐行业

快影　　　　　　　剪映　　　　　　　必剪

图4-6　创作剪辑的音乐模块

对于以上介绍的六大剪辑功能点，强烈建议读者朋友亲自去下载各个视频剪辑工具App，自己尝试剪辑一个视频来体验一把。这样可以将上述知识融会贯通，获得更直观的感受。

2. 视频模板

尽管平台提供了各式各样的创作剪辑工具，可是对于大部分普通创作者来说，要创作出热门爆款视频，难度还是太大了。为了提高用户的创作动力与质量，平台秉持着"最好的创新往往从模仿开始"的原则,在获得热门视频创作者授权后,将热门视频制作成视频模板,供用户创作使用,设计样式可参考图4-7。

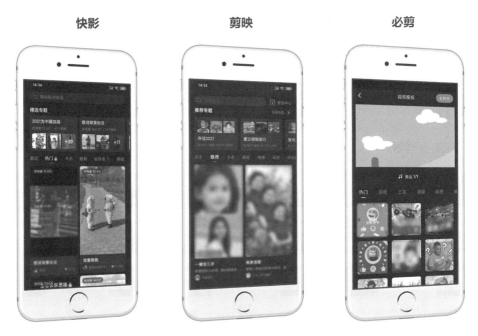

图4-7 视频模板

快影和剪映将视频模板放在重要的下方第二个模块的位置,必剪将视频模板内嵌在首页视频剪辑模块里,足见各家平台对视频模板的重视。我们从视频模板的参考信息、常用分类、推荐专题、使用流程四个角度看看平台是如何运营该功能的。

(1)视频模板参考信息

视频模板上通常标记有模板功能/主题、使用量、热度、简单使用教程、模板创作者的信息,供创作者挑选模板来参考。

(2)视频模板常用分类

视频模板常用分类有卡点、萌娃、情感、玩法、情侣、风景、旅游等,而用户使用最多的是推荐功能,这里会根据用户特点进行相应模板的推荐。

（3）视频模板推荐专题

平台会根据节日或者活动热点，将同一专题下的视频模板组成模板专辑，例如奥运专题模板、夏日玩乐专题模板、3D游戏特效模板等。

（4）视频模板使用流程

用户使用模板的流程也尽可能做到了简化，通常用户只需要替换模板里的几张照片或者文字内容，就可以完全生成一个属于自己的、效果良好的短视频。

3. 创作教程

尽管视频模板帮助满足了大部分用户希望创作出质量中上短视频内容的需求，但因为模板数量终归是有限的，而且有部分重度短视频用户并不满足于一直沿用他人的短视频创意，他们希望能够学精学深。基于此前提，平台特意推出"创意教程"模块，如图4-8所示，主要分为官方精选、新手入门、剪辑技巧、拍摄技巧、定制课程几大部分。

图 4-8　创作教程

（1）官方精选

由官方运营人员编辑、组织该模块内容，围绕使用量较高、符合当前热点趋势、官方想要引导发展的内容品类等几个维度进行内容推荐。

（2）新手入门

新手入门部分主要是针对短视频创作小白，进行创作剪辑能力的讲解，基本上两三分钟讲清楚一个小知识点，例如如何使用素材库、如何叠加特效、如何使用画中画、如何使用视频转场等，简单实用。

（3）剪辑技巧

我们总是能够刷到一些酷炫复杂、技巧度高的视频，例如"一秒钟还原三岁的你""爆笑倒放效果"等，这部分视频教程主要是针对这些新奇、复杂度较高的视频，满足追求酷炫视频效果的创作者的需求。

（4）拍摄技巧

视频剪辑技巧再高，也需要充足的视频素材作为基础，拍摄技巧主要是指导创作者在取材的时候应该如何做，例如"秋天落叶怎么拍""人物定格分身怎么拍"等。

（5）定制课程

定制课程主要是系统化的视频制作教程，往往需要付费解锁，每个课程基本上都有几十节课，且配备了具备一定知名度的老师做专业讲解。部分定制课程还能满足一部分面向 B 端客户的需求，例如会出现"电商商品应该如何拍摄更能吸引眼球""美术课程如何拍摄能够增加付费欲望"等课程。

4.2　短视频社区的内容互动

在生产出足够丰富的内容，并且通过内容分发系统将合适的内容分发给合适的用户后，平台期待的是社区内的各个参与方能够围绕内容产生更多消费互动，以提高平台黏性，完善社区氛围。围绕内容进行消费互动的参与方主要是内容的生产者与消费者，也就是平台的创作者与用户，其互动行为如图 4-9 所示，包括多种内容互动方式。

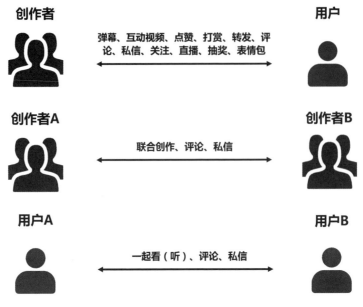

图 4-9 创作者与用户之间的互动

创作者与用户间的互动主要有点赞、打赏、转发、评论、私信、关注、直播、抽奖、表情包、弹幕、互动视频等；创作者与创作者之间的互动主要有联合创作、评论、私信等；用户与用户之间的互动主要有评论、私信、一起看、一起听等。

受篇幅限制，对于很多常规的互动产品，这里就不花大量篇幅做具体介绍了，我们只针对比较有特色的社区互动创新产品进行介绍，如弹幕、互动视频、联合创作、直播连麦 /PK、一起看 / 听等。

4.2.1　创作者与用户的互动

对于用户来说，通过参与互动能够获得心理上的参与感，将自己融入创作中，提高对创作者内容、创作者本身、平台的信任感。

对于创作者来说，通过互动能够知道用户想要什么，进而能够得到反馈并改进自己的内容，强化与用户之间的连接与关系。

下面我们来重点介绍创作者与用户之间互动的弹幕产品与互动视频产品。

1. 弹幕

弹幕是用户在观看视频时发出，并同步直接显示在播放器上的一种互动功能，如图4-10所示。弹幕最早是在B站上开始流行，随着用户接受度和使用量的提高，弹幕逐渐成为各家社区平台播放器内的标配。

图4-10　短视频弹幕

为了保证用户一致的弹幕体验，一般都要求弹幕字体大小统一，但是弹幕自身仍具备以下几个可提升效果的特点。

（1）**字体颜色**

常规的弹幕一般是白色，对于剧情提示、关键信息等会用醒目的红色或黄色表示，以吸引用户的注意力。

（2）**弹幕速度**

系统会根据弹幕的字数长度、剧情需要等因素，调整弹幕的播放速度。

（3）**定制弹幕**

对于特定的剧集或者商业合作等场景，平台可以定制特定的弹幕样式，例如在弹幕开头加特定Logo或者边框等。

（4）用户心理

弹幕能够提升用户的观看体验，拉近用户与创作者之间的距离，能够带给用户陪伴感，带动视频的观看氛围。

（5）用户理解

弹幕可以配合剧集，在某个时间点发表观点，也可以作为剧集内容的注解，对剧集内容起到补充作用。

弹幕已经成了内容的一部分，这让用户在某种程度上也变成了创作者，有不少用户已经养成了因为某个平台弹幕质量高而专门去该平台观看剧集的习惯，高质量的弹幕已经成了平台的内容"护城河"。

2. 互动视频

互动视频是近几年流行起来的视频内容表现形式，通过在视频情节里加入与用户的互动，吸引用户参与。由于用户的不同选择会导致走向不同的剧情结果，所以互动视频能够增强用户的代入感。这一创新形式在各平台逐渐崭露头角，如图4-11所示。

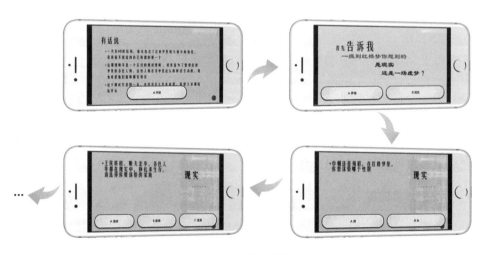

图 4-11　互动视频

以图4-11中"测试你在红楼梦中是哪个角色"的互动视频为例，在每一步的关键环节，视频都会与用户互动，让用户做出选择。第一个场景的问题是"一提到红楼梦你想到的是现实还是一场虚梦"，让用户选择是"现实"还是"梦境"；第二个场景的问题是"巾帼还是须眉，在红楼梦里你想体验哪个性别"，让用户选择在红楼梦里成为男性还是女性角色；第三个场景的问题是"王侯将相、贩夫走卒，各色人等都在现实中挣扎求生存，请选择你要体验的家境"，让用户选择是"清贫""普通"还是"富贵"，随着用户体验的深入，互动视频会提供更多诸如此类的场景选择，而用户也在这一探索过程中获得了区别于被动接受视频剧情的新鲜体验。

由于互动视频的制作成本较高，因此大部分 UGC 创作者都还在探索低成本、可持续性的互动玩法。当前互动视频比较集中的品类有以下几个。

（1）问卷测试类

例如测试你是什么性格，用户在视频内选择完答案后获得结果。

（2）博弈互动类

例如一些象棋、围棋类教学视频，让用户决定下一步棋怎么走，从而导向不同的结果。

（3）密室逃脱类

提供选项让用户一步步探索道具，从而达到最后逃出密室的目的，该类互动视频更接近于游戏体验。

互动视频的未来就是打破视频与游戏的边界。为了鼓励用户创作互动视频，平台还提供了互动组件与创作平台，帮助用户低成本地创作及发布互动剧。

4.2.2　创作者与创作者的互动

除了创作者与用户之间的互动外，平台也鼓励创作者与创作者进行互动。类似于近几年流行的品牌联名可以获取一加一大于二的效果，创作者之间联动往往也可以取得不错的效果。下面我们来重点介绍联合创作与直播连麦两个产品。

1. 联合创作

联合创作指的是由创作者 A 联合其他创作者共同进行内容创作后，在投稿时邀请其他创作者共同署名，该稿件播放页的"创作团队"上同时显示各个创作者，且该稿件在各个创作者的私域空间页里共同存在，如图 4-12 所示。

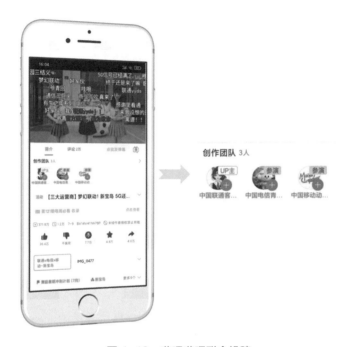

图 4-12　哔哩哔哩联合投稿

联合投稿的价值体现在两点：制造热点；账号引流。

（1）制造热点

联合投稿能够制造热点话题，提升内容吸引力，例如两个篮球都打得不错的体育类视频创作者，他们一直没有正面较量过谁更厉害，如果联合创作出一期两人正面进行篮球单挑的视频，势必会吸引巨大的关注；一些用户耳熟能详的知名企业，比如如果图 4-12 中的移动、联通、电信三大运营商联合投稿，或者美团和饿了么、抖音和快手联合投稿，必定

案例：
为什么全网都在刷
"感谢联通"的梗

充满了话题性与趣味性。

（2）账号引流

联合投稿能够让粉丝量高的账号为粉丝量低的账号引流。对于大号来说，由于其流量较大，稿件会被更多用户观看，而小号也会在此过程中被其他用户看见，并且因为小号在视频内容中的参演，能较大概率吸引用户在观看稿件内容的同时去关注小号，从而达到大号为小号引流的目的。

2. 直播 PK

直播 PK 指的是一个主播在直播的时候，可以被其他直播间的主播挑战，一旦该主播接受挑战，那么这两个主播将会被设置进同一个直播画面中，两个主播的粉丝也会同时看到该画面，如图 4-13 所示。当直播 PK 在初始状态时，直播界面上主播的分值处于相对均衡的状态，PK 开始后，两个主播的粉丝将通过点赞、刷礼物的方式来支持自己的主播，在 PK 规定时间结束后，将根据直播界面上各主播的分值来决定 PK 结果；一般 PK 输的主播会接受一点惩罚，类似于唱首歌或者做个其他表演，但是主播也一定会鼓励自己的粉丝，让自己在下次 PK 中再接再厉争取赢回一局，来提高粉丝的黏性。

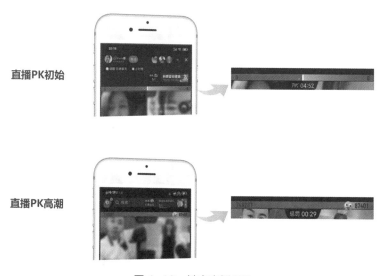

图 4-13　抖音直播 PK

直播 PK 的价值体现在以下几点：

1）直播 PK 能够极大地提升直播间的活跃度。受主播相互竞争的影响，直播 PK 往往比较能够带动气氛，让创作者间的互动价值最大化，用户也会在其中获得极大的参与感。

2）直播 PK 能够让主播相互之间为对方导粉，有效提高双方直播间的播放量、互动量以及停留时长。一般接受 PK 的主播都需要提前准备并演练好脚本以及互动内容，从而精心策划一场直播 PK，为了避免尬聊和降低不可控的事件发生，主播很少会贸然接受陌生人的直播 PK 邀请。

4.2.3 用户与用户的互动

短视频社区为了提高用户黏性，也一直在做社交方向的尝试。用户彼此之间除了私信与评论外，平台也在推出其他创新产品，去尝试打破用户之间的沟通障碍，提高用户互动时长，例如我们接下来要介绍的视频平台的"一起看"与音乐平台的"一起听"的产品功能。

1. 一起看

以抖音和 B 站为例来介绍视频平台的"一起看"产品功能，如图 4-14 和图 4-15 所示。

抖音"一起看"的操作路径如下：用户在浏览某一个视频时想分享给他人，可长按视频后在弹出界面选择"一起看视频"功能，然后选择邀请所有的抖音互关好友或者是单独邀请朋友，如果是前者，可以直接通过抖音私信通知互关好友，如果是后者，可以通过复制口令的方式，用微信发送给朋友。

B 站"一起看"的操作路径如下：首先用户选择创建放映室，然后选择想要和朋友一起看的影片，接下来选择放映室是否需要隐藏（B 站的放映室可以选择公开或者隐藏，公开的放映室陌生人也可以随时加入共同观影），接着通过社交软件通知好友来一起看电影。

由上述"一起看"的操作流程可知，不同平台对"一起看"的设置流程都是比较简单的，根本目的还是想提高用户之间的互动，通过用户彼此之间在放

第4章 短视频社区的内容生产与互动

映室里的实时沟通,或者寻找到喜欢同一部电影、一段视频的朋友,来满足用户的陪伴需求与交友需求。

图 4-14 抖音一起看

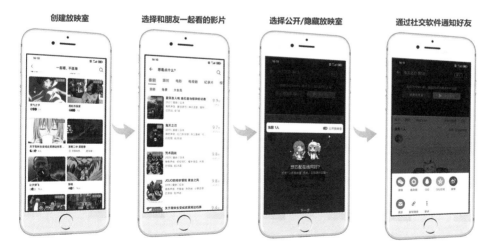

图 4-15 B 站一起看

2. 一起听

"一起听"与"一起看"类似,是音乐平台为了探索用户社交而推出的创新产品功能。网易云音乐"一起听"如图 4-16 所示,在听歌界面的详情模块可以选择"一起听"功能,点击加号后将会弹出好友列表,可以邀请好友一起听歌,该功能同时还提供了陌生人匹配功能,大部分社交产品头疼的问题都是如何让两个陌生人破冰,去开启对话,一起听通过"共同听一首歌"的行为化解陌生人之间的尴尬,激发陌生人相互了解的愿望,也不失为一种巧妙的方法。

图 4-16　网易云音乐一起听

产品篇总结

本篇讲解了内容生产、内容分发和内容互动，构建了整个短视频社区的核心产品体系。但是如果只有产品，而没有精细化的运营，短视频社区也很难真正拥有其社区特点、内容壁垒乃至未来的商业化基础，所以接下来将介绍短视频社区的运营，看看平台是如何通过内容运营、用户运营、活动运营和平台运营等手段与能力，促使短视频社区发展出各自的特色的。

运营篇

短视频社区的核心是内容,我们在产品篇介绍的内容"生产—分发—互动"体系组成了短视频社区这棵大树的主枝干,而这棵大树是否能够枝繁叶茂,则极度依赖于短视频社区的运营能力。运营人员依托于产品主框架进行内容、用户、创作者、活动、平台等方向的运营能力建设,如下图所示。

短视频社区运营体系

- ❑ 内容运营：通过运营手段引导内容的生产，制定符合社区规范的内容审核标准，按照不同逻辑分发内容，根据内容互动指标进行内容评级等事项；
- ❑ 用户运营：用户分为消费者与生产者，这部分包括两者的拉新与留存的运营手段；
- ❑ 活动运营：活动作为常规运营手段以外的重要补充，需要利用好平台资源将活动做好；
- ❑ 平台运营：向上鼓励社区调性，向下治理平台违规行为。

我们将在第 5 章讲述内容运营，第 6 章讲述用户运营，第 7 章讲述活动运营，第 8 章讲述平台运营，从内容、用户、活动、平台四个角度尽可能完整还原短视频社区运营体系的全貌。

第 5 章 CHAPTER

短视频社区的内容运营

在产品篇描述的"内容生产—内容分发—内容互动"的主要枝干之外,其实还需要内容运营做大量复杂的工作来充当枝叶与点缀,以保证短视频社区的内容能够丰富和充实。例如在内容生产环节,需要明确内容的生产者、内容的生产方向,以及制定一系列的内容生产辅助策略;在内容审核环节,进行前期审核与后期回查的工作;在内容分发环节,根据社交、算法、地理等不同分发逻辑呈现多样化的视频内容;最后在内容互动环节,需要制定消费指标,提高消费互动,进行内容评级等工作。

5.1 短视频内容的生产

内容生产环节最核心的是要解决谁来生产、生产什么、怎么生产三大问题,如图 5-1 所示。

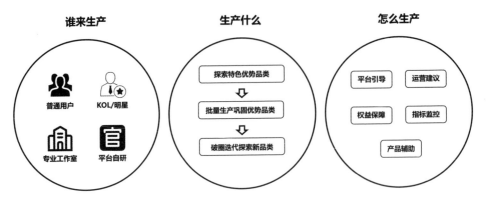

图 5-1 内容生产环节的核心问题

(1) 谁来生产

是将内容生产者分门别类，从而使运营更有针对性地去制定不同类型生产者的运营策略。主要分为普通用户、KOL（Key Opinion Leader，关键意见领袖）/明星、专业工作室、平台自研四类。

(2) 生产什么

是制定社区内容品类的打法策略，针对不同群体发展相应的垂类和细分内容，从而巩固短视频社区在用户心中的特定品牌形象。

(3) 怎么生产

主要是降低内容生产门槛，通过平台引导、运营建议、产品辅助、指标监控、权益保障等方方面面维护内容生产者权益，鼓励其生产更多优质内容。

5.1.1 谁来生产：四类创作者

内容生产者是短视频社区的活水之源，说他们是平台最大的竞争壁垒也不为过。他们决定了底层内容源的供给，而不同类型的内容生产者（普通用户、KOL/明星、专业工作室、平台自研），则保证了平台内容的多样性。

在构建了内容生产者体系后，还需要注意各类型内容生产者的新陈迭代，不断补充新鲜血液，激励各类型内容生产者持续成长，这部分内容将在第 6 章重点描述。

1. 普通用户

普通用户主要生产 UGC 内容，其内容由于与消费者的日常生活具有较高的相似度，仿佛这些 UGC 内容就是在记录自己身边真实发生的事情，所以比较容易引起消费者的共鸣。另外，由于普通用户的多样性和复杂性，其生产的内容往往角度奇特，富有创意，是其他生产者（例如达人、工作室）可能忽略的内容切入点，在算法的精准分发下这些内容反而会让喜欢它的用户得到惊喜。

普通用户生产内容的动力是展示自我、记录日常点滴。少部分普通用户对于有一定概率成为网红从而接广告挣外快抱有一定的期望，越来越多全职短视频达人的涌现也证明了这一点。

短视频社区平台对普通用户进行内容生产的激励方式，主要分为精神激励（获得点赞、优质评论）与物质激励（接商单广告、带货）两方面。随着各平台的竞争愈加激烈，平台越来越重视物质激励，尝试用多种手段让平台创作者能够"恰到饭"，从而使这些普通用户能够长期留在平台并不断创作优质内容。

2. KOL/明星

KOL/明星主要生产 UGC 内容，其内容优势在于内容品质有一定的保证（达人明星通常配备有专业摄影师）、内容的影响力与号召力强。由于这些 KOL/明星往往有一定规模的粉丝群体，其生产的内容哪怕仅仅是一段露脸视频或者一些日常活动，并不需要高深的意境或者酷炫的技巧，自然都会有粉丝进行分享、点赞和互动，从而为视频内容带来流量，使其在公域能够被更多人看见。

KOL/明星生产内容的动力是保持自身在短视频社区的一定热度，维护与粉丝之间的互动，或者进行一定目的的商业宣传，例如明星拍摄短视频为其即将上映的电影来预热，KOL 拍摄短视频为其公司或者组织进行宣传等。

分析：
短视频平台成为
电影宣发的新阵地

短视频社区平台对 KOL/明星进行内容生产的激励方式，主要是提供专业的内容服务，通过和 KOL/明星的经纪团队深度合作，甚至进行一定的平台流量补贴确保视频内容的热度，反过来平台本身也会因为 KOL/ 明星的入驻而获取其粉丝对平台的认可，获得增量收益。

3. 专业工作室

专业工作室主要生产 UGC 内容以及少部分的 OGC 内容，其内容优势在于：第一，其信息内容比较官方和权威，专业工作室有足够多的人力物力去对视频内容进行充分的前期调研与考证，保证其视频的内容质量；第二，专业工作室具备工业化和标准化的视频内容生产流水线，从而能够保证视频供给在数量和质量两个维度上的稳定性。

专业工作室生产内容的动力，首先是取得规模化的盈利，以维持工作室的日常运转；其次是建立工作室的行业影响力，从而扩大生产，使其视频内容能够吸引更多内容创作者加盟，进而触达更多用户。

短视频社区平台对专业工作室进行内容生产的激励方式，更多的是通过商业模式系统化地承接专业工作室的工业体系，进行平台流量的定向扶持或者打压、平台推荐算法技术的支持等，平衡好平台自身与专业工作室的关系，力求双赢。

4. 平台自研

平台自研主要生产大量的 OGC 内容，其优势是平台最懂自己，从而能够根据自身特点，主导生产最符合自身特色的内容品类，同时平台本身具备的品牌也为其生产的内容质量做了背书，不少用户会因为对短视频社区平台的信任去观看平台生产的 OGC 内容。在社区平台对自身品牌足够自信的情况下，平台可以通过制作的内容更进一步地影响用户，甚至引导内容潮流。

平台自研内容的动力，一方面是降低内容版权的采买经费，从而降低内容平台的运营成本，将财报盈利数据做得更好看；另一方面是平台需要维持一定比例的独家内容，以将只想看这部分内容的用户转化为社区平台的用户。

短视频社区平台对平台自研内容生产的激励方式，则是看短视频社区在自身的总营收中抽出多少比例用于自有内容的研发投入。社区平台在不同的发展阶段，或者根据创始人不同的发展思路，往往在投入的比例或者侧重的自研品类方面有比较大的区别。

5.1.2 生产什么：品类三步棋

各家短视频社区发展壮大的过程都是先通过某个特殊品类占领用户心智，站稳脚跟，然后逐步巩固该优势品类，在市场上成为该品类的头部平台，最后为了拓展用户圈层，努力破圈，逐步拓展迭代其他的内容品类，发展成品类全面的通用平台。

1. 挖掘特色品类

在社区的冷启动阶段，短视频社区平台要做的是想清楚先抓住哪一部分垂类用户，例如B站最早主打的是二次元番剧，抖音主打的是一线城市潮流风向，快手主打的是下沉农村市场的土味有趣视频，各家平台都通过准确的定位在用户心中树立起了早期形象，这就像在自然界中某个物种想要持续生存，就必须占据某一个生态位一样，各家短视频社区在早期都通过挖掘特色品类的方式，占据了视频生态的某一个生态位，这也就意味着社区平台安全度过了冷启动阶段。

运营在这一阶段可以聚焦于优势垂类，去制定优质内容的衡量标准，并大力推进该垂类优质内容的引入，进行流量扶持与社区互动引导，将属于该垂类小圈子的创作者与用户引进该社区内部，打造整体社区的垂类氛围，并引导用户不断生产垂类内容。举个例子，早期B站就是不惜花较大的成本引入正版日本番剧，并大力扶持二次元内容，从而占据了用户心中"专业二次元平台"的位置。

2. 巩固优势品类

在通过扶植垂类品类帮助社区平台度过冷启动阶段后，平台往往面临两种选择：一种是持续投入资源巩固优势品类，将品类细分到二级品类甚至三级品类，比如二次元下还可以细分为番剧、动漫等，社区平台力求将每一细分品类做到市场第一；另一种是横向拓展品类，去寻找当前热门的、受众量大的品类，什么热门就扶植什么，以期能够抓住流量热点，快速发展社区。

事实证明，能生存到现在的短视频社区无一例外都选择第一种。

首先，仅仅有一部分优势品类的内容显然是不够的，优势内容产品具有数量稳定性和质量稳定性才能给用户稳定的预期，具备"工业化"内容生产能力，才能被认为在某一品类上具备稳固的优势。

其次，追逐热门来拓展相关品类，其实是在拿自己的弱点去拼别家平台的优点，热点可能每两个月就更迭，也就意味着平台需要不断调整自己的内容品类策略，且需要和各个平台去竞争，这是不符合平台需要控制成本这个基本竞争逻辑的，就像很难想象 B 站要去扶持土味内容，与快手比个高低一样。

3. 探索其他品类

在挖掘特色品类并巩固优势品类后，短视频社区平台基于互联网产品需要不断扩张的逻辑，需要获取更多的用户量与用户时长，为了达成这一目标，短视频社区自然需要去探索其他品类，吸引喜爱这些品类的用户成为社区用户，这就是社区平台需要"破圈"的背景与逻辑。

在社区平台探索其他品类的过程中，需要以原有优势品类为基础，深度分析平台原有的用户特征，逐步拓展其他品类。以 B 站近些年发展壮大的知识区为例，为什么二次元用户同样也能接受知识科普呢？大致原因是二次元用户群体大部分都偏年轻，正处于大学阶段或者刚刚迈入社会不久，对世界、社会、知识、文化具备强烈的好奇心和求知欲，这时候财经类知识或者职场类知识恰好能够满足这部分用户想要更多了解社会生活的需求，知识类视频自然也就能在 B 站这片土壤上发展壮大。

5.1.3 怎么生产：五类解决方案

针对如何生产内容这一点，平台制定了"上限引导"与"下限保障"的双重策略。"下限保障"指的是对内容进行指标监控，并维护创作者的基础权益；"上限引导"指的是平台引导内容创作方向，运营给予创作建议，产品辅助以降低内容生产门槛。

1. 平台引导

平台引导主要分为规则与生产两方面的引导，通过规则维持社区稳定运转，并保证优质内容的持续生产。

（1）规则引导

平台会树立优质内容典范，制定优秀内容激励政策，劣质内容降权处罚规则等，制定严格的规则防止"劣币驱逐良币"的现象发生，鼓励原创内容与优质内容，打击抄袭、劣质内容。

（2）生产引导

平台会进行创作技巧、创作激励、创作者上升通道的指引，激发创作者一路"升级打怪"的动力，与此同时持续挖掘新的内容创作者，为平台持续补充新内容。

2. 运营建议

运营建议主要分为视频内容本身与创作方向上的建议，出发点是全力提升视频的内容质量。

（1）视频内容本身

对于视频封面、视频拍摄技巧、视频发布时间、视频配置活动标签等方面，运营会根据创作者的特点与视频归属类目的属性提出有针对性的建议，例如高点击率的封面应该如何设置，什么时间点发布视频能够获取更多流量等。

（2）创作方向

指运营会就当前的内容热点与热门活动给予创作者指导，帮助创作者获取更多流量，运营甚至会结合热点时间推出创作模板，帮助创作者明确创作方向，提升创作信心。

3. 权益保障

权益保障包括提供原创保护、方便的申诉渠道、明确的收益规则等，这些措施能够最大限度地维护创作者利益，包括普通用户、KOL/明星、专业工作室等，使这些创作者能够安心地在平台生产内容，没有后顾之忧。

（1）原创保护

提供原创保护需要平台明确内容首发规则，技术上做到对抄袭内容的识别、降权与封禁。

（2）申诉渠道

申诉渠道需要做到功能使用方便、客服响应及时、处理足够客观公正，使得申诉用户能够在保证自身权益的同时，理解平台的决策逻辑。

（3）收益规则

收益规则用于保障创作者能够获取应得的收益，且清楚收益的计算规则，包括视频播放量／点赞量／互动量对应的虚拟货币、实际金钱收入等。

4.指标监控

运营通过监控内容数据指标对社区平台的内容生产能力、规模和质量获取更加客观的认知，以支撑其做出相应的决策。

运营若想提高内容数量的供给，可以为该目标制定以下监控指标，如视频生产漏斗模型（日均视频生产数、审核通过视频生产数、有播放量的视频生产数、有互动量的视频生产数）、视频发布人数、视频发布频次、爆款视频（明确定义爆款内容的数据指标）等。通过观察这些指标的日常变化，运营能够感知社区平台的内容生产是不是稳定、生产能力是否有提升等。

依此类推，我们也可以将其他运营目标进行拆解，来帮助我们做出决策。

5.产品辅助

产品辅助更多是在实操层面上降低用户"拍摄—制作—发布"视频的难度，或者通过产品滤镜、剪辑能力去提高用户的视频质量。

目前，各家社区平台上已经有了大量的实践案例，在4.1.2节介绍了大量的内容生产工具，例如模板、贴纸、滤镜、特效、字幕、音乐等，以降低创作者的操作门槛。

与此同时，平台还提供了创作教程等教学产品，相比于产品工具所提供的便利性，教学产品是在思路与观念上影响创作者，以起到更加深远的作用。

5.2 短视频内容的审核

我们在产品篇的内容推荐部分，在介绍推荐系统基础原理时讲到了审核模块的产品架构，从机器审核到人工审核的双重审核，最后进行相应的处理，这是在产品层面上描述审核机制，但具体要以什么的标准和规则审核，以及规则何时可以处理得更有弹性，都依赖于运营的判断。

整个审核分为前期审核与后期回查两部分，如图 5-2 所示。前期审核中，运营要做的是制定审核规则、机审内容抽查以及清理违规内容；后期回查中，运营需要针对社区头部内容、国家政策风向、社会热点事件以及其他重点内容进行回查。

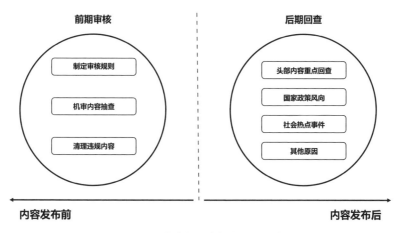

图 5-2　内容前期审核与后期回查

5.2.1　内容发布前的审核

1. 制定审核规则

在社区平台的内容审核初期，基本上是运营人员根据自己对内容调性的判断和过往经验，来判断用户上传的内容里，哪些是平台百分百封禁的内容，哪些是需要降低分发权重的内容，哪些是触犯到社区生态、容易引起社区用户反感的内容，哪些不是平台希望倡导的内容。随着社区平台的发展，这些运营经验需要以白纸黑字的规则沉淀下来，运营的工作就是制定清楚并明确这些规则。

随着社区平台的发展，内容量级越来越大，光指望运营人工审核已经不太现实，那么这些由运营精心制定的规则就成了机器代码实现规则最初的参考标准，机器将运营过往判断的大量案例作为样本库，去学习运营经验和思路，并尽可能地去模拟运营的审核方案，从而解决大量的内容审核问题。

2. 机器审核内容抽查

通过上一节我们知道，机器审核是尽可能贴近运营审核的标准，但终归有些许遗漏的案例，所以对于机器判断为不通过的部分违规视频内容，人工运营人员会介入进行抽查，基于平台投入成本的考量，运营人员会根据当前热点与平台政策等因素，选择性地抽查部分未通过机审的视频。

例如针对某些社会热点事件的探讨分析类的视频，由于目前社会热点事件往往伴随着真相的揭秘、舆论的反转，如果机器审核对该类视频未予通过，运营人员应本着提高平台视频产能以及对创作者负责任的态度，仔细检查视频内容违规的地方，帮助创作者解决具体问题以通过审查，甚至将这类视频暂时做"仅创作者可见"的处理，封存一段时间，等到社会舆论反转后再去检查是否可以将该视频放到公域。

3. 清理违规内容

如果某个内容机器审核和人工审核均未通过，那么接下来就需要进行违规处理了。我们在前面介绍过违规处理由轻到重可分为禁止上热门、给视频降权、仅粉丝可见、仅自己可见、删除/封禁视频五种限制等级，那么究竟给某条违规视频进行何种等级的限制，则依赖于运营人员的人工判断。

通常涉及违反法律法规、平台禁止类目和规则的视频内容，会进行最高等级的限制处理，直接删除视频，甚至对账号采取一段时间的封禁措施；而对于部分不走平台商业化体系，而是用户私下接受广告主付费邀约制作的带有一定商业性质的软广视频，则会根据商业化程度的轻重、视频本身内容质量的高低，进行仅自己可见、仅粉丝可见、视频降权等不同程度的处理。

5.2.2 内容发布后的回查

对于通过机器审核与人工审核，已经在社区平台公域流量里自然分发流转的视频内容，也并不是从此就高枕无忧了，随着用户的反馈、监管的调整、社会热点的发生，运营审核人员需要随时对已发布的内容进行回查，以规避社区风险。

1. 头部重点内容

头部重点内容包括平台头部达人制作的视频内容和拥有头部播放量、互动量的视频内容。

头部达人由于有着庞大的粉丝量，同时具备广泛的社区影响力，甚至是社会影响力，其视频内容总是会吸引更多关注，头部达人一旦"翻车"，则会给平台带来流量和经济上的损失，甚至动摇平台在用户心中的品牌形象，所以回查头部达人的视频内容，也是一种对达人和平台的保护。

具有头部播放量、互动量的热门视频内容，则在某种程度上代表了社区倡导的内容方向、文化方向、用户特征，是平台会投入资源运营的典型内容，这部分内容是平台的重点回查对象。

2. 国家政策

平台内容回查需要严格遵守国家规定，只宣传符合国家利益和主流价值观的内容，坚决打击和抵制国家禁止或者点名批评的内容，由于政策平台在不同时期倡导和打击的侧重点会有变化，平台需要及时跟进，不断回查稿件，重新制定规则。

例如国家明令禁止宣传互联网金融 P2P 项目的内容，那么平台应及时下架鼓励普通用户通过互联网金融借贷消费的视频，封禁视频内部导流，并不再提供下载互联网金融 App 的链接，反过来，教育普通用户正视互联网金融危害的稿件内容则应该予以扶持。国家管控吃播喝播，宣扬节俭文化，反对铺张浪费，运营就应该加强对吃播喝播类视频和创作者的管控，提高回查频率。

3. 社会热点

社会热点事件往往具有不可预测、事发突然、影响面广等特点，这就要求回查机制需要做到响应及时，回查运营工作的安排需具备机动性，回查人员应具备快速反应能力。

例如新冠肺炎疫情的突然暴发导致武汉封城，社会各界的猜测与恐慌情绪在各大社交媒体上快速发酵，同时也在视频社区里产生了大量自媒体的相关视频，这些视频所表达的内容可能缺乏真实有效的证据，但由于疫情刚开始的时候没有由官方渠道发布确切信息，所以平台前期审核让这类视频通过了；但是在疫情信息明确公开，且各大权威媒体开始同步实时报道疫情以后，社区就需要第一时间立刻回查与疫情相关主题的视频，及时处理掉缺乏证据、带有主观情感的各类视频。

4. 其他原因

社区平台需要进行视频回查的其他原因包括以下几个方面：

（1）不良影响

某个明星或企业因为某些原因造成社会不良影响后，其曾经的合作方要求下架与该明星或企业合作的相关视频内容，平台需要对这些内容进行回查，以确认合作方的需求是否合理。

（2）法律法规

某类法律法规随着社会的进步而进行了修订，需要社区平台对于曾经探讨某一社会事件而引用了该法律条款的视频进行回查，以判断该内容对现在的观众是否容易产生误导，严重的需要进行视频封禁。

（3）客观规律

某类医学知识或者科学规律被证伪了，那么平台需要及时回查相关视频，力求通过平台传播的内容，在时间维度上做到真实有效。

5.3 短视频内容的分发

内容分发有三种主流的形式：社交流、算法流、地理流。社交流主要通过社交关系链去探索内容，算法流主要通过用户标签与内容标签的匹配推荐内容，地理流主要通过地理维度推荐用户身边的内容，如图 5-3 所示。不同分发方式的根本目的是尽可能将内容多样化地呈现给用户，以提高分发效率与精准度，我们可以用内容互动的及时性与互动量去评价内容分发的有效程度。

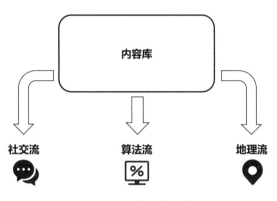

图 5-3　内容分发形式

5.3.1　算法流：标签匹配分发

1. 精品内容

在短视频社区早期运营的时候，运营只需要分发某些已经累积了一定互动数据的优质视频给用户，以塑造社区调性，但此时用户标签和内容标签都较为有限，算法分发难以做到非常精准，容易将一些低互动量的视频分发给用户，造成用户丧失兴趣，缩短使用时长。

基于以上背景，在早期平台通常会采取运营能力与算法能力相结合的方式。平台运营根据人工判断，建立起一个精品内容库，算法分发的内容全部都从精品内容库里选取，社区运营人员每天人工添加优质内容入库，并清除一些过时的或者表现不及预期的视频内容。这种方式太依赖运营人员对于内容的品味与取舍，分发算法只起到了一部分作用。

需要强调的是，精品内容库只适合社区平台早期使用，当用户量和内容量有一定规模之后，人工选取精品内容的数量将很难跟上分发需求，这时候就需要系统自动筛选出优质内容，就像在 2.3.2 节介绍的热门召回模型一样，通过给内容不同量级的曝光量，考评其互动量等指标，最终通过优胜劣汰选出优质内容。

精品内容只能用于在初期保证算法分发内容的质量，在标签愈加精准和算法能力愈加成熟的后期，精品内容将成为"运营精选内容"的参考数据库，而不再承担限制算法分发内容库的职责。

2. 运营干预

鉴于算法本身对内容的推荐分发在第2章已经讲得很清楚了，这里主要讲解在算法推荐系统的基础上，人工运营是如何发挥其作用的。在前面有两个地方介绍了人工运营对算法推荐结果的干预：第一个是2.3.4节介绍的规则模块，讲述了如何通过内容规则和用户规则去进行人工运营对内容排序的干预；第二个是2.3.2节介绍的内容升级降级的绿色通道，方便运营将重点扶持的内容直接曝光，而不需要通过筛选器一层层过滤。

各家短视频社区平台对算法能力和运营干预往往采取平衡与取舍并存的态度。在数据量与用户量足够充分的前提下，算法分发能够将分发效率做到极致，这就非常适合公域流量强大、重视中心化分发的社区平台，这类平台更加依赖于算法分发，而只是在国家紧急事件、重大社区问题发生的时候进行人工运营干预，典型的社区平台有抖音、知乎等；而重视私域流量，采取非中心化分发的平台，则会将一部分流量分发权利交给运营干预，例如社区活动、平台整治、内容扶持等方向，会让运营去授予相关内容更多的曝光机会，这类平台往往非常重视"内容分区"这样的概念划分，也会保留有"编辑"这样的传统岗位，典型的社区平台有B站、小红书等。

5.3.2 社交流：社交关系分发

1. 关系链机制

社交流遵循"物以类聚、人以群分"的准则，将用户线下沉淀的关系链（同学、同事、朋友等）映射到线上，不同于算法推荐，在社交流分发逻辑下，你关注的对象决定了你能看到怎样的内容，典型的产品有微信的"看一看"，抖音、快手的关注列表等。由于社交分发的内容都是和你有线下关系的朋友所参与的，更加容易产生互动，以维持或加强关系链。与此同时，视频内容也可通过社交关系获取较大流量，当你的朋友们都在关注、点评某个视频内容时，你自然也有兴趣去关注该视频内容，这样视频内容就通过社交关系链获得了传播。

相比于将用户数据与内容数据进行极致匹配的算法分发，社交分发在效率与精准度上都远远不如算法分发，但它却一直是各个短视频社区的标配，原因大致有以下两点：

1）作为短视频社区，必须拥有关注机制与社交分发流量，否则就失去了社区的本质，只能仅仅作为传统媒体平台而存在，社交分发为社区平台提供了更大的想象空间。

2）提高社区对用户关系链的沉淀，有助于培养用户对社区的感情，使得社区在用户心中不仅是观看喜爱视频内容的地方，更是一个可以找到和自己志趣相投的朋友的地方，这一点无疑可以极大地提高用户黏性，培养良好的社区互动氛围。

2. 拓展新内容

社交分发的另一大优势是能够打破算法的信息茧房，使用户有机会接触到区别于算法推荐的新内容，用户可以通过自己的社交关系链去探索更多样化的内容，而不是持续陷在个人的喜好圈子里，不断重复地看自己感兴趣的内容。这里对比一下抖音和微信视频号这两个典型的社区产品，抖音的内容推荐是"向内缩"的，一旦抖音掌握了基本的用户兴趣特征数据，则会在推荐中排除掉那些用户兴趣度较低的内容，抓住每一个推荐机会，不断精缩推荐范围，长此以往用户会感觉到疲惫；微信视频号的内容推荐是"向外扩"的，尽管社交推荐的精准度较低，但是会持续分发朋友推荐的内容，其兴趣范围远远大于个人已知的内容，用户总是能够在其中发现有趣的新鲜内容，用户甚至会基于社交关系链上每个人的关系远近，而重新去评估每个内容的重要性。

社交分发的缺陷在于社交压力的存在，会使得用户不会将自己真实感兴趣的所有内容全都公示于众，有些人并不想让同事、朋友知道自己对某些内容的兴趣，相应的产品也会推出"私密赞"等方案，这使得社交分发的内容库不如算法分发那么丰富（特别是用户好友量较少的时候），且存在一定的失真现象，就像微信视频号上朋友"在看"的内容大部分都是"真善美"的类型，很少有人愿意在朋友圈将自己塑造成负面形象。

5.3.3 地理流：地理定位分发

1. 同城同校

如果说算法分发和社交分发在社区早期就已经广泛应用，那么同城、同校等基于地理位置的分发，则完全是在移动互联网兴起后才兴起的分发方式。这类分发方式能够发展壮大，是由于人们更加关心自己身边发生的事情，这个"身边的事情"有两个定义：一个是时间维度上，最近发生的事情；另一个就是空间维度上，离我最近的位置所发生的事情。信息流遵循时间线分发内容的方式解决了时间维度的问题，空间维度的问题则由同城、同校分发来解决。

同城分发的信息流上，视频内容会显示该内容与用户当前位置的距离标注。这个推荐逻辑会综合考虑以下因素：距离远近、热度、点赞、评论等，基本上是将距离远近这个影响因子赋了较大的权重；在内容划分上，会划分出一些方便用户线下打卡的类目，如拍照地、餐厅、景点、周边游、展馆、酒店等。

同校分发主要是针对大学生这类短视频社区的主要用户群体，通过用户对学校的集体认同感和对学校动态的关注，聚合同校学生发布的内容，激发同校学生的创作热情，给短视频社区带来更多流量与内容。

"同城同校"现已成为各个短视频社区移动应用的标配模块，日活数据、内容数据都证明其获得了市场与用户的认可。

2. 本地服务

基于地理位置的内容分发的另一大优点是会给业务带来更大的想象空间，一旦培养起用户适应地理分发的习惯后，就可以往本地生活服务的方向发展，这方面的典型社区应用就是抖音，抖音在本地生活服务领域的开拓，实现了用户、平台、商家三者利益的共赢。

（1）对于用户来说

短视频或直播生动形象的表达方式能够让用户直观地感受到附近餐厅、景点、酒店的实际效果，用户可以低成本地了解周边服务，甚至在观看视频的同时快速下单或预约。

（2）对于商家来说

抖音短视频社区巨大的流量为商家提供了一条直接触达用户的渠道，用户在观看短视频或直播时产生的冲动消费，则为商家带来了新的营销可能性；如果商家思路新颖，制作出符合抖音调性的视频内容，甚至可以通过抖音内容的火爆而打造出商家爆款。

（3）对于平台来说

基于地理分发带来的本地服务新业务，不仅同时抓住了商家和用户两端，提高了社区黏性与数据，更带来了更多业务增长的可能性。除了撬动更多本地服务流量以外，商家进行商品、店铺推广的广告服务购买，用户进行交易的订单抽成将会带来平台收入的增长，而资本市场对短视频社区附加本地生活服务的认知，会大大提升资本的想象空间，利好社区的长远发展。

5.4 短视频内容的消费

内容运营人员根据内容消费指标来保持对社区内容的监控，并根据数据结果调整内容运营策略；社区平台会优化产品设计，降低互动成本，激发互动欲望，提高内容消费目标；内容运营人员还会定期根据数据指标将内容分类，如热门内容、精品内容、潜力内容等，用于制作内容榜单。

5.4.1 三个内容消费的评价指标

1. 视频绝对指标

内容运营人员参考视频内容绝对指标，通常是为了进行阶段性的同比与环比数据分析，从而分析整体大盘情况，一般会从视频本身、消费者端、创作者端三个维度考量视频绝对指标。

（1）视频本身相关的数据

例如视频总播放量、UGC 播放量占比、OGC 播放量占比、视频播放时长、视频 CTR、视频完播率、各分区视频平均播放次数等，维度多样，指标多元。

（2）消费者端与视频相关的数据

例如人均播放量、人均播放时长、分区用户 TGI（Target Group Index，目标群体指数）渗透率等指标。

（3）创作者端与视频相关的数据

例如总投稿人数、总内容投稿量、新创作者投稿量、新创作者人数等。

2. 视频相对指标

内容运营人员参考视频内容相对指标，通常是为了观察内容社区的用户互动效率，典型的视频相对指标有赞播比、评播比、转播比等。某个视频在一定的播放量前提下，赞播比高说明内容受到大量用户的认可，评播比高说明内容能够引起社区用户的广泛讨论，转播比高说明视频足够有趣生动，在社区内引起了自发传播。

假使视频的绝对指标都在增长，但是相对指标有所下降，同样需要引起内容运营人员的警觉。虽然视频社区在成长过程中，各相对指标的分母必然是逐步增大的，但是保证相对指标的稳定，恰恰说明社区的成长并没有弱化社区氛围，新用户仍然乐于进行互动。

3. 视频品类指标

观察视频的绝对指标与相对指标都是从比较微观的角度入手，而内容运营不仅要把握微观角度，还需要从视频品类这样相对宏观的角度进行内容整体把控。典型的品类指标有品类内容数量占比、品类消耗时长总量、品类互动数据总量等。

用户喜好、市场风向并不是以具体案例来呈现的，虽然我们能够准确判断某个视频火了，但是社区平台的运营人员往往需要举一反三，提炼爆款内容背后的用户心理、起量原因等，然后将爆款视频扩大到某一品类，达到紧抓热点的目的。

5.4.2 三种提高消费互动的方案

1. 产品设计优化

可以通过优化以下产品设计方式去刺激用户进行消费互动。

（1）互动组件设计

互动组件在位置设计上紧靠视频播放器，甚至可以将部分互动组件设计进视频播放器的框内位置，用户的注意力往往是优先专注于观看内容的，且存在两种观看模式：半屏播放与全屏观看。半屏播放时我们可以将关注、弹幕、点赞、收藏、分享等按钮尽可能靠近播放框，并通过颜色反差提醒用户进行互动，类似于 B 站和西瓜视频的交互模式；而全屏观看时可以将组件直接嵌入播放器内，并降低对用户观看内容的打扰，类似于抖音沉浸式观看时的互动设计。

（2）互动模块位置

消息、直播、朋友聊天等强互动模块可以放置在更明显的位置，不少 App 会为消息、直播、社交等模块单独设置一个独立模块位置，以强提醒用户接受相关信息的传达，提高互动频率。

2. 激发互动欲望

除了优化产品设计以外，内容运营还需要激发用户的互动欲望，否则产品设计得再完善，缺乏引导也难以达成互动数据指标。内容运营通常有以下三种激发互动的方案。

（1）扶持优质内容

用户愿意付出成本进行互动的原因，一定是内容足够优质从而能够引发共鸣，社区平台扶持这类内容才能带来更多的点赞、收藏、转发、关注、评论数据。

（2）创作者引导互动

经常看到创作者在视频内容里口播"如果喜欢我，就请关注我吧""如果觉得这期内容不错的话，就请各位小伙伴给我一键三连"这样的引导话语，用户通常也会受创作者口播带动而进行互动。

（3）鼓励创作者做直播

直播能够带来最直接、最快速的即时体验，所以鼓励视频内容创作者开直播，也是促进创作者增加新的内容生产方式、促进互动指标提升的一种有效手段。

3. 维持社区氛围

维持稳定的社区氛围也是提高消费互动的基础之一，就像人们在自己熟悉的环境，与自己熟悉的朋友一起相处的时候往往会更放松，也更愿意输出自己的观点和想法一样，让用户体会到熟悉的社区氛围，在良好的社区环境下，用户也更愿意互动表达。

举例来说，B站的用户普遍分布在一二线城市，学历较高，见识较广，且对于人和社会具有一定的思考深度，所以B站的氛围是相对积极友善的，用户愿意在B站就某一事件进行观点输出与深度探讨；而快手则讲江湖义气与老铁文化，强调信任文化，快手主播总是强调"老铁不会骗老铁""做生意讲究实在，不会欺骗自己人"，所以快手上的主播带货并不是主播的直播技巧多么高超，或者是货品价格多么便宜，很多时候是由于用户讲兄弟义气而去支持主播，所以要购买他的商品，这也是快手的特色。

反过来说，在形成社区特定的文化氛围后，用户黏性增强，也会更有动力去配合社区运营，积极主动地维护社区氛围。

5.4.3 三个维度的内容评级

1. 热门内容

热门内容通常具有时效性，其主要呈现方式往往是各类榜单，例如热门周榜、月榜等，代表社区一段时间内的热门内容、流行内容，也可作为指引用户进行内容创作的风向标。例如B站专门在首页设置了"热门"内容模块，明确地告诉用户在App固定位置有热门模块，用户可以在这里了解社区平台近期风向；抖音只有热搜榜单，并不会将"热门"内容外显，而是将热门内容藏在信息流内通过系统推荐的方式传达给用户。

热门内容的数量往往较多，更新频率非常高，一段时间过后，热门榜单里的内容会全部重新换一批，"常换常新"是热门内容的特点。

2. 精品内容

精品内容选取的往往是经过时间沉淀（可能是3～5年）、最具有社区文化代表性的经典视频内容，类似于B站的"进站必刷"板块或者"梗百科"视频合辑等。对于一个并不熟悉B站的用户，看完"进站必刷"的视频后一定能够会对B站的鬼畜文化、二次元氛围、文化价值观有所了解，看完"梗百科"的视频后一定会对B站弹幕里的许多梗了然于胸。精品内容就应该起到上述作用。

精品内容的数量相对较少，更新频率相对较低，内容运营人员往往一个季度才能选取出一两条符合精品内容标准的视频，"少而精"是精品内容的特点。

3. 潜力内容

内容运营会定期分析各个品类是处于竞争激烈的红海，还是潜力巨大的蓝海，如图5-4所示，横轴是内容投稿量，纵轴是内容播放量，处于分界线下方的品类属于红海区，用户投稿量大，但是播放量相对小，每个创作者稿件能分到的流量都比较少；处于分界线上方的品类属于蓝海区，该类品类内容存在供不应求的可能，属于潜力品类。

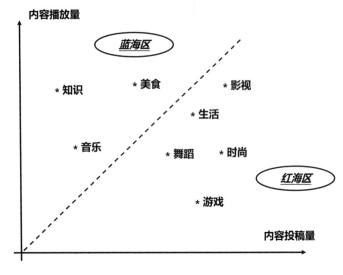

图 5-4　内容供应与内容需求关系图

对于潜力品类，内容运营可以引导用户创作更多相关内容，并倾斜更多平台资源，甚至进一步考量在潜力品类里挖掘新人创作者以及潜力爆款的可能性。

第 6 章 CHAPTER

短视频社区的用户运营

用户运营分为消费者运营和创作者运营两部分，而消费者与创作者之间的边界是可以打破的，创作者在了解社区文化、借鉴创作灵感的时候，其身份同时也是消费者；消费者在社区平台上传他的第一个原创视频的时候，则变成了创作者。社区用户有着一条清晰的成长路径，如图 6-1 所示。

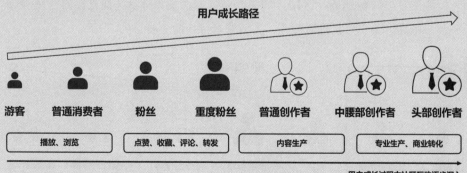

图 6-1 用户成长路径

这条成长路径依据用户在社区的影响力而逐步加强，身份依次是：游客—普通消费者—粉丝—重度粉丝—普通创作者—中腰部创作者—头部创作者。他们对社区的贡献和影响如下。

- 游客、普通消费者：给社区贡献的是播放量、浏览量，提升社区日活；
- 粉丝、重度粉丝：开始在社区关注创作者，建立连接，贡献点赞、收藏、评论、转发等行为数据；
- 普通创作者：开始在社区进行内容生产，上传 UGC 内容；
- 中腰部创作者、头部创作者：进行专业生产、商业转化，是社区内容贡献的核心力量。

6.1 内容消费者的运营

消费者运营包括消费者拉新和消费者留存。消费者拉新主要是依托社区基调，分析用户画像，通过运营手段引入社区；消费者留存指的是将消费者细化分层，并有针对性地进行促活与激励。

6.1.1 内容消费者拉新的四个步骤

消费者拉新是发展社区用户的第一步，如图 6-2 所示。促进游客注册登录平台，将身份转变为普通消费者，是消费者拉新的主要目的。

图 6-2　消费者拉新

消费者拉新的思路是：首先需要明确社区调性，特定的社区调性才能吸引特定的用户；其次针对这些用户分析其用户画像特征，根据画像特征进行人群扩量；最后对扩量人群采取拉新手段引入社区。如果当前 App 进行用户洗量已经差不多到了极限的话，有的社区平台就会开发极速版 App 去拓展其他新用户。

1. 社区基调

短视频社区基调的核心因素是由该社区最开始的一小撮用户决定的，这一部分人喜欢的内容、遵循的三观、彼此相处的化学反应共同完成了社区氛围的初步搭建。

基于以上逻辑，对于平台运营来说，需要考虑清楚以下三点：明确社区定位、挖掘社区冷启动用户、制定社区初期规则。

（1）明确社区定位

明确社区定位就是指平台运营需要思考到底想塑造什么样的社区氛围。这是一个根本性的、战略性的问题，就像 B 站最早定位动漫二次元、抖音最早定位高端潮流一样，清晰的战略目标帮助平台在早期就明确了品牌形象。

（2）挖掘社区冷启动用户

挖掘社区冷启动用户是指社区运营需要找什么样的用户去营造平台想要的社区氛围，B 站发掘喜爱动漫二次元的年轻人并树立动漫区头部 UP 主形象，抖音去各大艺术高校邀请高颜值的男生女生拍摄酷炫视频，都是"因势寻人"。

（3）制定社区初期规则

为了保持社区最早的"初心"，防止用户过早地大批量涌入而破坏原有的社区氛围，在早期运营通常会限制社区的用户量，采取邀请制或者定时定量开放注册的制度，小心翼翼地培养良好的社区氛围和完善社区的各项规章制度后，再开放引入规模用户。

运营通过"定位—种子用户—引流规则"三步确定下了社区基调，这段培养期通常会比较漫长。维护好社区初始用户，也是为了分析用户画像并为逐步引入其他用户做准备。

2. 用户画像

如果一个短视频社区既想要用户量的增长，又想要维护原有的社区氛围，那么最靠谱的方法是引入与种子用户"相似度高"的其他用户，而分析清楚社区种子用户的用户画像信息，则是解构种子用户特征的最佳方法。我们以抖音App为例分析抖音短视频社区典型的用户画像及其特征。

（1）城市知识青年

年轻大学生和上班族，积极向上，对获取知识与信息有着强烈的渴望，愿意不断提升自己，对未来保持乐观态度，愿意为知识付费。

（2）Z世代年轻人

95后新新人类，热情并且充满好奇心，热爱泛娱乐内容，例如游戏、电竞、手办、萌宠等品类，愿意为自己热爱的虚拟物品付费，例如游戏充值氪金等。

（3）都市女白领

年龄是25～40岁的女性，热爱时尚与美妆，容易被达人种草，重视肌肤护理、身材保养和衣着穿搭，在美妆、女装、健身等品类上具有较高消费能力。

（4）互联网潮男

年龄是25～40岁的男性，成长在移动互联网时代，喜爱潮鞋、潮牌、消费科技、体育等内容，有健身习惯，对理财感兴趣，并且愿意为数码产品付费。

通过将社区种子用户拆解成如上所述的用户画像，我们对用户特征的理解就不仅仅是停留在"性别""年龄""地域"的浅显认知上，而是细化成了一个个具体的形象，例如平台想引入城市知识青年以扩充该类用户，那么就可以通过"愿意为知识付费"或者"上班族"等特征挖掘该类人群。

3. 拉新手段

在明确拉新用户的用户特征后，社区平台的拉新手段主要分为两类：第一类是靠用户裂变，例如想引入城市知识青年群体，则定向对该类种子用户进行邀约激励；第二类是花钱买量拉新，在城市青年群体流量较大的渠道进行定向买量。

（1）用户裂变

通过金钱或者利益去刺激用户分享，进行社交传播，这类拉新方式具有成本低、效率高、转化率高，但批量化、规模化较难实现的特点，运营通常会定向对种子用户进行私信通知、推送通知或者首页焦点图位置强提醒，鼓励用户参与活动。通过用户分享裂变拉新来的用户，往往是在现实世界中与种子用户具有线下社交关系的用户，这样的用户在符合社区期望拉新的人群方面，相对更加精准，用户留存也会更好，平台所付出的成本也相对较低。

（2）花钱买量拉新

需要运营先判断不同渠道与媒体是否包含想要拉新的人群，渠道包括各大厂商应用商店、信息流、搜索、H5活动页等；媒体包含线下媒体（如电梯媒体、商场媒体）或者线上媒体（抖音、百度、广点通、联盟流量等），社区平台需要监控各渠道或者媒体拉新用户的 LTV（Life Time Value，生命周期总价值），从而评估媒体质量与渠道转化率。买量拉新具有可规模化和预期明确的特点，由于各个媒体都是比较成熟的买量市场，花多少钱、能带来多少量在投放前其实是可以大致预估的，但其拉新用户的质量相对社交拉新较低，平台付出成本也比较高。

4. App 极速版

在各家短视频社区主版 App（主版指的是在应用商店主推的短视频社区 App 版本）流量增长趋于疲软的时候，我们发现市面上多了很多主版以外的极速版 App，例如"抖音极速版""快手极速版""今日头条极速版"等，这些极速版 App 均具有以下几个特点：

（1）目标受众较为下沉

主版 App 主要面向一二线城市人群，而极速版的侧重点是面向四五线城市和农村市场，这部分市场的用户通常具有时间较为充裕和对金钱较为敏感的特点，所以极速版往往采用"师徒制"分享裂变赢金币或者"看视频，赢金币"的方案，利用金币刺激用户分享，提升 App 用户时长。

（2）产品功能改动较大

通常弱化甚至取消创作功能，而增强赚钱、提现等分享邀请功能，这是由于下沉市场用户的创作欲望较低，且创作视频的质量往往不如主版 App 用户创作视频的质量，这是社区平台顺应用户需求做出的产品改动。

（3）App 应用体积较小

在主版 App 有将近 100MB 的情况下，极速版 App 通常只有 20~30MB，这是社区平台考虑到下沉市场用户的智能手机往往内存容量较小，所以极速版 App 去掉了大量附加功能，只专注于主流功能（视频播放、互动能力等），使得 App 体积缩小，降低下沉市场用户下载 App 的压力。

App 极速版在社区平台的消费者拉新方面起到了类似于"二级火箭助推器"的作用，在第三方数据统计网站监测社区日活的时候，往往会将主版 App 与极速版 App 的日活相加合并到一起。

6.1.2 内容消费者留存的三个步骤

在经过消费者拉新这一环节后，社区游客成了普通消费者，但普通消费者只有在社区关注了其他用户以后才有可能提高黏性。将消费者转化为粉丝/重度粉丝，是提高消费者留存最重要的事情，如图 6-3 所示。

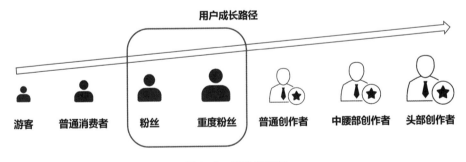

图 6-3 消费者留存

短视频社区是个黏性较强的内容平台（相较于电商平台），平台运营的思路通常是将社区用户分层，然后对各层用户有针对性地进行促活与激励，当然留存的核心仍然是提高社区内容质量和创作者影响力，通过修炼内功的方式获取用户信任。

1. 消费者分层

我们将已经注册登录平台，且在平台有过浏览视频行为的用户视为普通消费者，在对这部分用户实施留存策略之前，我们不禁要思考一个问题：这部分用户还能再细分吗？对这些用户做统一的留存激励能够取得效率最大化吗？

普通消费者彼此之间的差别还是很大的，更合理的方案是按照其生命周期，将普通消费者分为六类，对不同类别的用户群体制定出有针对性的留存策略。

（1）新用户

用户注册且登录平台的时间距今小于一个月，或者是具有首次关注其他用户行为的用户，可以认为是社区平台的新用户。

（2）成熟用户

用户注册且登录平台的时间距今大于一个月，且用户已关注一定数量的其他用户，用户每隔一段时间会登录平台，且使用时长不低于平台用户平均时长的一半，可以视其为对平台有热爱、有黏性的成熟用户。

（3）活跃用户

用户注册且登录平台的时间距今大于一个月，用户贡献了大量的社区互动行为（典型的如评论、弹幕、点赞、收藏、转发分享等），且积极参与社区平台活动，可以认为其是对平台非常有价值的活跃用户。

（4）衰退用户

90天内有登录过社区但是最近30天内从未登录过社区，并且在社区内的互动数据同比降低较为明显的用户，可以认为是对社区平台的热情逐步降低的衰退用户。

（5）流失用户

90天前有登录过社区，但最近90天内从未登录过社区的用户，可以视其为从此就很难再回到社区的流失用户。

(6) 召回用户

之前 90 天从来没有登录过社区但最近 30 天内登录过社区，且属于被社区平台用私信、推送等方式召回的用户，被认为是社区召回用户。

我们将消费者分为以上六类，便可以针对不同类型的用户制定精细化的促活与激励策略，提高留存数据指标。

2. 消费者促活

提高消费者留存的方法通常分为"促活"和"激励"两类，促活更多针对用户生命周期的前期与后期，例如新用户（对平台不熟悉）或者衰退/流失用户（对平台兴趣程度减弱），平台花费成本相比激励较低；激励基本上要针对用户的整个生命周期，因为每个阶段的用户被激励，都会提高其活跃度和留存率，激励通常需要平台付出的一定利益来刺激用户。

通过上面叙述我们明白了需要促活的用户为以下三个类别：新用户、衰退用户、流失用户，那么社区运营常用的促活方法是怎样的呢？

(1) 根据用户群体设置监控规则

平台运营很难通过人力去监控每一个用户的状态，所以可以通过自动化的手段去进行用户跟踪，例如针对新用户、衰退用户、流失用户进行监控，这就需要运营人员根据社区现状去确定衰退用户互动行为降低比例的具体数值，或者重新调整流失用户未登录社区的持续时间，这样平台才能将用户跟踪规则落地。

(2) 触发规则后运营圈定用户

设置好监控规则后，用户一旦达到设置好的触发条件，运营便可将这些用户圈进特定类别的用户池，例如某用户多长时间没有发表过动态或评论，某用户点赞社区视频的频率已经降低到某个数值，或者某用户已经连续多少天没有登录过社区了。

(3) 针对特定类别的用户池进行促活

促活方式有官方私信、App 推送、电子邮件、手机短信、电话沟通、线下约谈等，注意这些促活方式的成本逐渐升高，且效率和规模化程度是逐渐降低的。运营通常会先使用官方私信、App 推送、电子邮件的方式触达用户，这种方式触达的用户范围广、成本低，辅以促使用户回到社区的文案，例如"您关注的用户最近发表了精彩内容，正在等候你的评价""最近一位在社区内人气很高的用户访问了你的主页，快去看看吧"，而在以上方法效果不佳时，运营才会有针对性地采用手机短信、电话沟通、线下约谈的方式去触达用户，这些方式效率较低且成本高，但是可以帮助运营深度了解用户流失的原因。

3. 消费者激励

相比于消费者促活主要是针对用户生命周期的前期与后期，消费者激励则是面对用户的全生命周期，其目标都是促进消费者的活跃度，进而影响消费者的留存率。消费者激励没有固定的套路，这里总结一些消费者激励需要注意的地方。

（1）特殊权益激励

对于社区平台的新用户或召回用户来说，平台适当进行特殊权益激励，对于新用户是为了鼓励其更快地融入社区，例如社区对新用户提供 VIP 会员充值打折；对于召回用户是为了让其重新体会到平台的优势，增加其对平台的忠诚度，例如对召回用户赠送平台观影券等。需要注意的是，无论是新用户还是召回用户，权益激励只能用一次，为了避免用户只"薅羊毛"，这并不是一个可以反复利用的运营手段。

（2）精神激励与物质激励并举

精神激励是指可以满足用户炫耀心理的特权，如勋章、级别等，物质激励是指一些社区周边礼物或者实惠权益，这里并不是说物质激励的价值一定大于精神激励，对于用户来说获得尊重的精神激励往往更加具有吸引力。

（3）激励需要体系化

需要给用户设置一个"升级打怪"的成长路径，在用户完成一项符合平台期望的目标后，给予他及时的正向反馈，让用户感受到自己的成长，并为了达成更高的目标而更加积极地参与。

（4）平台需要控制激励成本

用户激励的方式需要有度，通常平台让利越大，用户激励的效果越好，但是平台也是需要考虑成本的，激励方式应该因地制宜，且需要把握好分寸。

总而言之，消费者激励体系是一个需要运营根据社区的特性，进行精细化设计的，优秀的激励体系对消费者留存往往会起到至关重要的作用。

6.2 内容创作者的运营

创作者运营主要分为两个步骤：首先是将消费者转化为创作者，用户运营人员需要搭建监控指标体系，并用一套方法论批量进行转化；其次需要关注创作者的成长，将创作者群体细分为不同层级，并有针对性地进行扶持与指导。

6.2.1 内容消费者转化成创作者

创作者转化环节是引导消费者/粉丝开始创作视频，开始为社区的 UGC 内容做出贡献的关键一步，其在用户成长路径中所处的位置如图 6-4 所示。

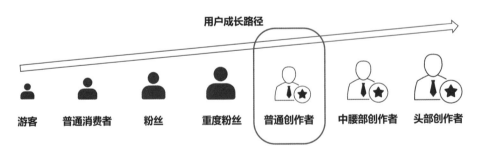

图 6-4　创作者转化

1. 监控指标

用户运营需要用一套数据指标监控手段来监控消费者，挖掘具备潜力的普通消费者，指标监控通常分为两类。

(1)对消费者个人维度的数据指标监控

某个消费者的某些数据达到一定数值后,用户运营开始关注该消费者,认为其具有成长潜力,并开始施行一套激励手段。当然我们需要首先排除那些投稿频率非常低的用户(几个月才投稿一篇,且视频很少有互动数据),或者只是纯粹从其他平台搬运视频的"机器人"账号。在通过系统识别排除了以上账号后,如果某个用户能够以稳定的节奏进行投稿(例如平均每周都会投稿视频),并且其稿件能够获得一定量的互动,用户也开始有了少部分粉丝,且用户创作的内容品类恰好符合社区调性,一旦系统识别出符合以上条件的用户,那么运营就会将其圈入潜力创作者池子。

(2)对潜力创作者整体层面上的数据指标监控

例如社区新增稿件量、新增播放量、新增投稿 UP 主、各个分区新增稿件量等指标,对大盘数据指标的监控,是为了给用户运营提供一个判断潜力创作者的弹性尺度。如果大盘数据表现良好,那么对于潜力创作者池子的入选标准就可以相对抬高一些;如果大盘数据表现一般,说明社区最近这段时间创作新人数量较少,需要适当放宽尺度,去激励更多有创作意愿但目前实力较弱的创作者发布作品。

2. 转化方法论

将消费者、粉丝转化为社区创作者,最核心的问题并不只是简单地看转化率指标,真正重要的是找准那些符合社区调性,能够持续为社区氛围注入活力的潜力创作者,在这个层面上,"准"比"多"更有意义,那么用户运营有没有一套成熟的方法论来验证潜力创作者是否足够精准呢?

随着短视频社区的发展,用户运营也总结出一条"资源补贴—算法验证—优胜劣汰"的社区方法论,该方法论不断地、循环往复地运行,过滤和筛选出优质创作者。让我们看看这条方法论具体是如何运行的。

(1)资源补贴

对于潜力创作者,运营会鼓励创作者多发布视频内容,给予创作选题方向的指导,进行一对一地人工沟通以解决创作者遇到的困难,进行流量扶持与倾斜，甚至用金钱补贴创作者，例如创作者发布的视频达到多少播放量就可以领取相应奖励等，这一系列运营手段的根本目的是让创作者的内容被更多的社区用户接触到。

（2）算法验证

如果创作者的内容是符合社区文化的，那么自然就会获得用户的认可，视频会得到点赞、收藏、评论、转发等，视频内容在算法推荐系统上就会获得一定的权重，也就会获得更多的曝光量；如果视频内容并没有非常契合社区氛围，那么自然就不会获得用户青睐，视频数据较低，相应的分发量也就较低。总之，在创作者生产出相应视频后，运营将不会做任何干预，而是将评判权完全交给推荐算法。

（3）优胜劣汰

创作者的内容如果在社区平台很难得到认可，那么其相应的创作热情也会逐步下降，而得到认可的创作者会在社区创作上投入更大的热情与精力，从系统的角度来看，这就完成了一个自然优胜劣汰的过程。

6.2.2 帮助内容创作者持续成长

创作者成长环节是用户成长路径的最丰端，如图6-5所示。这一环节首先需要将创作者进行分级，要弄清楚不同级别创作者的需求是什么，目标是什么，然后基于此前提，需要运营对不同等级的创作者进行相应扶持，并明确扶持的效果和作用。

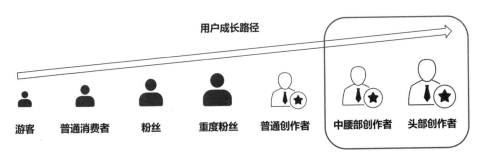

图6-5 创作者成长

1. 创作者分层

对于已经从普通创作者升级了的中腰部或头部创作者来说,用户运营通常将其分为以下四种层级。

(1) level1 级别创作者

处于该层级的创作者,已具备稳定的投稿习惯,但尚未产出爆款稿件,或者只是偶然有某些稿件因为踩中热点而具有高播放量,但是创作者并没有掌握这类规律,并不能稳定地持续创作出高播放量稿件。总之,这类创作者通常已经熟悉了各类基本的创作功能,大致了解社区用户的爱好。

(2) level2 级别创作者

处于该层级的创作者不仅能够稳定投稿,且能够有意识地创作出高播放量稿件,说明该类创作者已经很熟悉平台用户的喜好,能够把握热点,掌握了创造高播放量稿件的规律,只是偶尔差点运气而很少能创造出爆款内容。这个层级的创作者是优质创作者的蓄水池,只需要平台社区运营稍加点拨,便能够快速成长。

(3) level3 级别创作者

处于该层级的创作者能够稳定地生产爆款,只是内容产能跟不上,常常需要一到两个月才能生产出一个爆款内容,且这类创作者虽然对于生产高播放量的内容游刃有余,但是他们非常珍惜自己的品牌,要求自己的每条视频内容都是精品,所以产能较少,该类创作者需要社区运营持续关注与沟通。

(4) level4 级别创作者

处于该层级的创作者不仅有高效的爆款产能,且其不可替代性较强,常常是社区某个品类的领头羊角色,该类创作者甚至具备一定的圈外影响力,对外已经开始代表社区的品牌形象,是社区运营重点关注的对象,某种程度上这个层级的创作者已经与社区平台绑为一体并共进退。

分析:如何看待头部创作者和平台的关系平衡

2. 运营扶持

在将中腰部以上的创作者分成 level1~level4 这四个层级以后,对各个层级的创作者运营扶持手段分别描述如下。

（1）针对 level1 创作者

运营将帮助创作者熟悉大部分基础的创作功能，并为该类创作者创建微信群或 QQ 群，一般每个群里都是一个官方运营面对大量创作者，运营会在群里定期传播选题、热点方面的通发稿件，以引导创作者进行创作。

（2）针对 level2 创作者

运营必须与这类创作者全部建立联系，并且为该类创作者做社区认证和增加官方认证的背书；选题、热点方面的宣传会私信定向发给这类创作者；同时在流量扶持上会给予该层级创作者适当的倾斜，特别是新发稿件的冷启动阶段，会在信息流主动推荐稿件，扩大分发范围。

（3）针对 level3 创作者

运营需要更加深度地参与创作者的内容创作，帮助创作者思考选题，帮助创作者维持社区和谐，进行舆情信息监控与提醒。与此同时，这个阶段运营还需要帮助创作者实现物质收益，推出大量变现产品手段，激励创作者投入更多时间、精力在创作上。

（4）针对 level4 创作者

运营需要尽可能帮助创作者多挣到钱，个性化地服务好创作者，维护好创作者的粉丝关系，除了开放打赏、开放品牌商单合作等基础操作外，还可以帮助优质内容创作者打造个人 IP，出版在线课程、实体书籍等，提供多样化的变现方式。

第 7 章 | CHAPTER

短视频社区的活动运营

活动运营的工作主要是举办各式各样的运营活动。活动往往能够起到促进社区活跃，引导社区创作风向的作用。如何让社区举办的活动被更多用户看见并参与呢？这就需要平台投入资源来给予活动最大的流量支持，同时平台要注意资源的使用效率。平台资源除了一部分被拿出来做广告售卖之外，其余主要是拿来支持运营活动的，用户侧资源的使用权在许多平台放在活动运营手上，所以在本章将活动运营与资源运营都合并进活动运营里来讲。

7.1 四类常见的运营活动

社区的运营活动主要包含打卡类的常规留存活动、IP（Intellectual Property，知识产权）类的定制活动、征稿类的 UGC 内容活动，以及节点类的重磅节日活动。虽然各个活动的类型不同，但这些活动服务的根本目的都是促进社区活跃，提高用户留存率。

7.1.1 常规提高留存的活动

留存活动是形式最常规、举办最频繁且对每个社区平台都至关重要的一项运营活动。最常见的留存活动就是打卡、签到，其目的是通过活动权益鼓励用户每天进行重复操作，当这些行为累积到一定数量后，用户可兑现对应的权益，如图 7-1 所示是 B 站面向用户的连续签到多日打卡挑战。

图 7-1　打卡类的常规留存活动

B 站推出的打卡挑战口号是"百万奖金池，额外全勤奖"。它将奖励分成两部分，首先是基础打卡部分，用户只需要在规定时间内满足一定数量的签到次数，或者完成 3 次以上的投稿行为，就能够参与瓜分 25 万元红包的奖励，或者至少能获得 B 站官方推出的限时头像挂件；其次是进阶奖励，其目的是奖励优质稿件内容，例如稿件获得了一定数量的点赞、转发、收藏等，平台就会让这类稿件的创作者再瓜分 2 万元红包的奖励，或者对规定时间内每天都坚持打卡的用户进行额外的全勤奖发放。

留存活动的页面上，还会显示用户的本周打卡次数、累积的积分值等信息，以及再继续坚持打卡就能解锁的具体奖励,在相当明显的位置强提醒用户维持每日打卡动作。

常规留存活动是维持短视频社区日活数据的一种重要手段,也是为了培养用户习惯、增强用户黏性,平台付出很少的成本就可以维护一定数量的每日活跃用户基本盘,所以常规留存活动是每个社区平台都不可或缺的一类运营活动。

7.1.2 IP 定制化的活动

IP 定制化的活动是平台配合用户认知度高的火爆 IP 而推出的具有时效性的热点活动,其活动目的通常是配合 IP 的宣发(例如 IP 新电影宣传、新游戏首发或者类似于迪士尼、环球影城等线下游乐园的经营宣传),并进行平台社区内部的活动征稿,激发用户对于 IP 的创作热情。通过活动页面浏览量和讨论量、活动稿件的播放量和互动量、社区用户的参与量等数据指标,来证明 IP 此次宣发在社区内部的热度与效果。如图 7-2 所示是《漫威超级英雄》新款手游发布在社区内进行的一次 IP 定制活动。

图 7-2　IP 类的定制活动

社区平台为此次 IP 定制活动设置了专属话题标签"漫威超级英雄出征"，漫威 IP 此次在平台举办定制活动的目的有三个：

（1）视频征集

用户在投稿时选择活动专属话题标签，该视频便可以参加活动以瓜分奖金。

（2）主播征集

漫威 IP 希望在社区内招募优质主播，边玩手游边直播，为用户提供更直观、更生动的体验，同时吸引尚未下载游戏的用户去试玩游戏。

（3）手游 App 的下载

在社区站内营销的手游，除了常规广告投放和联运模式外，还希望通过站内活动的方式吸引到增量用户。

通常这类 IP 定制活动的奖励都比较丰厚，例如漫威 IP 活动设置了视频赛道、直播赛道、两者兼具的双修赛道，不同赛道均配备了相应的奖励，同时还创建了主播官方群，目的是挖掘潜力主播并建立联系，为后续的大额商单合作建立前期的沟通准备。

7.1.3 UGC 创作内容的活动

UGC 创作内容的活动最主要的目的是就某一主题征集用户稿件和直播活动，也是社区平台经常举办的活动类型，频率仅次于常规留存活动。区别于常规留存活动是为了提高社区日活数据，UGC 内容活动的目标是提高社区的稿件量/直播量，并且平台对 UGC 内容活动中的优秀稿件通常会投入较大的奖励金额，如图 7-3 所示，社区平台就盛夏美食这个主题发起站内稿件、直播征集活动。

为了引导用户进行高质量的内容创作，该类活动通常会让社区的一些顶级内容创作者先制作一些示范视频，一方面获取这些创作者的顶流内容作为活动流量的基本保障，另一方面为大量中腰部创作者提供创作方向。

UGC 征稿活动通常具有以下几个特点：

图 7-3 征稿类的 UGC 内容活动

（1）UGC 征稿活动必须明确设置主题类型

例如盛夏美食的主题是"盛夏美味大爆发，齐入美食新纪元"，这就圈定了投稿美食的范围是夏季食品，很容易让用户想到烤串加啤酒、小龙虾、冰激凌等美食，而不是羊肉火锅等冬季美食。

（2）UGC 征稿活动对能够参与活动的稿件门槛要求较高

例如盛夏美食活动，除了在投稿时需要带上"盛夏美食家"标签外，还要求稿件时长大于 30 秒，并且任一稿件的播放量必须大于 1000，这样才有可能瓜分到活动奖励。

（3）UGC 征稿活动对优质稿件的奖励较高

社区平台运营做活动时常常有爆款视频的考核要求，并且除了常规的现金激励以外，平台还会设置额外奖励，例如盛夏美食活动会设置盛夏美食家奖与新人美食家奖，以分别激励优质创作者与新人创作者。

7.1.4 重磅节日节点的活动

重磅节日节点的活动是平台为了配合假日节庆而举办的活动，通常分为两类：第一类是国内或者西方的传统节日，例如国内的有春节、端午节、中秋节、国庆节等节日，西方的有复活节、圣诞节等；第二类是社会上的一些热点事件，例如奥运会、世界杯、NBA 总决赛等。这些假日节庆的重磅活动本身就会引发用户巨大的关注，自带巨大的流量，平台能够借助热点事件而不用付出太多成本，就可以在站内获得不错的活动效果。如图 7-4 所示，社区借助 2021 年东京奥运会的热点开展"前进吧！奥运超人！"活动。

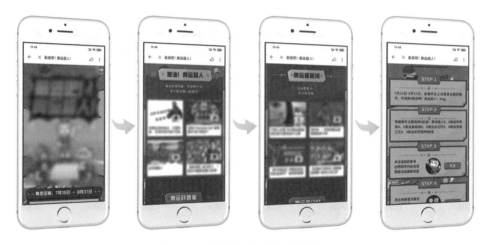

图 7-4　节点类的重磅节日活动

社区举办奥运活动的目的有两个：

一是激发用户的创作热情，征集多样化的奥运创作稿件，例如为奥运健儿的助威视频，讲解奥运会历史或者各类体育运动知识的科普类视频，或者是专门针对某场奥运比赛讲述自己观感的体验类视频。

二是为相关账号引流，积累粉丝，在活动页面强调用户关注相关账号后可获得的权益，例如奥运活动页面推荐了一个官方号"教数学的体育君"和一个媒体号"央视新闻"，建议用户关注，强调用户关注这两个账号后即可以获取奥运会的最新动态报道。

平台举办重磅节日活动的频率往往不高，并且活动的持续时间往往紧密贴合节点时间；平台投入的成本也相对适中，平台举办节日活动更多的是期望营造节日氛围，而并没有对征稿数量和质量的硬性要求。

7.2 不可或缺的资源运营

资源运营的工作主要包含资源投放，以及监控资源投放的效率。通常在各个短视频社区平台，资源运营都是非常重要的角色，流量资源代表了平台社区重要的资产，哪些资源给哪些活动进行投放，投放多久，如何考核投放效率，都是需要资源运营去考核与判断的事情。

7.2.1 资源投放介绍

流量资源是社区平台拥有的巨大财富，因为这代表了用户的注意力，而注意力是这个时代最稀缺的资源，所以平台的这些流量资源可以拿一部分出来做广告变现，直接变现成为社区的现金流，但为了照顾用户体验，社区平台的变现往往比较慎重，广告加载率通常都维持在较低的水平。这些流量资源除了做广告变现以外，剩下的资源则可以拿来做活动运营的支持，我们可以看下社区运营通常拿到的资源列表都包含哪些信息。

（1）资源模块

资源属于社区 App 的重要模块，大致有焦点图、搜索（默认词、热搜词）、推荐位（首页推荐、相关推荐）、App 推送、官方私信、社区榜单等。通常焦点图、搜索、推荐位这三个模块的资源占比较大。

（2）资源位置

资源模块通常包含多个资源位置，对于焦点图来说，可能一段时间内有 4 张轮播图，如果资源用的是其中第 2 张，那么该资源位置就叫作"首页焦点图 _ 轮播 _2"；对于推荐位来说，一次刷新出 10 张新卡片，如果资源利用的是第 5 张卡片，那么该资源位置叫作"首页推荐 _N 刷 _5"，依此类推，资源运营通过规范资源名称来定义清楚资源的具体位置。

（3）资源类型

资源类型的划分比较简单，通常分为图片、动图、视频三种，有时候需要定义清楚是竖屏还是横屏。

（4）资源格式

资源格式对应资源类型，例如图片支持 jpg/png、动图支持 gif、视频支持 mp4/avi/mov 等类型。

（5）资源规范

资源规范则规定各个资源位的图片大小、宽高比、分辨率，以及标题字数、字体格式等。

7.2.2 资源运营效率的监控

我们需要认识到，无论一个短视频社区平台的用户量有多少，用户时长有多长，其资源仍然是有限的。首先社区所处赛道的整个应用市场的用户量是有上限的，其次平台每天能够获取多少流量也是有固定数值的，所以平台运营需要留意资源的使用效率，制定监控指标，并根据数据动态地进行资源的调整。

那么资源运营需要监控哪些指标呢？我们按照上面资源模块的划分种类来看看各个资源模块对应的监控指标。

（1）焦点图

运营主要关注焦点图的总体曝光量、点击率、落地页打开率、活动参与率，同时运营还会细分不同位置的焦点图效率，例如 PC、移动，甚至还要比较首页焦点图和垂类分区焦点图效率的高低。

（2）搜索词

运营主要关注搜索默认词的曝光量、点击率、页面打开率，热搜词的曝光量、点击率、页面打开率，一旦发现搜索默认词或者热搜词的效果不理想，资源运营可以立刻在运营后台替换掉默认词或热搜词。

（3）推荐位

运营主要关注推荐位的曝光量、点击量，对于按照信息流来呈现内容的短视频社区来说，推荐位的曝光量是巨大的，所以资源运营对推荐位的数据要求也比较严苛。

（4）App 推送

运营主要关注 App 推送的触达率、打开率，以及需要重点关注负反馈率，App 推送是比较打扰用户的一个行为，如果负反馈率较高，资源运营就需要慎重使用该资源。

精讲：
App推送效率的优化方案

（5）官方私信

运营需要关注官方私信的打开率、链接跳转率等指标，如果私信的打开率较低，资源运营则需要优化私信推送的时间。

（6）社区榜单

运营需要关注社区榜单的曝光量指标，榜单通常是内容的自然排名，运营能够支配的资源位比较少，且榜单通常会吸引较多的用户关注，负反馈率较高，该位置需要慎重使用。

| 第 8 章 | CHAPTER

短视频社区的平台运营

前面讲解了内容运营、用户运营、活动运营三类垂直方向的运营工作,还有一类面向短视频社区整体的规则管理与调性维护的运营,通常称为平台运营。平台运营的主要工作有两类:第一类是通盘掌控社区调性,平衡社区利益关系,维持社区氛围;第二类是保障社区的底线,制定规则来进行平台治理,通常包含官方治理与社区共治两个方向。

8.1 至关重要的社区文化

社区文化的培养需要在社区发展的前期建立好社区氛围,在社区发展的后期处理好社区平衡。社区氛围需要在开始聚拢起一拨有共同兴趣爱好的人,并逐步形成社区黑话,创造出独有的社区气氛;社区平衡则是随着社区发展和用户泛化,需要处理好新老用户、新老内容之间的关系,平台运营要找到妥善处理这些矛盾的方法。

8.1.1 前期如何建设社区氛围

1. 兴趣圈层

任何社区氛围的培养都是先从一小部分人的共同兴趣开始的,哪怕最开始仅仅只是一个简单的微信群,只要维护好这个兴趣圈层,也能够逐渐发展成良好的社区氛围。社区氛围有点像人与人之间相处的气场,虽然看不见摸不着,但是却真实存在着,社区氛围秉承了社区所代表的价值观,最终只有真正契合社区氛围的人,才能够留在社区,成为这个社区的忠实用户。

那么社区应该如何维持良好的兴趣圈层呢?通常的做法有以下几个思路。

(1)初期挖掘种子用户,培养兴趣 KOL

保证高质量的内容与纯粹的社区调性,平台运营需要深刻地认识到大部分社区用户更习惯的角色是消费者,而不是内容的创作者,真正能够对社区做出贡献的创作者是少数,而初期的种子用户应该尽可能都是创作者,这样才能让社区在初期就活跃起来。

(2)在社区的成长期需要严控内容互动质量

让创作者觉得这里的消费者很独特,很懂自己,这一步要做到润物细无声,强调有价值的社区互动。

(3)尽力拓展某一垂直品类下的内容

成为市面上该品类内容最丰富的社区,对周围社区形成虹吸效应,树立专业的品牌形象,例如知乎高质量问答的社区形象、B 站专业二次元的社区形象。

(4)维持兴趣圈层不应该过于追求增速

需要保持耐心,更多的是通过引导,让时间来巩固用户的兴趣圈层。

2. 社区黑话

社区黑话,或者叫作社区的"梗",是一个社区发展过程中独有的、由社区内部用户共同热爱而创造的内容。社区黑话的诞生通常是一个标志性事件,代表某个短视频社区平台开始形成自己的独特调性。

举例来说，当提到"人在美国，刚下飞机""谢邀"这些词语的时候，我们可能会心一笑，明白这些是来自知乎的梗；当我们提到"真香""高能预警""奥利给""爷青回"的时候，我们也都知道这些黑话来自 B 站；当我们互相称呼"家人们""JRs"，我们都知道这是虎扑社区里虎友之间的称谓；而抖音社区也诞生了"什么是快乐星球""就是玩儿"这些耳熟能详的黑话。这些黑话或者梗，是知乎、B 站、虎扑、抖音用户的专属话语，这些来自不同社区的专属话语对我们日常的话语习惯造成了一定的影响，甚至突破了原有的圈层，我们在日常聊天的过程中也会经常使用这些社区黑话。

社区氛围通常是"内向的"，它由社区用户所塑造，同时也只在社区内部对用户产生影响；而社区文化通常是"外向的"，用户习惯使用不同的社区文化来区分不同的社区，而社区黑话可以理解成是帮助社区从内向外打开的钥匙，社区文化通过黑话向外传播，代表着社区文化的传播，可以打破不同圈层之间的间隔，并对圈外用户产生影响。

8.1.2 后期如何处理社区平衡

1. 新老矛盾

随着社区氛围的培养、社区文化的形成，短视频社区已经在自己的优势领域站稳了脚跟，随之而来的需求就是"破圈"，去吸引更多人进来。在互联网行业保持"小而美"只是一个单纯美好的愿望，资本市场的要求、同行的竞争，都在逼着短视频社区不断增长，这时候就会有更多新用户涌入社区，就容易造成社区老用户与新用户彼此之间的矛盾；与此同时，社区因为要吸引新用户进来，就需要去探索和扶持新品类的内容，这就容易造成社区新内容和老内容之间的矛盾。这也是我们觉得很多社区最开始的时候氛围特别好，当社区追求扩大规模后，就会有变"水"的感觉。

新用户与老用户、新内容与老内容之间发生矛盾，几乎是每个从小众垂直内容品类开始起家的平台不可避免会出现的现象，知乎遇到过，豆瓣遇到过，B 站也遇到过。平台需要尽力避免的不是拒绝成长、拒绝发展用户、拒绝扩大规模，而是在这一过程中要防止"劣币驱逐良币"的现象发生，低价值用户的涌入一定会造成高价值用户的反感，所以通过激励政策留住高价值用户，或者通过产品能力给高价值用户塑造一个不被打扰、更有安全感的环境，是平台应该去尝试的方向。

2. 平衡方法

社区的发展会不断催生出新的社交关系、新的话题以及新的内容展现形式，随之出现的新老矛盾是平台运营需要重视并解决的问题。总结多家社区平台运营的经验，比较好的平衡方法有以下两类。

（1）需要算法能力在内容分发方面隔离不同类型的用户

不同类型的用户彼此之间没有交集，如何在海量内容中快速识别用户特点，将其感兴趣的内容分发给该用户，将极大地考验算法能力。

（2）社区内容的"破圈"节奏需要比较稳健

尽可能引入和社区原本的优势品类相关度较高的内容，例如二次元社区引入内容可以是综艺和影视，而不是立刻引入一些老铁文化的内容，这样前后内容反差太大，用户短时间内确实很难接受。

与此同时，平台运营也总结出了一些错误的平衡方法，我们在这里举下面两个例子。

第一类，新老用户矛盾的时候，对老用户采取积分激励或者现金激励以留住老用户，但是按照过往的经验这个措施总是不及预期，大概是因为这两种激励总是有限度，为了这些激励而留下的老用户反而变成了羊毛党，一旦哪天停止这些激励，老用户会头也不回地离开社区。

第二类，不去挽留老用户，而是引入外部的头部内容创作者，填补社区内老用户离开后留下的空白。但这种情况发生往往是因为平台运营低估了老用户的价值，且不论外部的创作者会不会在新平台水土不服，这些老用户积累的大量粉丝也会因为老用户的离开而选择放弃社区平台。

社区平衡确实是一件很考验平台运营能力的工作，抓住内容本质，温和地进行调控，才是解决问题的最根本方法。

8.2 平台治理：社区运营的法官

平台如果存在违规现象，平台运营一定要下手去进行治理，平台的官方治理一定是占据较大比重的，但是平台官方的力量毕竟有限，所以有时候也需要社区的用户共同参与治理，形成社区共治的方案。

8.2.1 官方治理的思路与规则

1. 用户分类

官方治理的运营思路和前面介绍的很多内容比较相似，采取的也是分层治理的方法。我们将用户按照"用户运营"章的思路分为游客、普通消费者、粉丝、重度粉丝、普通创作者、中腰部创作者、头部创作者七类，并将各自的数量占比与社区影响力在象限图中进行标记，其分布如图8-1所示。

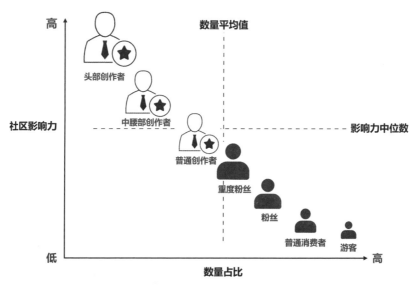

图 8-1　用户的数量占比和社区影响力

从图8-1可以看出，游客、普通消费者虽然在社区内的数量占比较高，但是其社区影响力较小，对社区的负面意见较难动摇社区文化的根基；而中腰部创作者和头部创作者，虽然社区影响力巨大，但这类创作者毕竟数量较少，且对社区已经非常熟悉，甚至和社区利益已经牢固绑定在一起，他们触犯社区规则的概率是比较低的。

显而易见，粉丝、重度粉丝、普通创作者这三类人群恰好处于"社区数量占比平均值"与"社区影响力中位数"都比较高的位置（社区影响力取中位数是因为社区头部创作者马太效应太严重，影响力平均数会超过大部分普通用户），这部分用户才是平台运营需要重点关注的一群人，这个群体的特点是具有一定社区影响力且数量较多，对社区的违规行为容易造成集聚效应，容易带动低等级用户散播负面舆情，所以保持这个群体的满意度和社区黏性，有利于短视频社区的稳定与繁荣。

2. 社区准则

前面官方对用户进行了分类，圈出了需要重点监控的那一部分用户画像，属于"治理哪些人"的范畴；而社区准则是规范哪些行为触发了社区底线，容易造成社区风险，属于"治理哪些事"的范畴。

在常用的短视频社区准则里，社区坚决禁止且惩罚措施比较严格的问题包含以下几项：

1）道德问题。创作者职业道德问题、个人私德问题将是社区严禁的问题，一旦触犯通常会采用封禁账号的处罚措施。

2）舆情问题。坚决禁止站内舆情事件，例如教人如何人肉他人、侮辱他人、触犯国家法律法规等。

3）举报体系。开放合理的社区举报体系，对于违反社区价值观的内容一经举报查实后将采取账号封禁等整改措施。

而社区的惩罚措施相对而言是有商量余地的，通常包含以下几项：

1）社区活动。社区活动的管理，例如热搜管理、综艺事件、开屏管理等，引发社区用户反感的活动会酌情下架。

2）互动礼仪。提醒用户注意互动礼仪，对于不同等级用户的互动权限管理较严格，避免低等级用户因对社区的认知较低而产生不良的互动影响，尤其需要对评论和弹幕权限进行控制，违反规则的用户需要及时收回这两种权限。

3）审核机制。评论、弹幕要有审核机制，建立社区违规特征库，并通过持续迭代优化相关算法，帮助平台运营降低社区风险的发生。

综上所述，通过社区准则的制定与建立，有针对性地监控重点人群，最终通常都能收到良好的效果。

8.2.2 社区共治的意义

短视频社区发展的早期往往是采用官方治理的方式来维护社区秩序，因为这一阶段用户数量有限，违规事件也比较少，依靠官方运营人员配合算法进行识别与审核已经足够了。但随着社区规模的扩大，违规事件越来越多，平台碍于社区的资源有限，已经不能只靠官方治理了，这时候一种常见的社区治理方式就是引入社区共治，也就是说让一部分用户也参与进社区的治理中来，例如B站的"小黑屋"管理制度、知乎的"众裁议事厅"、淘宝的"第三方评判"等，都是发动了群众的力量参与治理。

案例：B站小黑屋、知乎众裁议事厅为代表的社区自治

社区共治的流程通常如下：

1）用户举报某一视频内容，平台会根据该用户的社区信用等级、历史举报次数、历史举报成功率等指标，酌情考虑该用户举报事件的通过率。

2）系统将该举报内容发布到社区共治平台，让用户代表就该视频被用户举报的原因进行评判，并进行投票，如果确实违规就进行处罚，否则就直接撤销举报。

对于参与社区共治的热心用户，社区平台一方面会将评判机制设计得比较有趣，增强用户的参与感，减少用户对该机制的疲惫感和抗拒；另一方面社区也会针对这些热心用户设计一套激励体系，鼓励他们积极参与社区共治。

运营篇总结

本篇介绍了内容运营、用户运营、活动运营、平台运营四个方面。可以说社区运营本质上是一个复杂且有趣的话题，其本身虽然有一定的方法论可遵循，但各家社区文化往往截然不同，某个社区的运营方法往往是独特的，只适合这个社区的。社区运营必须首先是这个社区的重度用户，真正懂社区、懂内容，才能做好这份工作。

短视频社区的运营同时又要面对消费者和创作者，要重视头部内容又要扶持尾部内容，要举办常规活动也不能落下节点活动，在资源有限的情况下需要学会做取舍，这也非常考验社区运营的能力和决心。

最后，社区其实是一座城市，产品经理搭建好了这座城市的基础设施，运营则需要给这座城市注入其独特的文化。

商业化篇

商业化是短视频社区能够持续发展的核心动力，一个商业化不够完善的社区平台，不会有足够的资源去做质量更好的内容。短视频社区商业化有四类商业模式：广告变现、直播变现、电商变现、增值服务，如图 1 所示，各种商业模式在面向 B 端品牌方和 C 端用户时分别有各自的变现路径，现介绍如下。

- 广告变现：面向 B 端品牌方可以做品牌营销、效果营销与内容营销，面向 C 端用户可以帮助创作者实现内容加热推广；
- 直播变现：面向 B 端品牌方可以做直播间推广、直播间定制等，面向 C 端用户可以开放直播打赏；
- 电商变现：面向 B 端品牌方可以做电商营销，同时收取电商佣金与商家的技术支持服务费，面向 C 端用户可以售卖部分自营商品赚取利润；
- 增值服务：面向 B 端品牌方可以提供 VIP 专属运营，面向 C 端用户可以打造付费会员体系，或者针对部分优质内容采取内容付费方式。

以上四类商业模式使得 B 端品牌方能够在短视频社区开展多样化的营销活动，使得 C 端用户在短视频社区上的服务体验更加完整。多元化的商业变现模式也促使短视频社区的商业价值空间越来越大。

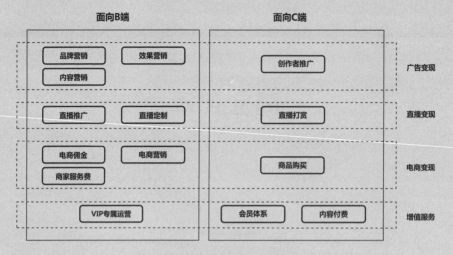

图 1　短视频社区变现四大模式

在短视频社区的商业变现体系里,除了品牌方、社区平台、用户者这三个角色外,还有大量的其他角色参与其中,如图 2 所示。短视频社区本质上是一个内容平台,所以会有能够规模化、标准化制作内容的 MCN（Multi-Channel Network,网红经济运作模式）/内容供应商存在;广告、直播、电商都是非常复杂的系统化工程,所以也就有各个业务对应的第三方服务商存在。这些新角色紧紧围绕着短视频社区平台,深度参与平台商业化的整个过程。

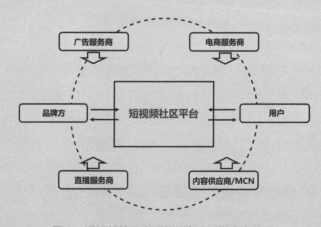

图 2　短视频社区变现的服务商/供应商体系

在了解了短视频社区的四种商业变现模式后,我们再来看看广告变现、直播变现、电商变现以及增值服务各自的收入占比,如图 3 所示。

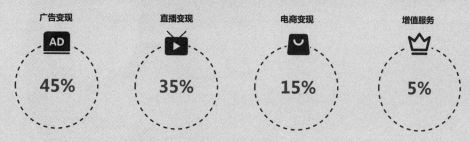

图 3　短视频社区四种变现模式的收入占比

- 广告变现的占比最大,达到 45%,说明广告变现还是互联网平台最传统、最稳定的商业化模式,广告变现主要分为信息流广告、App 开屏广告、创意互动广告等多种类型,我们将在第 9 章详细讲述广告变现;
- 直播变现的占比也不小,达到 35%,直播变现主要是平台提供娱乐直播内容,观看者基于主播表现进行打赏的收入,少部分来自直播间引流,我们将在第 10 章详细讲述直播变现;
- 电商变现的占比为 15%,短视频平台主要通过短视频内容或者线上直播的方式刺激消费者购物续期,并与电商平台进行佣金分成,部分流量大的社区平台会选择自建电商,我们将在第 11 章详细讲述电商变现;
- 增值服务的占比为 5%,这部分主要是面向 C 端收费所以占比不高,但随着短视频社区逐步提高其内容质量,以及用户付费意识的逐渐增强,未来增值服务的收入占比有望提升,我们将在第 12 章详细讲述增值服务。

需要注意的是,除了以上四种商业模式之外,短视频社区还会从社区内部去孵化新品牌,这些品牌不仅能够和社区合作更加紧密,而且也能够与社区品牌双剑合璧,起到"1+1>2"的联动效应,我们将在第 13 章探讨社区孵化新品牌的思路。

第 9 章 CHAPTER

短视频社区的广告变现

广告变现作为目前短视频社区最重要的变现手段，整体网络广告的市场规模还在不断增长中，图 9-1 为 2017~2022 年中国网络广告的市场规模，可以看出基本上每年都以 25% 的速度在增长，想象空间巨大。这里的数据源自企业公开财报、行业访谈、艾瑞统计预测模型的估值。

与此同时，短视频社区的用户量与用户时长也在一直增长，图 9-2 为 2019~2020 年中国泛娱乐行业的用户渗透率，可以明显地看出短视频的用户渗透率 2020 年相比 2019 年上涨了 3%，而在线视频、在线音乐、在线阅读反而都是下降的。

通过以上两张图可以明白，网络广告市场规模在增长，短视频社区的用户渗透率也在增长，这意味着短视频社区势必会吃掉市场上的更多广告预算，广告变现的这块蛋糕将越来越大。

接下来我们将首先介绍短视频社区的广告特点，然后分别介绍品牌广告营销与效果广告营销两部分，最后讲解常见的不同行业的广告解决方案，在这里需要提前做几点说明：

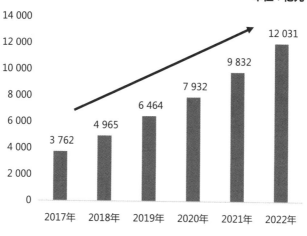

图9-1　2017～2022年中国网络广告市场规模

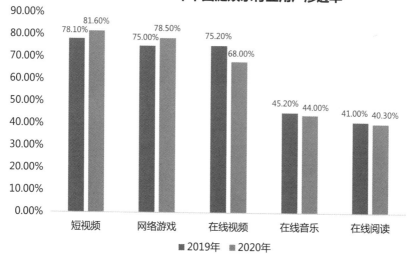

图9-2　2019～2020年中国泛娱乐行业用户渗透率

- 为什么不单独讲内容广告营销,而是将内容营销放进了品牌营销里?内容营销的理想状态是商业内容和用户内容能够完美结合,但是因为内容创意产出不够稳定、成本太高，内容营销还有比较长的一段路要走；

- 为什么没有单独讲广告变现面向 C 端的创作者推广部分？首先是因为创作者推广在整体大盘收入中的占比较少，其次是因为很多 C 端创作者都签约了 MCN 机构，其视频加热的预算都由 MCN 机构统一购买，这对于广告平台来说就是从面向 C 端又回到了面向 B 端；
- 怎么看待近些年广告营销领域流行的"品效合一"概念？忽略将品效合一吹得天花乱坠的自媒体，我们从广告客户的预算分布里可以清晰地看到，大部分客户还是将预算分成两拨，一拨品牌预算，通常是必须要花掉的；另一拨效果预算，通常是根据转化率决定花多少。这说明市场上仍然是区别对待品牌广告和效果广告的，"品效合一"暂时只是美好的愿望，"品效协同"可能会在短视频社区实现"种草—拔草"的过程中得到体现。

9.1 短视频广告的三大特点

短视频社区的广告具有流量全面覆盖（公域流量、私域流量、商域流量）、内容深度渗透（创作者和消费者互相影响）、粉丝逐步转化（爱屋及乌逐层转化）三大特点，如图 9-3 所示。

图 9-3 短视频社区广告的三大特点

9.1.1 广告流量的全面覆盖

短视频社区广告覆盖非常彻底和全面，基本实现了公域、私域、商域三大领域流量全覆盖，且这三个领域还能够互相导流，实现广告流量的生态循环。三大领域的广告形式如下。

（1）公域流量

创作者的优质视频内容，可以通过内容标签匹配广告主标签后带上广告磁贴卡，以提高转化率。创作者也可以接受广告主的商单合作邀请，定制商单内容。只要这些内容足够优质，系统不仅不会限流，反而会持续放大流量供给。

（2）私域流量

腰部以上创作者的个人空间页、直播间、商品橱窗、粉丝群等产品能力，都可以帮助广告主达成转化目标。

（3）商域流量

短视频社区的广告素材往往也是视频，社区采取完全原生化分发、沉浸式体验，原生体验更容易引起用户的共鸣，用户将在体验良好、顺其自然的状态下完成转化。

9.1.2 广告内容的深度渗透

短视频社区内容的主要呈现形式包括短视频、直播、动态、置顶评论等，这些多元化内容由创作者呈现给消费者，广告也可借由丰富的内容形式贯穿其中，并且对消费者产生潜移默化的影响。

与此同时，消费者也会反过来影响创作者。创作者会根据其粉丝或者消费者对内容的反馈（点赞、收藏、转发等互动行为）来动态调整自己的创作方向，同时也会考虑广告在内容中出现的频率，调整广告的行业类型和社区影响力等因素。

短视频社区的广告也在创作者和消费者的相互影响中伴随着内容的发展而变化，和每个社区都有自己的优势内容品类一样，每个社区最后也会沉淀出自己的优势广告行业，这些行业的广告转化率高，用户负反馈小，而手握大量预算的该类行业广告主也会将该社区视为必须投放的渠道之一。

9.1.3 品牌粉丝的逐步转化

短视频社区的广告内容对用户的影响是逐级递增的，通常分为喜爱内容、喜爱品牌、喜爱商品、购买商品四个步骤，详细解释如下。

（1）喜爱内容

对于短视频社区而言，用户最初一定是被内容所吸引的，区别于图文媒体只需要制作图片物料，品牌广告主只有让自己的视频内容足够生动，足够贴近社区文化，才能够得到用户的喜爱。

（2）喜爱品牌

这个品牌既可以指优质创作者这样的个人品牌，也可以指官方蓝 V 号的品牌，用户从喜爱内容到喜爱品牌，势必会关注品牌，在这一环节已成了品牌的粉丝。

（3）喜爱商品

在用户对品牌有认知度以后，用户便有意愿去探索与品牌相关的商品（该商品形式非常多元化，可以是 App 下载 / 表单线索收集 / 实体商品 / 虚拟商品等），无论是优质创作者的广告引流，还是品牌蓝 V 号的广告宣传，都比较容易博得用户的喜爱。

（4）购买商品

用户在经历"内容—品牌—商品"逐步加深的认知以后，已经对品牌主非常信任了，哪怕不能够在当下立刻转化，但只要在合适的契机下用户能够想起这个品牌，广告主的营销目的也就达到了。

9.2 短视频社区的品牌广告营销

品牌广告的营销主要分为品牌流量、品牌内容和品牌活动。品牌流量主要介绍品牌广告主要使用的资源位类型，例如开屏、搜索、信息流 GD（Guaranteed Delivery，保曝光量广告）、贴片、焦点图、非标等；品牌内容主要介绍品牌内容广告的生产推广沉淀环节；品牌活动主要介绍短视频社区的品牌广告活动玩法，如挑战赛、明星达人营销、品牌直播间等。

9.2.1 品牌广告 / 流量资源的六种类型

1. 开屏

（1）普通开屏

开屏广告通常占据着最大的曝光量，是品牌广告的首选资源位，平台一般能够以最大的溢价售卖开屏广告。常见的开屏广告有静态开屏、动态开屏、视频开屏、互动开屏四类，如图 9-4 所示，详细介绍如下。

- 静态开屏：分为半屏素材和全屏素材两种，成本低，只需要视觉良好的大图即可；
- 动态开屏：主要是 Gif 动图，相比静态开屏，动图可以支持表达更加丰富的信息；
- 视频开屏：视频开屏支持 15s、30s、1min 的视频素材，售卖价格相对较高；
- 互动开屏：互动开屏支持配置互动素材，且会凸显互动按钮引导点击，点击率高，价格也较高。

开屏广告占据着开屏这个 App 第一入口的位置，具备较强的视觉冲击力，落地页可承接 H5 落地页、站内页面、吊起 App 等类型，这些往往是品牌广告进行品牌宣传的必选。

（2）沉浸式开屏

沉浸式开屏是一种和内容自然结合的开屏广告样式，如图 9-5 所示，用户打开 App 后开屏自动播放内容，吸引用户沉浸式观看，从开屏自然过渡到信息流内容，广告转化组件自动浮现。沉浸式开屏融合了开屏和信息流两类黄金广告资源，实现了前 5s 的开屏强势曝光，后续无缝衔接至信息流首位的能力，可第一时间捕获用户打开 App 的开屏动作。

图 9-4 普通开屏广告

沉浸式开屏支持视频素材,通过"开屏+信息流"这样超长展示时长的方式,完整而连续地让品牌进行完整的故事表达,激发用户的互动意愿,为后续的高转化率奠定基础。

图 9-5 沉浸式开屏广告

沉浸式开屏除了产品形态自带的优点之外，还进行了人群定向和触达频次两方面的优化：

1）**人群定向**

人群定向指的是沉浸式开屏允许广告主选择想定向投放的人群特征，例如美妆品牌定向对一二线城市的 20～35 岁女性投放，以避免无效投放。

2）**触达频次**

触达频次指的是算法可以记忆每个用户被当前沉浸式开屏广告曝光播放的次数，控制超过一定次数曝光量的用户比例，让广告主用同样的预算，实现更大范围的用户覆盖。

2. 搜索

（1）**搜索品牌专区**

搜索品牌专区指的是用户搜索品牌词、产品词的时候，在搜索结果页首位进行"品牌大图+品牌信息"展示的区域，如图 9-6 所示，可以看到几个典型行业如汽车、游戏、数码 3C 行业都购买了与自己品牌相关的搜索词，当用户搜索"奔驰""原神""oppo"时，搜索结果页首位将会展示官网信息、品牌头图、转化按钮、品牌直播间等信息，获取用户搜索的第一触点，挤占竞品在产品首页上的露出空间，建立品牌权威性。

品牌专区的头图可以配置跳转外链，也可以跳转站内；品牌专区不需要设置频控策略，无论是谁来搜索，搜索多少次，只要是搜索了圈定的品牌词，结果页首位均展现相应的品牌专区；为了避免用户认知上的误解，品牌专区的素材上线后持续一段时间（通常为一个月）后才能更换。

搜索品牌专区适合的营销场景包括新品上市、热点活动、优惠促销等，其在营销打法上处于"防御竞品争夺用户"的位置，品牌通过品牌专区做好防御，维护忠实的品牌用户群体。

（2）**搜索彩蛋**

搜索彩蛋最早是一个用户侧的产品，其目的是改善用户的搜索体验，增加用户的搜索乐趣，如图 9-7 左侧的百度搜索"黑洞"所示，搜索结果页面中间会出现一个黑洞，并将当前页面上的图片都吸纳进去，体现黑洞吸收一切的特点。由于搜索彩蛋受到了不少用户的青睐，品牌客户便希望在搜索彩蛋植入品牌信息，以期增加与用户的互动，提高转化效果，图9-7右侧在西瓜视频搜索"西瓜play"就会出现品牌活动的"下雨"效果。

汽车行业 – 奔驰　　　　游戏行业 – 原神　　　　数码3C行业 - OPPO

图9-6　搜索品牌专区

百度App搜索"黑洞"　　　　西瓜视频App搜索"西瓜play"

图9-7　搜索彩蛋

搜索彩蛋覆盖全量搜索用户，引导用户参与品牌互动。搜索彩蛋在搜索结果页同样具有排他性，可通过有趣味的互动方式提升品牌影响力。

3. 信息流 GD

从图 9-8 所示的抖音和 B 站的信息流 GD 可以看出，信息流 GD 样式和普通信息流没有区别，那为什么要把信息流 GD 归纳到品牌广告里呢？这是因为品牌广告通常要求保质保量，品牌要么保证时长（类似于 CPT 购买），要么保证曝光量（保量购买），而 GD 指的是 Guaranteed Delivery，即"保证流量"，所以信息流 GD 往往是按照 CPM（Cost Per Mille，每千次曝光费用）售卖，保证广告主想买的曝光量；普通信息流通常是按照 CPC（Cost Per Click，每次点击费用）售卖，不保证曝光量。

图 9-8　信息流 GD

（1）流量优选

信息流 GD 不仅支持保证曝光量，也支持流量优选，否则广告主会误认为平台可能将一些低质流量打包售卖，滥竽充数，从而降低对广告平台的信任，所以流量优选能够保证信息流 GD 的流量质量。流量优选从触达优选、点击优选、位置优选三方面实现，具体解释如下。

- 触达优选:优化广告对用户的触达频率,控制每个用户触达广告的次数为广告主期望的约定次数,加深品牌印象,保证预算效用最大化;
- 点击优选:基于用户的历史广告点击行为与转化行为,模型会预估并挑选点击率更高的流量进行投放,满足品牌广告主对一部分投放效果的要求;
- 位置优选:对于信息流产品,系统会尽量选择靠前刷次的流量,提高广告的可见性和投放效果。

(2)品牌保护

品牌保护指的是在广告主投放信息流 GD 时,系统为了保护广告的品牌调性,会维护广告的上下文环境,如图 9-9 所示,在奔驰汽车广告信息流上下游的有限条自然内容里,不能出现奔驰的竞品内容,或者有损奔驰汽车品牌形象的内容。图中奔驰广告往下的信息流中有一条内容"为什么朋友都不建议买奔驰",属于有损奔驰品牌形象的自然内容,是不被允许出现在奔驰广告的信息流上下有限条内容里的。

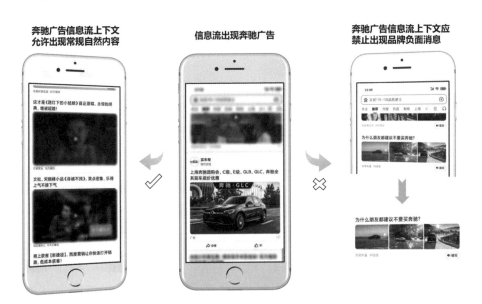

图 9-9 信息流品牌保护

品牌保护一方面是为了保护品牌的正面形象，规避消极内容对品牌形象产生负面影响；另一方面是为了深化品牌传播效力，通过保证广告上下文的内容质量，使用户回想起品牌时，基本上都是其高质量的正面印象。

品牌保护分为基础版本和高级版本，基础版本是保证上下文不出现品牌负向内容，高级版本是保证将上下文替换为画质清晰、具有较大观看价值的内容，当然不同的保护版本也对应不同的溢价收费水平。

4. 贴片

贴片广告是非常传统的品牌广告模式，在移动互联网尚未兴起的时候，电视台在黄金时段播放的电视剧前会插播一段广告，就是最早的贴片广告形式。后来各家视频平台延续了这一思路，在一段视频内容前或者视频内容结束后，在播放器框内插播广告，如图9-10所示。贴片广告通常分为长视频前贴片和短视频后贴片两种类型。

图9-10　视频贴片广告

（1）长视频前贴片

任何短视频社区都不会全部是UGC内容，一定会有部分OGC的内容，这些内容除了制作更专业，需要短视频社区花费更高的成本购买外，在内容形式上最大的特点就是视频长度相比UGC会大大加长。典型的OGC内容如纪录片、电视剧、电影、综艺、动漫等，通常一部电影两个小时，一集电视剧

45min 左右，一集综艺一个半小时，这样 1min 左右的前贴片广告用户的可接受度相对较高。

长视频前贴片广告通常按照 CPT 包段投放，通常不会对用户进行定向投放，部分时长超过 1min 的前贴片广告会允许用户在观看一段时间（如 15s）后点击跳过按钮跳过广告。

部分短视频社区平台还推出了会员付费服务，用户购买了会员后可以免看前贴片广告，但是对于社区平台来说，会员付费的收入和前贴片广告的收入是此消彼长的关系，需要社区平台去权衡两者的关系。

分析：
会员付费与贴片广告的平衡

（2）短视频后贴片

通常一则贴片广告时长为 30s～1min 不等，而短视频通常也就是在 3min 左右，要让用户每次在看时间如此短的视频前都要看 30s 以上的广告，未免太过于伤害用户体验，所以短视频通常会将贴片广告加在短视频内容播放结束后，这样尽可能小地打扰用户，同时愿意将视频内容看完的用户通常对该视频内容兴趣较大，只要后贴片广告与视频内容标签相近，那么能够看到后贴片广告的用户，其转化率也相对更高。

短视频后贴片通常支持视频分类定向、视频关键词定向、创作者标签定向等，力求提高后贴片广告投放的精准性，以尽量覆盖对内容兴趣大的人群。

短视频后贴片广告适用的营销场景包括事件营销和品牌宣传，前者适用于定向行业相关视频内容，提升用户对事件节点的认知，后者适用于品牌新品发布场景，触达有潜在意向的用户。

5. 焦点图

焦点图广告位通常占据着 App 首页的核心位置，能够第一时间抓住用户的视觉焦点，如图 9-11 所示，腾讯视频的首页焦点图广告能够作为一个超大流量入口，为游戏类、金融类广告进行引流，加强营销效果。

焦点图位置的广告通常按照 CPT 售卖，用户每日冷启动打开 App 时展示不同的焦点图广告，每个焦点图广告通常会带有明确的展示次数限制。

但随着推荐系统的逐步发展，由于焦点图位置压缩了推荐内容的展示量，且实验数据测试下来焦点图位置效果未必比推荐结果填充后的用户侧数据（用户曝光量/点击率）与商业侧（广告转化量/收入）数据效果好，所以各家短视频社区 App 都有逐步去除焦点图的趋势，而广告主也有将预算挪往开屏和信息流 GD 的趋势，焦点图位置逐渐鸡肋化。

图 9-11　视频焦点图位置广告

6. 非标品牌广告

非标品牌广告指的是这类广告资源通常没有参与标准化售卖，而是针对特定的品牌广告主进行定制化的资源售卖，其广告样式通常别出心裁，如图 9-12 所示，如角标广告、品牌定制挂件、频道 icon 定制等。这些资源的售卖并不是强流量逻辑，而是利用平台资源对用户造成潜在影响，通常不会单独售卖，而是打包进一个活动资源包里，搭配硬广进行整体售卖。

- 角标广告可以指定视频、指定角标植入时间段（角色口播+角标植入），定制角标的图标浮层，样式除了常规的角标外，还可以采用贴纸/压屏/卡片等其他异化样式；
- 品牌定制挂件常见位置在 App 首屏右下角浮层位置，点击可跳转至品牌活动页；
- 频道 icon 定制，指的是将常规的频道 icon 在品牌宣传期间替换成定制图标，用于展示品牌信息。

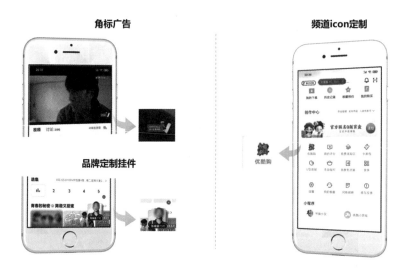

图 9-12　非标定制品牌广告

9.2.2　品牌广告内容营销的三个步骤

1. 内容生产

内容生产环节主要分为定制任务与任务广场两部分，如图 9-13 所示。定制任务主要是服务于头部创作者，品牌方先认可创作者本身，然后再一对一地找到创作者进行定制化服务邀约；任务广场主要是服务于中尾部创作者，品牌方发布任务后收集多项稿件进行比稿，选出合适的稿件，品牌方在这一过程中通常不在乎具体的创作者是谁，而更看重稿件质量。

（1）定制任务

定制任务指的是品牌方在社区平台的任务系统上，根据头部创作者的个人信息 / 擅长领域 / 粉丝画像 / 报价范围等选择有意向合作的创作者，进行定向任务邀约和交付合作意向金；被邀约的创作者选择是否接受品牌的定制任务，一旦选择合作，就要在满足品牌方营销诉求的前提下，进行视频的制作，制作完成并通过平台交付给品牌方，品牌方验收满意后补齐尾款。

由于定制任务是一种典型的双边交易产品，所以平台社区通常会为了定制任务开发一个系统平台，将上述流程进行产品化，方便社区交易过程的规范化和高效化，帮助交易所涉及的双方避免风险。定制任务平台的功能包括实现在线订单交易、创作者交易管理、交易任务报价、项目数据复盘等功能，提供官方平台的保障、官方内容指导建议，全方位解决后顾之忧。

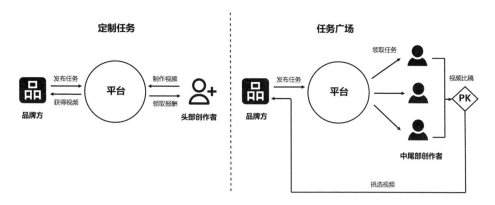

图 9-13　内容生产中定制任务与任务广场的异同

定制任务的系统平台具有精准找人、价格透明、交易规范、多维分析四大优点，详细解释如下。

- 精准找人：提供多元的创作者标签，通过综合指数、影响指数、商业指数、合作指数等评估优质创作者的匹配度；
- 价格透明：社区初期通常只收取较低佣金，且创作者的报价公开透明，不会进行二次更改；
- 交易规范：定制任务系统平台将提供标准化的交易流程，每一个交付环节都公开可见，视频交付进度可查询；
- 多维分析：系统平台能够提供细粒度的投后分析，并且长期沉淀数据资产。

定制任务适用于品牌方的多种营销场景，在品牌方需要进行热点营销、节点大促、种草带货、卖点深化、新品上市时，都可以找到适合这些营销诉求的创作者进行任务定制，帮助品牌完成营销目标。

(2) 任务广场

任务广场指的是品牌方在平台上对中尾部创作者公开发布征稿任务，中尾部创作者领取任务后开始制作视频并上传至候选池子，品牌方将对候选池子里的视频进行比稿，并最终选择最合适的视频。被选中视频的创作者将会获得品牌方的悬赏金额，而其他没被选中稿件但是也参与了视频制作的创作者，也将会获得基础奖励。

任务广场是除了定制任务以外，连接广告主与内容创作者的创新营销模式，通过任务与金额激励的方式，充分调动中尾部创作者参与品牌内容制作和内容互动，构建正向的互动关系。

在活动入口上，任务广场与定制任务不同的是，定制任务相对更加私密，品牌方与创作者一对一沟通清楚就好，视频制作完成前期不需要公开让其他人知道具体合作详情；但任务广场是面对广大中尾部创作者的，是一个公开征稿的形式，所以需要一个明显的入口让创作者能够看见，同时该入口位置也需要固定下来，创作者通过该入口参与征稿，进行任务转发，形成活动裂变，产生大量的交互行为，帮助品牌方持续制造征稿活动的热度。

在激励方式上，品牌方通常会在任务激励里设置形式多样的激励方式，除了常用的现金奖励外，社区平台也支持品牌方设置流量奖励和礼品奖励。

中尾部创作者由于相比头部创作者来说优势不明显，很少有机会能够接到品牌方的定制任务邀约，所以对他们来说任务广场不仅能够帮助自己获取收入，同时也能够提高自己内容的曝光量，积累粉丝数据。

2. 内容推广

当广告主通过定制任务或者任务广场获得满意的稿件后，接下来顺其自然的逻辑就是加热这些稿件，加热方式主要是针对品牌的粉丝和非粉丝两类，针对粉丝平台提供了"粉丝必现"能力，针对非粉丝平台提供了"创作推广"能力，如图9-14所示。

(1) 粉丝必现

粉丝必现的产品逻辑是如果用户关注的品牌号数量比较多，那么当品牌发布新视频/动态的时候，粉丝未必能够第一时间看见，那么为了提高品牌新视频或动态的互动量，可以在粉丝的推荐流里进行品牌新视频或动态的前置位推荐，使得品牌粉丝能够第一时间看到推荐的内容。通常推荐的内容会打上"已关注"的标签，让用户明白推荐该视频的理由，或者促使用户提高点击率。

图 9-14　粉丝必现与创作推广

粉丝必现可以帮助广告主进行高效的粉丝人群覆盖，售卖方式通常都是按照 CPM 售卖。对于想要深度运营自己的粉丝，并期望进行进一步转化的广告主来说，粉丝必现是一个不可或缺的内容推广手段。

（2）创作推广

创作推广的产品逻辑是当品牌希望获取新粉丝的时候，可以通过定向人群并去除粉丝的方式，将创作推广触达到品牌新用户，助力品牌通过内容涨粉。

产品形式上，创作推广的视频会打上相应的"创作推广"标签，以区别于常规的广告投放，不同于一般广告投放的转化目的（App 下载、激活、付费、表单收集等）这类流量购买方式的目的是获取用户侧数据的转化（加粉、点赞、关注等），所以从转化目的上将创作推广和广告两类流量采买方式进行了区分。

创作推广支持分地域、性别、年龄段、兴趣分类、人群包筛选等定向模式，且会过滤掉已经观看过该内容的用户，在样式与交互上与用户侧的内容保持完全一致。考虑到品牌方在创作推广的预算通常比广告预算会小很多，所以创作推广的投放时长比较灵活，按照小时级别起投，且通常都支持在 App 端直接操作，尽量从产品上简化操作成本，提高广告主的使用概率。

3. 品牌沉淀

品牌沉淀的主要区分维度是短期效果和长期效果：针对短期效果，平台通常会用"品牌小站"这样画质精美、格调较高的落地页来承接；针对长期效果，平台通常会让品牌在社区内认证建立的企业号来积累粉丝，沉淀数据。

（1）品牌小站

品牌小站是社区平台为品牌广告主快速沉淀品牌流量，达成品牌营销目的而推出的品牌定制落地页，不同于效果广告的落地页组件，品牌小站具有以下两类特点：

1）品牌小站会根据品牌所在行业提供行业模板，例如汽车、美妆、数码、旅游等，方便品牌客户根据实际的营销诉求，快速选择适合的行业模板进行小站的快速搭建。品牌小站模板通常讲究品牌感染力与表现力，图 9-15 中美丽乡村小镇的品牌小站描绘了一幅悠闲自在的度假画面，轻松地俘获了众多都市劳碌白领的心，品牌通过小站落地页为消费者演绎了精彩的品牌故事，可以提升品牌影响力，深化用户认知。

2）品牌小站支持多种类型的转化组件，包括内容转化向的组件和商业转化向的组件，通常比效果广告落地页组件更加注重互动性，使用频率较高的组件有抽奖组件、倒计时组件、分享组件、预约组件等。

（2）企业号

企业号，又称为品牌号，指的是品牌在短视频社区内开通官号，并进行企业蓝 V 认证的一种营销手段。企业号是品牌融入短视频社区，进行长期内容运营，沉淀粉丝数据，将商业与内容完美结合的最佳实践方案。企业号的空间主页以及社区平台对企业号的资源支持（搜索＋榜单）如图 9-16 所示。

图 9-15　品牌小站

企业号空间页主要包含的产品功能如图 9-16 所示，下面介绍其主要功能。

1）主页装修。品牌可以自定义背景大图/视频，对于配置了视频的品牌空间页，用户在进入空间页后，顶部视频自动静音播放，点击或者下拉可全屏进入原声播放；

2）私信触达。企业号可通过该私信入口第一时间获取用户最直接的反馈和意见；

3）排行榜。展示企业号在其所在行业的排名榜单，刺激品牌之间的对比，吸引用户关注；

4）身份标识。官方给予品牌认证账号的背书，帮助品牌获取用户的信任感；

5）转化组件。品牌可自定义转化组件，例如游戏品牌可配置 App 下载，美妆品牌可配置成跳转至商城的链接等；

6）话题内容沉淀。聚合品牌在社区内发起的话题，提供话题固定入口，并且沉淀历史话题；

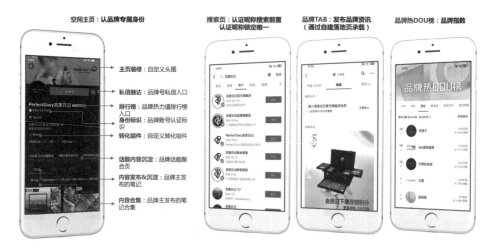

图 9-16 企业号空间页与社区资源支持

7）内容发布与沉淀。聚合品牌在社区平台发布过的视频内容，支持品牌单独置顶某条视频；

8）内容合集。有时候品牌发布过的视频内容较多，用户看起来比较散乱，内容合集可以就某一主题聚合相似内容，方便用户批量观看内容，对品牌产生更深刻的认知。

从品牌想要在社区长期经营这个目标上看，仅仅投放广告进行一次又一次的营销活动并非长久之计，一次营销活动仅能带来一波用户，之后因为缺乏用户和数据的沉淀，品牌需要不断花钱反复地在社区平台获取用户；而企业号能够沉淀品牌一次活动后留下的活动数据与粉丝数据，品牌的话题或活动能够沉淀在企业号主页，让用户能够反复观看品牌的视频、直播、活动内容；用户能够成为品牌的粉丝，针对这些粉丝品牌可以进行精细化运营，提供签到、抽奖等粉丝福利；企业号将成为品牌的内容经营、流量聚合、数据管理、营销聚合的一个综合性服务产品。

品牌可以通过定制任务、任务广场或者自制内容的方式生产内容，并针对粉丝进行"粉丝必现"投放，针对非粉丝进行"创作推广"投放，触达的这些用户都会较大概率地关注品牌企业号，品牌可以长期运营这些用户，培养粉丝忠诚度，提高购买转化率。

9.2.3 品牌广告活动营销的三种类型

1. 品牌挑战赛

由于短视频社区含有大量的优质 UGC 内容，也就是有着大量优秀的创作者，充满着浓厚的创作氛围，所以品牌通过设置奖励发起挑战，引导广大创作者参与互动的活动形式，则有着良好发展的土壤，基于这一形式的品牌挑战赛也在短视频社区极为火爆。

如图 9-17 所示，品牌方发起挑战赛（常规形式或者定制形式），创作者参与活动，在视频发布界面选择品牌创意，创作者发布带有品牌创意的 UGC 视频视为参与了活动，大量的挑战赛 UGC 视频在社区内传播，帮助品牌活动持续发酵，消费者看到视频点击品牌创意后可跳转至品牌橱窗进行商品购买，品牌活动至此也达到了转化目的。

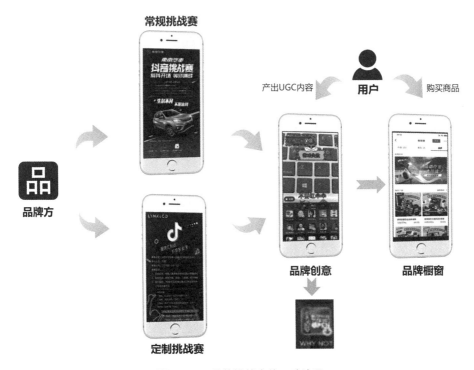

图 9-17 品牌挑战赛的互动流程

（1）常规挑战赛

品牌发起的挑战赛是以触发用户互动为核心价值的话题营销模式，品牌通过自主发起话题或者冠名话题的方式，获取话题专属定制页面的运营权。挑战赛话题页通常包含挑战赛主题、挑战规则与奖励、用户参与挑战的UGC视频聚合模块三部分内容。

- 挑战赛主题需要结合热点，文案需要精练且富有吸引力，能够让用户快速知道主题是什么，比较契合什么样的视频创作方向；
- 挑战规则与奖励需要做到细节清晰、规则明确、奖励需要具备足够的吸引力，避免用户在积极参与挑战赛后，因为对规则的理解不到位而产生舆情问题；
- UGC视频聚合模块，通常置顶的是明星或头部达人的示范视频，这类视频通常制作精良、互动量巨大，具有模仿效应，而其余的UGC视频则是用户对这类示范视频的模仿或者二创。UGC视频聚合模块的排序规则通常是按照视频热度降序排列。

品牌常规挑战赛通常还会搭配许多硬广资源打包售卖，品牌会去购买开屏、焦点图、信息流GD、非标位置等硬广资源为挑战赛活动页导流，而商业流量的购买会提高品牌挑战赛的热度，良性循环后也会为品牌挑战赛带来更多的自然流量。

品牌常规挑战赛还有许多创新玩法，除了激发UGC内容创作外，还会结合直播联动，以及提供影集、合拍、贴纸等玩法，提高挑战赛的可玩性和趣味性。

（2）定制挑战赛

常规挑战赛的活动形式受到许多品牌方的认可，但是由于常规挑战赛是绑定硬广资源搭配售卖的，其门槛价格通常较高，品牌方有时候只想为售卖整包里的一部分资源付费，或者只想让特定地区的用户参与挑战赛。基于以上前提，社区平台为了让更多广告客户购买挑战赛，推出了定制挑战赛的模式，常见的定制挑战赛模式有以下三类：

1）**资源定制**。社区平台支持有些广告主只购买挑战赛活动页，而不用附带任何流量资源加持。有些广告主觉得开屏广告太贵，只愿意购买信息流GD投放挑战赛活动页，虽然缺少头部资源扶持会降低挑战赛的效果，但是广告主可以付出较少的成本获得一次挑战赛活动，有些小预算广告主会愿意尝试资源定制的方式。

2）**地域定制**。地域定制通常适合区域性质的品牌，例如某些特定景点、饮品、特产等品牌，其受众更多的是本省本地区用户，没有必要面向全国进行挑战赛活动，只针对本地区发布挑战赛即可，通常地域定制挑战赛的价格也相对优惠一些。

3）**直播定制**。挑战赛通过"定制话题+流量资源"的形式，通常持续时间为一周左右，而直播定制挑战赛的直播只维持三四个小时，其参与方式为"品牌自播+用户答题"，其本质是降低挑战赛的持续时长而降低了挑战赛的价格，对于拥有一定品牌自播能力的品牌方，可以以频次高、单价低的方式多次购买直播定制挑战赛。

（3）品牌创意

品牌创意用于让用户证明其发布的 UGC 视频归属于某次挑战赛，挑战赛结束后可以参与瓜分奖励。部分品牌认为只让用户在发布时带上挑战赛话题的标签不足以发挥社区影响力，还需要 UGC 视频带上品牌创意，让视频在传播过程中能够在社区内直观地展现品牌创意，提高品牌的社区影响力。

品牌创意的形式多种多样，除了常规的表情、贴纸、特效外（这三者能够比较方便地融入 UGC 视频，用户一键勾选创意即可，且创意的融入不会干扰视频内容主体的表达），还有浮层、磁贴、投票组件等其他形式，随着短视频社区互动玩法的逐渐增多，品牌创意也在不断地更新迭代。

（4）品牌橱窗

品牌橱窗主要用于陈列品牌的主要产/商品信息，通常由企业号空间页新增一个"商品"模块的产品方式来承载品牌橱窗信息，不同的品牌行业在品牌橱窗展示的信息有些许差异。

例如食品饮料、数码 3C 等品牌，会在品牌橱窗内展示活动优惠信息与商品列表，并且给用户提供一键购买的按钮，由于客单价相对较低，这些品牌可以在社区内追求直接转化。客单价较高的品牌，例如汽车、家居品牌，则会在品牌橱窗内展现品牌大图、商品大图，用户点击商品图片后会引流至品牌官网、线下门店，或者定制化落地页以收集用户信息。

品牌橱窗是品牌举办挑战赛活动除了给品牌在社区内造势以外的另一目的，品牌通过大量的 UGC 内容将用户引流至企业号的品牌橱窗，直接达成品牌营销转化的目的。

2. 明星达人营销

品牌与明星似乎紧密相连，品牌发展壮大了会请明星做代言人，借助明星的流量与知名度来提高品牌的影响力。品牌活动里占据很大一部分品牌预算的就是明星达人营销，短视频社区平台也乐于与品牌、明星共同合作，相互借力，共同发展。社区平台的明星达人营销如图 9-18 所示，分为基础版与高级版，基础版主要是明星视频内容与明星粉丝定向，高级版则增加了明星开屏、明星品专、热搜明星榜、明星主页宣传等内容。

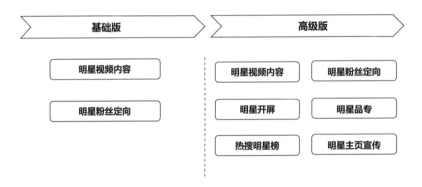

图 9-18 明星达人营销

（1）**基础版**

明星达人营销的基础版适合的场景通常是进行好物种草或者明星推荐，品牌通过社区平台的定制任务系统，邀请明星达人试用产品后，让明星达人拍摄一段关于该产品使用体验的种草视频，并且通过购买明星达人粉丝的定向推广，让该视频能够被明星达人粉丝所看到，帮助品牌产品快速触达首批冷启动用户。

在这种场景下，品牌需要考虑明星粉丝与自身粉丝的重合度，重合度越高的明星越适合品牌，而不是忽略契合度，仅仅从明星的粉丝量级来预估明星达人的营销效果。

（2）高级版

明星达人营销的高级版适合的场景是品牌宣传或者品牌活动，既然是宣传或者活动，那么除了必须要有基础版具备的明星视频内容与明星粉丝定向能力外，还需要有流量与榜单的加持，包括明星开屏、明星品专、热搜明星榜、明星主页宣传等。

- 明星开屏：明星开屏的物料通常会选择明星为品牌定制的视频，开屏样式会选择沉浸式开屏，第一时间吸引用户目光，让其沉浸在视频剧情里进而产生品牌认知；
- 明星品专：品牌会购买两类搜索词，一类是明星相关词，另一类是品牌品类词，当用户搜索这些词的时候，搜索落地页首位会出现明星定制视频；
- 热搜明星榜：在明星热搜榜的品牌代言明星所在位置，会透出品牌视频的提示，用户点击提示标签后会跳转至明星定制视频的播放界面；
- 明星主页宣传：明星主页在活动期间会为品牌企业号主页引流，将明星粉丝中对品牌有兴趣的那一部分人转化为品牌粉丝。

总之，明星达人营销能够帮助品牌激发粉丝势能，品牌可依据其预算选择基础版或者高级版。

3. 品牌直播

随着直播成为短视频社区的标配产品模块，品牌活动也开始逐渐引入直播作为营销活动的必选能力之一，社区平台也顺应此类趋势开始为品牌定制直播间，或者举办品牌线上直播PK的活动，如图9-19所示。

（1）品牌直播间

品牌方推自己的品牌直播间，其实是有不得不做的理由：首先，达人直播面向的基本上是达人自己的粉丝群体，沉淀的也是达人自己的流量，与品牌关系不大，如果品牌只有依赖于达人才能卖出产品，将丧失其独立性；其次，优质达人的报价逐渐水涨船高，坑位费溢价高，且每个品牌在达人直播间的露出时间有限，达人对品牌故事的认知也远远不够。综上，为了沉淀品牌的自有粉丝，品牌必须要自己做直播间，毕竟"只有拿着品牌发的工资的员工，才会为自家品牌拼命呐喊"。

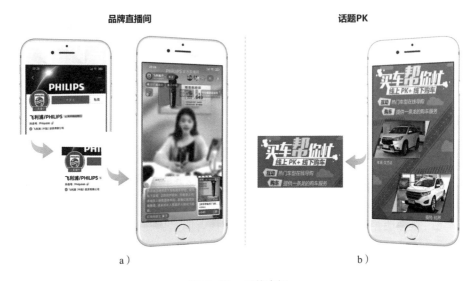

图 9-19 品牌直播

如图 9-19a 所示，当品牌正在直播的时候，品牌企业号空间页头像将展现呼吸灯，引导用户点击进入直播间。品牌直播间的主播通常是商家自有员工，直播间背景墙将凸显品牌 Logo，直播间内将随着主播的口播节奏而依次展现对应的商品卡，方便用户快速转化。

（2）话题 PK

为了提高品牌自主做直播间的动力，社区平台还推出了一系列的活动玩法，最典型的玩法是品牌话题 PK，通常是社区平台拟定一个社区用户喜闻乐见的话题，然后邀请相似品牌在这一话题下进行 PK，宣传各自品牌的优点，甚至平台会引导一定的竞争氛围，以吸引用户观看。

如图 9-19b 所示，平台发起了"买车帮你忙，线上 PK+ 线下购车"的活动，吸引了丰田和福特这两个品牌前来参与，它们各自推出了"丰田汉兰达"与"福特锐界"两款车型进行比较，商家就性能、内饰、安全性、外观等各个角度比较两款车型，用户获得了直观又富有趣味性的认知体验，直播活动结束后，用户的留资率也大大提高。

9.3 短视频社区的效果广告营销

随着品牌方愈发重视广告投放的 ROI，更加严苛地考核流量成本，效果广告相对于品牌广告的占比将具有较大的提升，如图 9-20 所示，2020 年效果广告占比由 2019 年的 49.6% 上升到 65.1%，而品牌广告的占比则由 2019 年的 50.4% 下降到 34.9%。

图 9-20　2019~2020 年效果广告与品牌广告占比

在以效果广告为主的信息流广告中，如图 9-21 所示，我们可以看到 2020 年 Q1~Q4 的图文信息流、短视频信息流、视频信息流的占比趋势图，可以看到短视频信息流广告的占比在稳步提升，并逐步蚕食掉图文信息流的份额。

相比于品牌广告，效果广告缺乏一定的故事性，广告创意也不如品牌广告那样精致或者有趣，效果广告的逻辑就是一切都用数据说话，而不讲究其他花里胡哨的东西，效果广告的创意、定向、出价，都是用 A/B 测试测出来的，不以人的主观意愿为判断标准。

效果广告主要分为流量产品、定向产品、创意产品、优化产品、转化产品五大模块：流量产品是替广告主筛选适配流量，不断丰富流量场景；定向产品是圈定目标受众，提供给广告主多重定向能力；创意产品主要是帮助广告主制作吸引眼球的创意，降低创意制作门槛；优化产品是优化广告主的投放效率，覆盖整条投放链路；转化产品主要是帮助广告主精细化管理转化数据，提高归因效率等，我们接下来将逐一讲解效果广告的这五大产品模块。

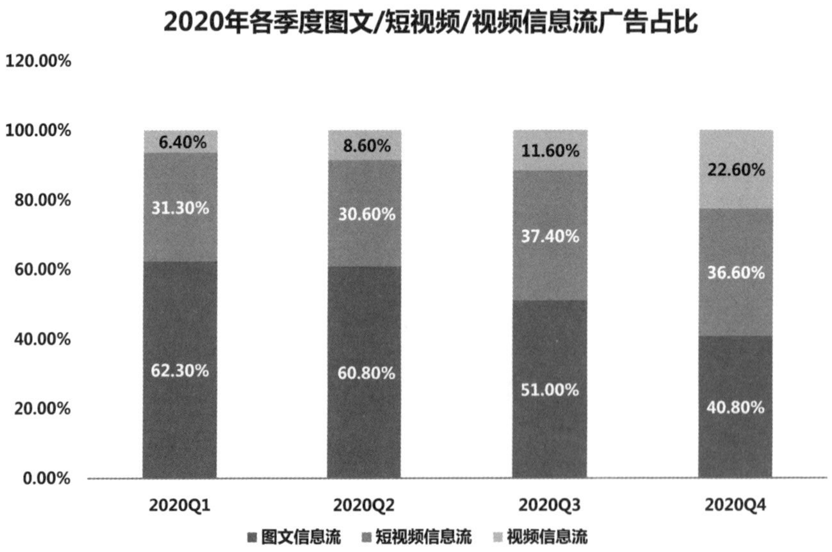

2020年各季度图文/短视频/视频信息流广告占比

季度	图文信息流	短视频信息流	视频信息流
2020Q1	62.30%	31.30%	6.40%
2020Q2	60.80%	30.60%	8.60%
2020Q3	51.00%	37.40%	11.60%
2020Q4	40.80%	36.60%	22.60%

图 9-21　2020 年各季度图文 / 短视频 / 视频信息流广告占比

9.3.1　效果广告的四种流量产品

对于短视频社区而言，效果广告的主要流量资源位就是信息流，虽然信息流粗看起来都是简单的上滑下滑交互方式，但细致分析下来，信息流效果广告可分为单页信息流、原生信息流、直播信息流和达人信息流四种类型，如

图 9-22 和图 9-23 所示。

单页信息流 原生信息流

图 9-22　单页信息流和原生信息流

直播信息流 达人信息流

图 9-23　直播信息流和达人信息流

1. 单页信息流

单页信息流广告指的是在信息流页面上点击头像、昵称或者广告组件，都会跳转到广告主的推广落地页这一类信息流广告，如图9-22的单页信息流广告所示，用户点击广告头像（单页信息流广告头像通常带有一个链接的小Logo）、广告组件、广告昵称，都会统一跳转到"产品经理：3天思维进化营"的H5落地页上。

单页信息流是最常见的效果广告类型，也是在效果信息流里消耗占比最大的广告类型，单页信息流的优势是制作简单快速，只需要准备多套视频物料和落地页素材即可，效果不好立刻换掉，切换成本低，适用于大部分效果广告主。

单页信息流广告支持CPM（按千次曝光计费）、CPC（按照点击计费）、oCPX（按照转化效果优化计费，这里的"X"代表着不同类型广告主的转化目标，例如游戏广告的目标是App下载，教育广告的目标是收集表单线索）等计费方式，并且支持多样化的定向方式，例如性别、年龄段、地域、兴趣分类、兴趣关键词等不同定向。

2. 原生信息流

原生信息流广告指的是在信息流页面上点击头像、昵称，是进入广告主的企业号主页（前提是广告主在短视频社区开通了蓝V账号，且广告投放账号绑定了该蓝V账号）；而点击广告组件，则仍是进入广告主的推广落地页，如图9-22的原生信息流所示，点击头像和昵称都是跳转到企业号小助手的空间页。

原生信息流广告适用于在短视频社区内已经注册企业号的广告主，这样不仅可以达成效果广告的转化目的，也可以带来内容层面上的涨粉。原生广告的内容形态更贴近于自然内容，贴近用户，转化率较高，适合广告主的长期营销目标，只是投放成本较高，需要广告主有蓝V，后台配置也相对麻烦一些。

原生信息流广告与单页信息流广告还有以下区别。

- ❑ 流量区别：单页信息流广告只有广告流量，而原生信息流广告除了广告流量外，还有一定的自然流量支持；
- ❑ 转化区别：单页信息流广告通常只有单次广告转化，而原生信息流广告不仅有广告转化，还有免费涨粉与长效经营转化的潜在可能；

- 物料区别：单页信息流广告只支持本地视频/定制视频的物料，而原生信息流广告除此以外，还可以支持企业号或者头部达人已经在社区内投稿的视频。

3. 直播信息流

直播信息流广告的投放目的主要是给直播间引流，区别于单页信息流和原生信息流的落地页是推广落地页或者企业号空间页，直播信息流广告的落地页通常是直播间，如图 9-23 的直播信息流所示，用户点击视频的头像或者广告转化组件，都会跳转到直播间，主播正在直播的内容通常必须和短视频内容一致，否则容易使得用户产生误解，图中短视频是关于芒果的内容，相对应的直播间内主播也正在直播卖芒果，商品卡也是低价芒果的信息，前后一致更能够提高用户的购买意愿。

直播信息流与其他信息流共同参与广告竞价，且同样遵循竞价信息流广告的频控策略，能够快速地传达直播信息。广告主常用直播信息流来推广企业号加粉或者直接进行商品转化，随着越来越多的品牌与达人开通直播，直播信息流的投放量增长得非常迅速。

4. 达人信息流

达人信息流广告是短视频社区的达人将其自身的视频授权给广告主，广告主在其视频内容上附加广告磁贴/转化卡片的信息流形式，其本质上是广告主借力达人的高质量视频，来针对达人粉丝进行营销，以提高广告转化率为目的，如图 9-23 所示。达人信息流广告的主体仍然是达人的原生内容视频，其具有以下几个特点。

- 投放灵活：达人信息流没有基础消耗限制，零门槛充值，可以随时开启和暂停投放；
- 流量精准：达人信息流广告支持 oCPX 的投放方式，可精准控制转化成本；
- 效果清晰：达人信息流广告支持转化效果监控，有助于广告主评估各个达人渠道的转化效率；

❑ 数据累积：由于广告主投放素材使用的是达人原生稿件，其稿件本身就已经自然积累了一定量的互动数据，可以帮助广告计划缩短冷启动的时间。

对于创作能力不足却对优质稿件需求量较大的广告主来说，达人信息流是一种效率较高、转化效果较好的广告投放方式。

9.3.2 效果广告的三种定向产品

定向产品主要架构如图 9-24 所示，主要分为投前人群洞察、投中定向投放、投后投放分析三大模块，投放前广告主需要分析目标用户的人群画像，并对比历史投放人群的效率情况；投放中广告主需要进行人群定向筛选，并通过平台提供的产品方案智能投放；投放后广告主需要复盘广告投放效果与人群数据，为下一次更精准的定向投放做准备。

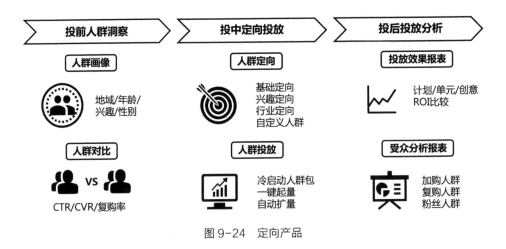

图 9-24 定向产品

1. 投前人群洞察

（1）人群画像

广告主在投放前必须要洞悉此次投放目标的人群画像，才能在广告投放计划里准确选择目标定向，人群画像不仅仅是考察历史投放人群的地域 / 年龄 / 兴趣/性别等标签，重要的是需要紧密跟随广告主的投放目标。例如对于一个手机类广告主，在其手机刚刚新品上市的时候，其投放目标用户的人群画像应该是"对数码3C类产品有兴趣""尚未接触过该手机品牌"的人群；而当该手机的覆盖率已经遍布一二线城市的时候，再次投放的目标用户人群画像应该改成"竞品手机品牌的用户""已经两年没有换机的用户"。

（2）人群对比

人群对比是社区广告平台开放给广告主进行投放人群选择时的一个比较能力，广告主通常面临的情况是，通过人群画像分析圈定了几组投放人群包，覆盖的量级已经大致满足了广告主的需求（例如已经达到100万的人群覆盖量），但是在广告主预算有限的情况下，又不可能把这几组投放人群包都尝试一遍。这个时候广告主可以在广告平台导入这几组人群包，去对比这几组人群包在出价相同/创意相同的情况下，各组人群包CTR、CVR（Conversion Rate，转化率）、复购率等指标的区别，当然这个数据只是广告平台基于历史投放数据的一个预估值，但对于大部分广告主来说还是具有一定的参考意义。

2. 投中定向投放

（1）人群定向

人群定向是社区平台通过多种运算方式精细化计算出来的各类定向维度，在广告主设置投放计划时供给广告主进行选择，其主要分为以下四大类。

- 自然属性：包括年龄、性别、平台设备、消费水平预估等基础属性，还有用户所在城市的区域/商圈等信息；
- 行为属性：针对应用下载类广告主，主要行为包括搜索/安装/下载/激活/付费等；针对电商类广告主，主要行为包括搜索/浏览/收藏/加购/成交等；针对社区类广告主，主要行为包括阅读文章/观看视频/关注/点赞/分享等；
- 主题专区：包括行业主题玩法，例如美肤主题人群、游戏主题人群、母婴人群等；也包括时下营销热点，例如春运人群、情人节送礼人群、大促人群等；

- 自定义人群：自定义人群指的是社区平台提供给广告主自主对各类人群包的交叉、合并、排除、扩展的能力。

（2）人群投放

社区广告平台为人群投放提供了多样化的辅助能力，在定向维度上的优化主要包含以下三种。

分析：做好广告投放冷启动的秘密

- 冷启动人群包：对于一个从未在社区平台投放过广告的客户，其需要经历一段转化率较低的冷启动阶段，很多缺乏耐心的广告主可能在这个阶段就放弃在社区平台做广告投放了。为了挽留住这些广告主，广告平台推出了冷启动人群包，这个人群包是根据新投放广告主所在行业的其他广告主的历史投放行为总结出来的，通常能够帮助新投放广告主快速度过冷启动阶段；

- 一键起量：当广告主想要扩大投放覆盖人群时，可以点击"一键起量"，广告平台就会立刻扩大人群包范围，帮助广告主覆盖除已选定向外的其他人群；

- 自动扩量：在广告主预算充足的前提下，广告平台会自动将广告投放给和广告主已选定向相似的人群上，该过程省去了广告主的人工操作。只要前期广告主授权给广告平台，那么在投放过程中广告平台就可以自动扩大定向范围。

3. 投后投放分析

（1）投放效果报表

投放效果报表分为广告投放实时报表与离线计算报表（日报、周报、月报等），两者在帮助广告主提高投放效率方面的作用不尽相同。

实时报表对于广告主来说就像是一个辅助驾驶系统，投放广告就像在驾驶一辆赛车，在流量竞争激烈的时候需要大力踩油门，去出高价获取流量；在流量低潮期的时候应该去踩刹车，只需要出适当的价格就能够拿到流量，且同时能够节约广告主的成本。实时报表对于广告主来说，就是一个判断流量竞争是否激烈，定向是否准确的参考，广告主需要根据实时报表数据来随时调整投放策略。

离线计算报表则是社区广告平台去除掉一些作弊流量后的计算结果，产出结果如周报、月报等，离线计算报表方便广告主定期做一些阶段性总结，整体复盘一次营销活动的投放结果，进而判断某个社区平台的平均拿量成本，再决定未来在某个社区的投入程度。

（2）受众分析报表

广告主除了通过投放效果报表查看广告投放 ROI 以外，对于每次投放还需要进行广告受众分析，其目的不仅仅是观察社区平台内对广告主感兴趣的用户画像是什么样，更是让广告主观察自己品牌/商品的受众群体是否有变化，方便广告主依此调整品牌调性或者改进商品，这具有更高层面上的指导意义。

除了分析用户的基础属性外，受众分析主要是分析用户行为和用户兴趣两部分数据。

- 用户行为指的是用户在社区平台的所有互动行为生成的标签数据，包括行为场景与行为时效，例如视频浏览行为、主动搜索行为、广告互动行为、内容互动行为、活动参与行为、商品购买行为等；
- 用户兴趣指的是通过用户的基础属性与行为数据，广告平台预估计算出的用户兴趣概率，例如兴趣分区、兴趣类目等。

9.3.3 效果广告的三种创意产品

如图 9-25 所示，创意产品主要以三个问题的解决思路为主线：第一个问题是不知道怎么生产适合特定短视频社区的创意，这就有"创意思路学习"模块，提供创意灵感与创作学院供广告主学习；第二个问题是不知道如何提高创意生产的速度，这就有"创意生产效率"模块，广告平台提供创意工具提高效率，并且提供创意闭环监控创意生产到投放的全链路；第三个问题是广告主实在没有能力去做视频创意，有没有其他服务商帮忙解决这类需求，这就有了"创意服务管理"模块，提供创意服务市场与撮合平台，解决广告主视频创作的难题。

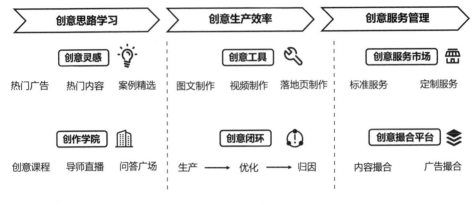

图 9-25 创意产品

1. 创意思路学习

（1）创意灵感

创意灵感主要是提供类似榜单的能力，将社区平台一段时间内的热门广告、热门内容、精选案例展示给广告主，其具体介绍如下。

- 热门广告：主要展示什么样的行业广告最有效，其范围限制在只有广告主的投放素材，例如典型的游戏、教育、网服行业，让其他广告主看到行业头部素材的效果，便于其模仿并制作相似案例，不断相互促进以提高广告主素材质量；
- 热门内容：主要展示社区正在流行什么样的内容，其范围扩大到了整个社区，广告主可以通过热门内容找到内容侧的热点，并制作相应的广告视频以提高点击率；
- 案例精选：主要展示优秀广告案例，广告主可以根据这些案例提高创意制作的信心，并完整地看到其他品牌的投放效果与复盘。

（2）创作学院

创作学院更多的是输出一些方法论，沉淀广告创意专业人士的一些经验，通过视频、直播、问答等不同内容形式，系统化地指导广告主制作视频创意。

- 创意课程：创作基础课，包括官方打造的创意系列培训课程；创意进阶课，例如专业人士讲授爆款创意炼成的行业方法论等；

- 导师直播：行业大咖在线上言传身教，直播的优点在于可以在线上直接与大咖提问互动，获得最直接的指导、最新鲜的创意；
- 问答广场：广告主当前遇到的问题，通常前人也遇到过，创作学院将历史问答记录在平台内，可以提高广告主的效率，使其只需要搜索相关问题即可，而不需要再去反复提问。

2. 创意生产效率

（1）创意工具

创意工具包含图文创意、视频创意、落地页这三大类创意制作，可以帮助广告主大幅度提高创意制作效率。

- 图文创意制作：主要包括抠图与制图，前者提供一键抠图能力，通过傻瓜式操作帮助广告主快速抠出人像；后者提供模板制图能力，广告主只需提供图片主元素，即可通过模板更替背景图、边框、浮标等元素，一次性批量生成多张图片；
- 视频创意制作：广告主对于视频创意制作的问题主要有两个，一个是视频内容怎么拍，另一个是拍完以后怎么剪辑。针对前者，广告平台推出了分行业的拍摄模板，手把手指导分镜教学，帮助广告视频创意小白尽可能创作出高质量的视频，并支持成型素材一键推送至广告账户；针对后者，广告平台推出了智能剪辑工具，广告主只需要上传一些图片或视频，平台可以将这些原始素材混剪，配上卡点音乐，自动添加字幕等能力，生成具有一定吸引力的视频创意；
- 落地页制作：广告平台其实有较大的动力让效果广告主统一使用平台的落地页建站工具，因为这能让平台采集到用户的转化数据与落地页行为（如停留时长、浏览热力图等），提高广告平台对流量的把控能力。基于以上原因，广告平台为落地页制作提供了海量的模板与组件，通过组合落地页风格、色系、营销组件等高效生成多个落地页，并支持优选展示效果最佳的落地页。

（2）创意闭环

创意是效果广告投放中衰减度最快、更新频率最高的部分，一个效果再好的创意投放时间长了也会让用户产生疲劳，所以实现创意的生产、监控、优化的闭环，帮助广告主及时监控创意质量就显得尤为重要。

广告主通过创意工具提高图文或者视频创意的生产效率，并且通过程序化创意或者程序化落地页（系统自动淘汰点击率差的创意或者转化率差的落地页），通过实时报表来监控某特定创意对定向人群已曝光的次数，该定向人群对特定创意的点击率衰减趋势图，转化率衰减趋势图，广告主设置阈值后及时提醒广告主创意情况，并自动帮助广告主重新生成一批创意投放。

广告平台通过创意闭环解决创意衰减的监控，相当程度上减轻了广告主在创意这一环节上的投放压力。

3. 创意服务管理

（1）创意服务市场

伴随着短视频社区广告业务的发展，市场上依托于该业务也诞生了许多专业的服务商，他们能够满足广告主制作创意时的几种需求：前期素材的供给，包括有版权的图片、音乐、模板等；中期拍摄的落地，包括创意脚本的撰写、导演、演员的选择，服化道的准备等；后期制作的完善，包括剪辑、配音等。通常根据广告主的预算大小，服务商会提供标准化服务和定制化服务两套体系，前者按照固定生产流程批量化地制作创意，后者会在脚本、演员、制作特效上进行定制，但是相应成本也会更高些。

创意服务市场上除了有这些能够提供前期素材、中期拍摄、后期制作的一条龙服务商外，也有许多只专注于某个特定环节的服务商，这使得广告主整条视频可按需拆分、灵活采购，相比较而言成本更可控。

（2）创意撮合平台

对于广告主而言，除了在市场上找专业的创意服务商之外，还可以通过短视频社区官方平台来找到创作者进行创意制作，毕竟一方面这些创作者在社区平台拥有大量的粉丝，其内容制作能力一定是符合社区审美、受到社区用户认可的，所以创作者制作的内容失误率更低；另一方面，相比于专业服务商的场地、人力、耗材等高成本，某些中腰部创作者只需靠自己个人就能交付创意，其价格相比服务商尚处于洼地。

基于创意成功率和成本的考虑，很多广告主也乐于寻找短视频社区的创作者进行创意制作，而广告平台也顺应推出了创意撮合平台，其通常具备以下三大特点：

- 创作者供给充足，官方撮合平台汇集了服务于各个行业广告主的创作者，平台通常会提供这些创作者擅长的行业、粉丝数、粉丝画像等数据供广告主挑选；
- 撮合效率高，通过平台高效的线上撮合链路保障履约效率，尽量达到专业服务商的交付时间与标准；
- 广告主选择丰富，撮合平台为各类创作者打了各类标签，并按照这些标签对创作者进行各种分类，广告主可以依据标签去选择创作者，例如汽车类广告主不一定要找汽车创作者，也可以找知识区创作者，只要创作者的粉丝画像和广告主相似，往往也能取得意想不到的效果。

9.3.4 效果广告的五种优化产品

优化产品如图 9-26 所示，首先是投放管家，为了帮助广告主管理好纷繁复杂的账号与计划，投放管家能够自动化地实现投放项目创建、广告计划管理与投放报表管理；其次在广告投放过程中，广告平台提供了流量、出价、计划、账户、效率的优化服务，将这些曾经需要投入大量人力的工作进行了自动化与智能化，目标是提高广告投放 ROI；最后是投后分析，通过数据报表分析广告投放的创意质量如何，定向是否合理，流量是变贵了还是有洼地可寻，以指导广告主提高下一次的投放效果。

1. 投放管家

投放管家可以帮助广告主方便地创建投放项目，管理广告计划以及投放报表。

（1）投放项目创建

广告主可能会同时在社区平台上进行品牌广告、效果广告、内容广告的投放,而这三者在社区平台上隶属于不同的广告投放系统,广告主需要建立不同的投放账号,获取账号后再去建立创意素材、广告定向、预算出价、落地页链接等,整个投放项目的创建很烦琐。投放管家的一个作用,就是提供一个一站式管理广告主账号与投放项目的后台,广告主只需要登录到投放管家后台即可,在投放管家内可进行各类广告投放的统一管理与调控。

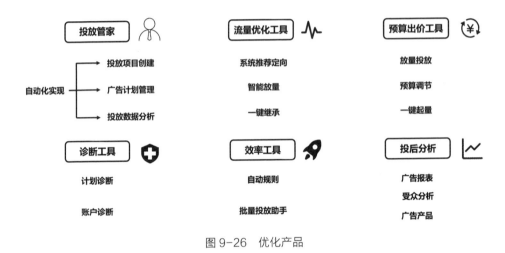

图 9-26　优化产品

(2)广告计划管理

投放管家提供快捷方便的广告计划管理操作界面,而不需要广告主进入每个账号,再深入到每个计划详情界面,去进行耗时耗力的操作,其具体功能如下。

- 计划自动创建与关停:广告主可提前预设好条件后设置定时创建计划,也可在计划达到某一阈值后进行自动关停;
- 计划支持程序化创意:广告主可选择是否让计划支持程序化创意,也支持批量停止;
- 计划预算自动分配:广告计划在跑量过程中可能有些计划预算消耗过快,有些计划一直消耗不掉,所以广告主可以允许投放管家进行计划间的预算重分配,在总预算固定不变的前提下,提高计划的预算利用效率。

（3）投放报表管理

广告投放报表的类型纷繁多样，基于广告主看数据的主视角不同，报表类型可以分成账户维度报表、计划维度报表、创意维度报表、定向维度报表、受众分析报表等，而每张报表通常都具有几十个字段，且广告主可以分时、分日、分周、分月进行比较，这些情况让报表的数据分析变得非常复杂，广告主为了得出某一数据结论往往需要进行大量的数据之间的相交、合并、叉除工作。

投放管家为投放报表管理进行了可视化的操作，广告主通过托拉拽的交互方式即可进行多组数据的比较分析，还可以一键跳转至具体维度的界面。

2. 流量优化工具

流量优化工具的主要能力是"聚焦"和"泛化"两方面。聚焦指的是通过精准的流量探索，找到点击率与转化率更高的人群，提升计划的竞争力；泛化指的是可以智能放开定向扩大覆盖的受众范围，实现投放量级的提升。

（1）系统推荐定向

系统推荐定向作用于广告投放计划的全周期，在投放前期需要降低转化成本的时候，系统推荐定向预估转化率更高的人群，以提高广告主的投放耐心，培养信心；在投放后期需要放量的时候，系统推荐定向会对转化较好的人群逐步放开定向，探索相似人群，以延长计划的生命周期。

系统推荐定向适合那些缺乏投放经验，或者对当前社区平台不熟悉的广告主，这些广告主定向的人群通常不够精准，转化成本不易控制，容易在花了小部分预算后就因为丧失信心而离开社区平台，这时候选择系统推荐的定向，往往能够提高新进广告主的留存。

（2）智能放量

智能放量主要适用于两类广告主：一类是因为投放初期选择了高精准人群包，但由于人群包过小导致放量困难，冷启动失败的广告主；另一类是投放一段时间后，发现成本低于出价、计划正逐步衰减，希望挽救计划、提升放量的广告主。

智能投放并不是完全由社区平台操控，有些定向是广告主要求必须做到的，例如美妆客户如果只愿意面向女性用户投放，那么平台做智能放量，就不能突破女性的限制而对男性投放。所以社区平台会让广告主选择在某一个维度进行定向突破，例如广告主可以选择性别、年龄段、地域、兴趣关键词等一个或多个维度突破定向，社区平台将遵循广告主的意向，在特定维度上进行定向拓展。

（3）一键继承

由于一条广告计划所需要的设置项非常多，例如投放时间、投放地域、总预算、创意、定向选择（系统定向+自定义人群包），而广告主通常会投放多条计划以方便进行单一变量的测试，如果每条计划都需要广告主逐个建立，将带来巨大的操作成本，所以基于此前提，社区平台推出了广告计划继承的功能，广告主可以一键继承原始计划的所有设置项，得到一条与原始计划相同的新计划，并只需要修改某个选项就可以进行测试。

在广告计划继承中，新计划可以将原始计划的定向作为种子人群，然后进行人群的扩展，其他的设置项均保持不变，以在保住广告成本的基础上提升广告消耗。

3. 预算及出价工具

预算工具的作用是动态调节预算分配，提高预算使用效率；出价工具是根据广告主设置的转化目标和预算，动态调节出价，提升计划竞争力与拿量能力。

（1）出价调节

出价调节是出价工具的一种应用，其作用贯穿于广告投放的整个周期：在前期冷启动阶段，通常会将出价调节得略微超出广告主设置的成本上限，采用这样略激进的策略去进行计划探索，以提高计划的冷启动通过率；在后期投放稳定之后，会不断地降低出价，去下探当前的最优成本。这样在整个投放周期中，前期激进后期稳定，整体投放成本在全周期并没有超出广告主的成本预算。

出价调节适合那些在平台投放时间比较久，已经积累了很多投放数据，且对平台自动化工具有足够信任感的广告主，这类广告主可以将"出价"这件需要大量人力盯盘与调节的工作交给投放平台,节省广告主的人力成本。

(2)预算调节

广告主通常需要在三个维度上设置预算额度:账户预算、计划预算、单元预算。账户预算通常是广告主在平台上的充值总金额或者订单总金额,广告平台的预算调节只会作用在计划维度或者是单元维度。

预算调节的原理很好理解,假设有两个计划 A 和 B,初始都是设置 1 万元的预算,一小时后计划 A 消耗比较快,计划 B 消耗较慢只耗费了 5000 元,那么如果不进行预算调节,跑量较好的 A 计划因为消耗完毕而导致停投,跑量较差的 B 计划则卡在那里不动,而类似于这样的计划之间消耗快慢不一的现象在广告投放中大量存在,如果需要广告主反复调节则成本过高。预算调节能够在发现 B 计划跑量较慢而 A 计划跑量较好的时候,将 B 计划预算挪给 A 计划,以充分消耗掉广告主预算。

预算调节通过动态择优分配预算、优化计划的跑量效果、提高预算的使用率,节约了广告主的人力与时间。

(3)一键起量

一键起量常作用于广告计划的冷启动期间,其本质是通过短时间内大幅度提高广告主出价,进行快速拿量,实现提高冷启动通过率的目标。一键起量在提高出价的同时也会快速消耗广告主的预算,而较少去考虑成本的控制。

一键起量的弊端是有可能会出价太高导致跑量过多,成本偏高,这需要人工及时监控,所以为了避免此类现象,使用一键起量功能的时候需要广告主设置起量消耗的预算,这部分预算花完了,一键起量的高出价也就停止了,而社区平台通常也会给广告主一部分预算建议,以辅助广告计划冷启动成功。

4.诊断工具

诊断工具分为计划诊断与账户诊断,可以将其理解为广告投放的私人医生,第一时间发现投放问题,并给出相应的建议。

(1)计划诊断

计划诊断主要包括实时诊断、行业对比、一键优化三个维度的诊断分析。

- 实时诊断：比较广告主当前投放计划的点击率、转化率、转化成本、ECPM（Effective Cost Per Mille，每千次展现平台可获得的广告收入）等数据指标与历史投放均值的高低，通过红绿指标高亮超标结果，实时提醒广告主进行计划调整；
- 行业对比：广告投放计划不仅需要与自身的历史计划进行纵向比较，也需要和同行业的其他竞品进行横向比较，诊断工具可以给广告主提供当前的同行竞争力指数，也会对优化后的效果提升空间给出评估；
- 一键优化：诊断工具除了指出问题以外，还能够针对问题进行优化建议，广告主只需要一键点击优化按钮，就能够对出价、定向、创意、落地页进行全方位的优化。

（2）账户诊断

账户诊断指的是涉及账户层面的问题，包括账户预算不足、账户计划过多、账户拿量不足等问题。

- 账户预算不足：账户诊断实时监控账户预算，当预算不足时会进行短信、电话报警，提醒广告主及时充值拿量；
- 账户计划过多：账户下的计划过多，则会存在大量的无效计划，导致操作界面杂乱，管理成本增加，账户诊断工具会帮助广告主自动清理无效计划，并针对TOP3计划直接优化；
- 账户拿量不足：账户长时间的拿量不足会导致广告主直接放弃该账户，转而去新建账户，这会导致广告平台累积许多的废弃账户。账户诊断工具可帮助广告主优化账户拿量能力，避免广告主建立太多重复的无效账户。

5. 效率工具

效率工具包括自动规则设置与批量投放助手，都是通过机器自动化执行来代替人工，提高广告投放效率。

（1）自动规则

自动规则是一个高效帮助账户操作的投放助手，具体指的是广告主基于投放经验，设置好各数据指标的临界值范围与调整规则，广告平台基于广告主的设置自动监控广告投放计划，并按照规则进行投放调整。

自动规则的监控范围包括广告计划的消耗、转化数、点击数等，当广告消耗过快时，可以设置降低出价、关停计划等操作；当广告消耗过慢时，可以设置提高出价、增加预算等操作；当广告计划的转化成本过高时，初期可通过自动规则发送通知给广告主，提醒风险，后期可以直接关停计划，减少广告主的预算损失。

（2）批量投放助手

批量投放助手主要帮助广告主实现多条计划的批量化操作，包括批量创建计划、批量编辑计划、跨账户操作等。

批量创建计划与编辑计划较为常规，主要是对计划、单元、创意、转化目标等指标的操作修改，前面所述的"一键继承"的能力，批量投放助手也同样支持。跨账户操作是批量投放助手的亮点功能，因为不同账户在社区平台的算法系统里由于历史表现的差异而权重不同，所以跨账户进行计划、单元继承的时候，是需要新计划完整继承原计划所在账户的权重的，这将帮助广告主避免建立重复账户。

9.3.5 效果广告的三种转化产品

转化产品如图 9-27 所示，首先是支持多种类型的转化目标，包括浅层转化与深度转化；其次是转化归因，广告主需要根据归因逻辑找到真实有效的投放途径，归因方法包括点击归因、有效播放归因、渠道包归因和助攻模型等；最后是广告主对用户线索的管理，包括高效率的线索收集、一站式的线索管理以及高价值的线索应用。

1. 转化目标

转化目标包括多种投放方式，"直投"指的是优化单一转化目标，"双出价"和"自动优化"主要作用于多个转化目标。

图 9-27　转化产品

（1）直投

直投优化的转化目标主要分为两类：一类是 App 下载，其对应的浅层目标叫作应用下载，深层目标包括应用激活、应用注册、应用内付费等；另一类是用户线索收集，其对应的浅层目标叫作表单提交，深层目标包括有效线索、用户到店、用户付费等。对于直投而言，无论是浅层目标还是深层目标，直投只会对单一目标进行优化。

随着广告主对广告投放效果的考核愈发严苛，直投的应用场景通常是针对深度转化目标进行优化，广告平台尽力保证广告主的深层目标转化成本不超标，但是如果当天的流量情况的转化成本一直比较高，广告主的消耗会有跑不出去的风险。

（2）双出价

双出价指的是广告主需要对同一个投放目的设置两个出价目标（一个浅层目标，一个深层目标），并对这两个目标分别设置目标出价，广告平台将同时优化这两个目标成本，例如汽车行业广告主设置了表单提交（浅层目标）和用户到店（深层目标）这两个优化目标，并对两者分别设置了目标成本价格，当然后者能够接受的成本价格可能是前者的几倍以上，这依不同行业和不同广告主而定。

广告平台会比在"直投"时对流量筛选更加严格，因为广告平台在预估时，如果某流量仅仅满足浅层目标，预估下来无法满足深层目标，则会被丢弃，双出价通常适用于对浅层目标和深层目标都有明确考核诉求的广告主。

（3）自动优化

自动优化在广告主层面的设置方式与双出价并没有什么不同，也是需要设置双目标、双出价，但自动优化在广告平台层面的优化原则是：尽量对浅层目标去优化成本，在保证浅层目标成本可控的前提下，尽可能去优化后端效果。

这种优化方式适合于对浅层目标与深层目标成本有一定要求，但对深层目标的考核成本没有那么强烈的广告主。这类优化方式规避了广告投放不出去的风险，在拿量成本相对较高的流量环境下，只要平台预估流量满足浅层目标的成本，那么就会出价拿下这次曝光机会。

2. 归因逻辑

对于广告主来说，就算最后拿到了转化结果，但有可能广告主在多个社区平台渠道都做了广告投放，这个转化到底是由哪个渠道带来的呢？转化的多种归因逻辑到底哪种比较靠谱呢？对于短视频社区的广告平台来说，目前有点击归因、渠道包归因、有效播放归因、助攻模型几种归因方式，详细情况如下介绍。

（1）渠道包归因

渠道包归因是指广告主专门为不同的媒体平台开发特定的APK包（Android Application Package），即安卓应用下载包，不同渠道用特殊埋点代码来区分，其归因依据简单易懂，只需要看用户下载并安装了哪个媒体的APK包，就认为这个用户是相应媒体平台的广告投放带来的，所以这是国内广告主经常使用的一种归因方式。

然而渠道包归因存在几个缺点：首先，广告主需要为不同渠道打不同的APK包，不仅人力成本高，而且还容易出错；其次，渠道包归因仅适用于App下载这一种场景，广告主的其他投放目的很难通过这种方式去归因；最后，渠道包归因是对媒体价值的评价，范围较宽泛，广告主很难通过这类归因方式去看每个用户的行为，从而评估用户价值。

（2）点击归因

点击归因是一种比渠道包归因相对更加合理的归因方式，其归因依据是首先确定一个归因窗口期（例如只将最近三天的点击行为记为有效），然后看归因窗口期内用户的一次关键点击行为发生在哪个媒体，通常以最后一次点击作为归因依据。

点击归因通过限制归因窗口，辅以算法模型的支撑，归因方式相对更加科学有效，广告主只需要为多个媒体平台打一个包即可，效率提升，误差降低。点击归因除了支持 App 下载这种转化场景外，还适配多种品牌转化场景或者竞价推广场景，且点击归因是基于用户行为的考量，能够帮助广告主评估单个用户的价值。总之，点击归因能够帮助广告主客观科学地评估渠道价值，提升营销的精准度。

（3）有效播放归因

对于以短视频为主的社区平台而言，其广告内容素材大部分也是以视频形式呈现的，所以就有了专属于视频社区平台的归因方式——有效播放归因。当通过渠道包归因或者点击归因都无法归因到某个社区渠道时，社区平台可以通过广告内容在平台上的有效播放率来评估用户的转化效果。

分析：
视频有效触点归因的逻辑

由于大部分短视频社区平台的电商闭环做得并不是很成功，所以其往往起到的是"种草"价值，用户在短视频社区看到感兴趣的商品再去电商平台完成购物，电商平台完成"拔草"价值。而有效播放归因则能够科学地衡量各短视频社区的"种草"价值有多少，社区平台通过完播率、视频收藏、反复观看次数等指标，确定有效归因的定义和价值。

（4）助攻模型

以上的渠道包归因、点击归因、有效播放归因，对于广告平台来说，用户只要归因到就记为转化，平台将利用这类数据去预估用户未来的点击率和转化率，但这里其实有个问题，那就是对于未被计入转化的用户行为而言，这些数据对平台的价值在哪里。

所以就有了归因逻辑里的助攻模型，其目的是将在社区平台内产生视频广告接触，但未被记为该平台转化的用户行为数据进行充分利用，用户对于广告相关内容视频的观看、评论、收藏等互动行为都可以记为广告平台对用户转化的助攻行为，平台充分利用助攻模型的数据可以提高对整体社区用户的预估效率。

3.线索管理

线索管理指的是线索转化一站式的解决方案,包括三个方面:前端的线索收集,通过改造产品展示样式、互动组件等方案提高线索收集效率;后台的线索管理,广告平台为客户提供方便好用的线索管理系统;线索数据的再利用,已转化的线索数据可用于指导下一次的投放定向,反哺广告投放。

(1)高效率线索收集

广告平台通过优化落地页展示样式与丰富互动组件类型,以提高线索收集的效率。

在优化落地页方面,由于每个短视频社区平台都有自己的独特调性,而广告主为了节约成本,总是习惯于将一套落地页应用于所有平台,例如将抖音的落地页直接搬运到B站投放,因为社区调性的差异,其转化效果往往不尽如人意。所以广告平台会尽力去优化建站工具,帮助广告主低成本地制作出符合社区调性的落地页,而不再用自有的第三方落地页。

如果线索收集只是枯燥地让用户留下电话,将极大地降低用户的参与意愿,所以平台在不断地丰富互动组件类型,如智能电话、卡券、抽奖、任务等,以激发用户的互动意愿,通过游戏化的方式增加落地页趣味性,提高用户线索获取效率。

(2)一站式线索管理

广告主通常会收到海量的用户线索,而每个线索的投放渠道来源不同,每个线索需要分配给对应的销售人员,之后的跟进状态也有所区别(例如教育行业用户线索,通常有"获取线索—建立联系—到店咨询—课程付费"这样的递进层级),如果没有一个承接这些线索的高效率运营管理后台,广告主将需要付出大量精力去管理这些线索。

基于此背景,广告平台通常会推出一站式线索管理后台,用于支持全链路的线索跟进和管理,包括线索筛选、线索标记、线索分配、客户分配、进度查询、客户消耗、渠道追溯等能力,甚至还鼓励广告主将其他渠道投放的线索数据一键导入线索管理后台,这样方便广告主对各个渠道的线索进行统一管理,平台也能得以充实自己的数据资产。

（3）高价值线索应用

用户线索除了用于追踪用户转化之外，还能够反过来应用于广告投放，将用户线索后续跟进的重点高意向人群进行标记并上报，可以给算法提供一个有力的定向依据，用于提升后端效果。

算法可以将这部分高意向人群作为种子用户，进行相似人群扩展，达到既能保住成本又能扩量的目的；也可以将这部分人群作为高意向人群包，用于行业冷启动的系统推荐定向；最后也是最重要的，对于社区平台来说深度转化数据通常比较稀疏，使算法很难预估准确，而高价值线索人群则是属于深度转化难得的正向案例，能够极大地帮助算法去训练深度转化模型。

9.4 案例：典型行业的营销解决方案

在介绍完品牌广告和效果广告的相关产品及能力后，我们来看看各个重点行业的广告主，其各自的行业痛点是什么，如何在短视频社区平台展开营销活动，而社区平台又提供了什么样的行业解决方案来满足广告主的需求。本节我们依次讲解预算比较多的游戏行业、教育行业、数码行业和快消行业的营销解决方案。

9.4.1 游戏行业

游戏行业的典型特征是用户生命周期短暂，持续运营面临成本高企的考验，并且游戏买量市场竞争愈发白热化，广告主精细化运营流量成为关键。社区平台则可以在两个方面帮助游戏广告主，首先是精准定位潜在游戏目标客户，实现快速获客；其次是在社区平台开展内容营销，达成更多曝光并降低游戏获客成本。游戏行业营销解决方案如图 9-28 所示，可以看出在游戏从预约、放量、持续投放的过程中，社区平台是如何帮助游戏广告主快速获客和进行内容营销的。

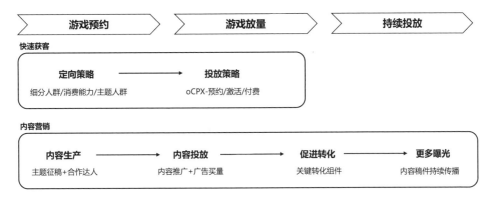

图 9-28 游戏行业营销解决方案

1. 游戏快速获客

快速获客分为两个环节,前期环节是定向策略,进行游戏人群定向优化,精准锁定游戏玩家;后期环节是投放策略,通过选取深度转化目标,寻找高价值用户。

定向策略可以从消费能力、游戏人群、游戏类创作者维度进行考量,例如消费能力可以通过特定高端手机型号、历史行为高付费人群、用户所在小区价格等维度来评估,游戏人群可以从同类型游戏标签用户群体、游戏广告点击人群、某些热门游戏主题人群来判断,游戏类创作者粉丝人群则很好理解,就是选取关注游戏类创作者的用户,关注的创作者数量越多权重越高。与此同时,也需要排除掉转化潜力小的人群,例如低消费能力人群、游戏兴趣偏好较弱人群、近三个月内对游戏广告无点击行为/转化行为的用户。

投放策略则是首先一步到位直接将投放目标设置为游戏付费/游戏留存等深度转化目标,而稍微减少对浅层转化目标的成本考量压力,适当提高激活成本,使用 oCPX 投放方式,将出价的自动调节能力交给平台,以提升后端转化效果。

2. 游戏内容营销

游戏内容营销主要分为四个环节：内容生产、内容投放、促进转化和更多曝光，这些构成了游戏内容营销的完整闭环。

- 内容生产环节主要是与达人合作征稿，既可以是流量型达人也可以是种草型达人，前者是为了借助达人流量提升游戏曝光，其内容以达人自身风格为主，植入的广告信息少而精即可；后者需要关注达人粉丝与推广游戏的契合度，需要达人在内容上进行游戏卖点的提炼与试玩，广告主利用达人的影响力去影响用户；
- 内容投放环节可以内容推广与广告买量齐头并进，利用内容推广去触达达人的粉丝用户，快速获取游戏目标人群；接着利用广告买量将优质游戏内容扩散给更多的兴趣用户，扩大内容的曝光量；
- 促进转化环节则是在广告推广过程中，通过关联转化组件缩短游戏下载链路，在游戏介绍界面凸显游戏文案和下载激励，采用直接下载或者跳转应用商店的方式提高转化率；
- 更多曝光是来自优质内容稿件的持续传播，就算后续广告买量停止了，由于这些优质稿件本身还在社区内流转传播，仍然能对用户持续产生影响力。

9.4.2 教育行业

教育行业具有消费频次低、客单价高、课程收费标准差异较大等特点，而教育行业广告主也摸索出了一套相应的营销打法，教育行业营销解决方案如图9-29所示，广告主购买品牌广告增加曝光，通过社区内容凸显产品卖点，接着广告主采用低单价的小课引流（例如9.9元小课尝鲜）获取用户线索，最后再进一步进行大课购买转化，完成营销目标。

1. 教育营销节奏

教育行业的营销节奏需要符合用户对教育产品的决策过程，一个用户的决策路径包含注意、兴趣、意愿、购买、使用这五个步骤，不同阶段有着相对应的营销节奏。

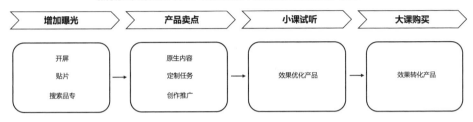

图 9-29 教育行业营销解决方案

- 从注意到兴趣：广告主需要通过规模化的流量曝光，增加品牌的曝光度，以提高用户对品牌的认知，进而引起用户对品牌的兴趣，让用户产生对教育品牌的大体印象，在有相关需求的时候能够想起该品牌；
- 从兴趣到意愿：这一阶段广告主需要输出产品卖点，推出产品优势与特色来激发用户意愿，激励用户参与互动，需要明确教育品牌要抓住用户某一方面的痛点与刚需，例如考研、考公等相关需求；
- 从意愿到购买：广告主在这一阶段可以通过效果广告进行精准投放，教育品牌可以给予用户购买优惠券与其他福利，刺激用户快速进行购买决策；
- 从购买到使用：这一阶段需要加强用户运营，提供有针对性的服务，获取高意向的用户，以实现正价课的购买和续报。

2. 教育营销方案

配合教育行业广告主的营销节奏，社区平台也为广告主提供相应的解决方案。

- 在激发用户兴趣阶段，广告主可以购买沉浸式开屏，抢占用户第一视觉，或者购买搜索品专以覆盖搜索场景，对品牌有兴趣的人群进行拦截，形成对用户的长期影响；
- 在提高用户意愿阶段，教育行业广告主可以与平台进行原生内容合作，开展定制任务或者任务广场模式，让教育类达人定制短视频，或者让品牌广告主自有老师自制短视频，或者进行原生直播，持续影响用户；

❑ 在促进用户购买阶段，通过效果广告投放或者原生内容投放，采用智能定向这样的定向优化产品，或者诊断工具这样的优化产品，去提高投稿效率，抓住高购买意愿的用户；

❑ 在鼓励用户使用阶段，教育行业广告主要善于利用效果转化产品，例如线索管理工具，重点挖掘高潜客户，将其转化为正价课购买用户。

9.4.3 数码行业

数码行业具有产品周期短、营销玩法丰富、强调品牌价值的特点，数码行业解决方案如图9-30所示。数码行业的营销周期通常分为三段：新机预热及发布期、新机开售期、持续营销投放期，社区平台需要具备相应的广告产品能力，并贯穿于整个周期，全面支持数码行业广告主多样化的营销诉求。

图9-30 数码行业营销解决方案

1. 新机营销诉求

数码行业广告主在不同营销周期内具有相应的不同诉求，具体介绍如下：

❑ 在新机预热及发布期，需要大量曝光去覆盖多元化的用户，宣发新机卖点。在发布前，可以通过购买硬广进行定向人群曝光投放，例如沉浸式开屏、贴片广告及搜索品专等，或者通过内容营销选择适合的数码区达人制作预热视频；在发布日当天，可以借助直播吸引用户观看，并进行新品预约购买活动；
- 在新机开售期间，广告主需要强化声量，并实现销售转化。在预约/预售期间，广告主可以通过精准定向投放，获取潜在转化用户，并引导用户预约；在新机开售日，可以对预约用户批量唤醒，进行集中转化；
- 在持续营销投放期，广告主需要持续影响用户决策，使目标用户持续发生转化，可以通过日常化的直播活动，冠名赞助独家 IP 综艺等方案，达到维持热度的目的。

2. 新机营销方案

社区平台就数码行业的营销诉求，推出了相适配的营销解决方案。除了常规的"前期硬广曝光/定向精准投放，中期与达人合作内容传播，后期进行直播拔草"的营销方案外，还结合数码行业自身线上线下联动、全民皆需的特点，丰富了其特有的营销方案。

- 首先是线上线下联动，线下提供了新机第一手体验渠道、日常服务维修、快闪店营销等服务，这些服务都是线上不可替代的，所以线上广告的落地页可以个性化定制以发放福利，包括门店新品购买资格、抽奖赠送礼品、预约线下服务等，促成用户线上参与活动后进店线下履约；
- 其次是打通线上电商转化链路，促成数码产品的直接销售目标达成，这就要求精准定向数码产品需求人群，并通过创新广告样式吸引用户注意，最后丰富落地页的能力，支持预约、预售、立即购买，支持广告主多样化销售目标达成。

9.4.4 快消行业

快消行业的特点是追求品效合一，对广告投放的后端 ROI 转化考核极为严格，快消行业营销解决方案如图 9-31 所示。社区平台为快消行业提供的营销解决方案通常分为两类：一类是爆款营销方案；一类是大促营销方案，前者帮助商家重点打造单一爆款商品,侧重于单品打爆,后者帮助商家进行全店的大促营销,侧重于店铺整体销量的提升。

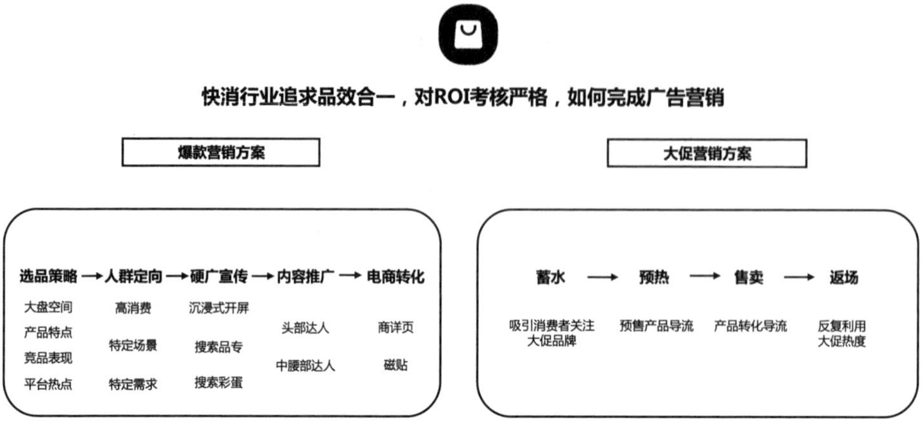

图 9-31　快消行业营销解决方案

1. 爆款营销方案

爆款营销方案通常分为以下五个步骤:选品策略、人群定向、硬广联动、内容热推、电商转化,其中最重要的是前四个步骤,前面四点做好了,电商转化将是水到渠成的事情。

- 选品策略指的是选择最有可能成为爆款的产品去主推。首先需要考虑该商品的平台空间,包括该商品在平台上的热度和趋势,用户对该商品的需求热度,平台上该商品目标人群的量级;其次需要评估该商品的电商表现,包括商品搜索量趋势,商品客单价是否被平台用户接受,商品是否有明确的利益点;最后还需要注意借平台热点内容与活动,打造契合平台热点的商品文案;
- 人群定向顾名思义就是选择适合商品特征的人群,例如如果商品适合白领,那么就应该去选取能接受高端产品的高消费人群,或者追求小资精致生活的用户;
- 硬广宣传即在预热期和爆发期首日,以硬广强势曝光获取大量用户关注，典型的硬广有开屏、首刷信息流等，这在前面已经强调过很多次，这里不再赘述；
- 内容推广指的是利用社区头部创作者的影响力与传播力，在快消品正式发布前持续在社区内发酵，逐步带出热度，以期在发布日取得良好效果。

2. 大促营销方案

大促营销方案通常分为蓄水、预热、售卖、返场四个阶段，各阶段快消行业广告主需要做的事情如下：

- 蓄水期的目的是吸引消费者关注大促品牌，所以在这期间可以重点发力达人内容合作推广与品牌广告投放，前者可与大量达人合作，实现种草蓄水，积累竞价素材；后者通过硬广曝光持续为大促活动增加声量；
- 预热期是为预售产品导流，通过效果广告对达人种草人群与品牌触达人群定向投放，提高商品预约率、加购数、收藏数；
- 售卖期是为了产品转化导流，对预热期投放效果较好的计划加大预算，持续对种草人群进行拔草；
- 返场是为了持续利用大促热度，通常可对未完成销售预期的商品进行导流，这比较考验定向能力，需要在种草人群里排除掉已转化人群，进一步挖掘其潜在价值。

第 10 章 CHAPTER

短视频社区的直播变现

近些年随着直播业务的强势爆发，短视频社区也纷纷上线直播业务，直播几乎成了各家短视频社区的标配，很多社区在倾斜越来越多的资源扶植直播业务，主要原因有两点：首先直播能够大量拉长用户时长，一场直播平均下来40~50分钟，相当于刷几十条短视频的时长；其次是直播的变现能力也不容小觑，直播这一产品形态非常适合作为流量收口，直播打赏、直播带货，都是已经被验证过的成熟商业变现模式。

与此同时，直播行业的市场规模本身正处在飞速发展之中，如图10-1所示，2017~2022年中国网络直播行业市场规模不断增长，整个行业市场规模几乎每年都在翻番，在2022年将有望达到5000亿元的规模，2025年则有可能达到5万亿元的规模。

伴随着直播行业的增长，直播变现能力的重要性也愈发凸显。如图10-2所示，直播变现的主要能力包含直播引流、直播打赏与直播带货，那么这三者的关系是什么呢？

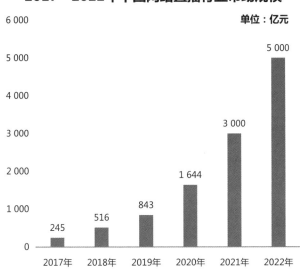

图 10-1　2017~2022 年中国网络直播行业市场规模

直播变现在最开始的阶段，仅仅只是 C 端用户对主播进行直播打赏，购买礼物或者道具，而平台在打赏费用中抽取一部分佣金。随着直播的发展，平台与直播逐渐发现直播打赏的单次付费金额与频次属实有限，而通过直播带货的方式可以极大地提高单次流量的变现价值。伴随着直播带货的兴起，品牌商家也开始逐渐重视该渠道，进而开始有意识地进行直播引流来提高直播间的关注量。

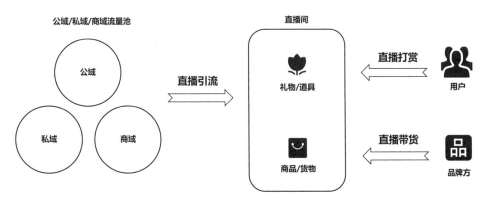

图 10-2　直播变现三种方式的关系

基于以上推演逻辑，直播引流、直播打赏、直播带货三种方式逐渐发展成了直播最主流的三种变现方式，我们在接下来也会按照这个顺序分别详细介绍三者的变现逻辑与细节。

10.1 直播变现的三大特点

直播变现具有全民皆主播、触达即转化、与短视频互补三大特点，如图 10-3 所示，这三个特点决定了直播的覆盖面广、变现效率高、社区平台重视并投入资源扶持。

图 10-3 直播变现的三大特点

10.1.1 全民皆主播

全民皆主播指的是直播能够吸纳头部至尾部的所有创作者群体，原先在社区平台上的短视频创作者，无论其粉丝量级是高还是低，都可以在短视频社区上一键开播，与粉丝互动，为粉丝带来区别于短视频的直接体验。

- 对于超人气明星这样的头部主播，开播除了可以进行适当带货外，还能够维持与粉丝的亲密度，保持自身在社区平台内的人气值；
- 对于某些垂直行业的达人主播，直播能够彰显其在特定行业下的影响力，为商家或者品牌带来直接的商品转化销量；
- 对于很多刚刚开始入局直播的新晋主播，直播能够为其带来不同于短视频的表现形态，以及拓展新粉丝的可能性。

综上，不同量级的主播都有积极主动开播的动力与理由，这也造就了直播繁荣的业态，直播供给端的充足维持着直播变现的源动力。

10.1.2 触达即转化

触达即转化指的是直播这一产品形态所带来的，对用户的直接转化体验，区别于传统货架电商用户需要"搜索—点击—浏览—加购"的复杂路径，在直播间里主播能够第一时间将商品展现给用户，并针对商品的特点展开讲解与分析，用户体验更直观。

直播带货这一行为本质上是重构出了一条高效短链的转化渠道，用户由原来主动地搜索商品，变成被动地展现商品，直播间强沉浸式的商品介绍、主播互动、优惠券叠加、限时折扣等因素，无一不在强烈地刺激用户并强化其购物冲动。直播强互动的转化氛围带动了直播互动数与直播转化数的上升，也让直播带货成了电商卖货的一种全新营销方式。

10.1.3 直播与短视频互补

直播的时长通常为一小时左右，是一条短视频时长的十倍以上，所以直播也逐渐成了商家的一类长效经营工具，与短视频相互补，共同搭建"种草—拔草"的营销产品矩阵。

短视频更多地可以起到"种草"的作用，通过在短时间内提供高密度的内容质量的方式，持续发酵积蓄品牌种草力，通过内容营销来培养用户黏性，为品牌阵地持续进行蓄水。

直播相对短视频而言，更可以起到"拔草"的作用，直播间内主播与粉丝的互动相比短视频更加频繁，并且直播间叠加优惠券还可进行限时转化，品牌可以通过直播一次性地将短视频种草累积下的购买力彻底释放出来。

品牌通过直播拓展了原先只有短视频或者图文这样的展现方式，同时也拓展了变现的新路径。

10.2 直播引流：阶段与场景

随着社区平台开播的品牌商家越来越多，品牌直播间数量也随之增多，相互之间竞争加剧，品牌发现直播间通过自然流量很难达到预期的互动效果，因而通过付费流量进行直播引流，这也成了品牌为保障直播效果而必做的事情。本节分"引流阶段"和"引流场景"两部分介绍直播引流，引流阶段分直播前预热、直播中引爆、直播后延续三个阶段，可以看到社区平台提供了哪些支持全流程的能力；引流场景主要分品牌宣传、大促节点、日常经营三大类场景，可以看到品牌是如何通过直播引流服务于这三个直播营销场景的。

10.2.1 三个直播引流的阶段

1. 直播前预热

直播前预热包括硬广预热、任务激励、直播预约三种方式，以勾起用户兴趣，为直播间正式开播蓄水预热，提前打造良好的直播氛围。

（1）硬广预热

硬广预热包含常规直播开屏、沉浸式直播开屏、搜索焦点图直播预告、主页直播预告四种形式，如图10-4所示。硬广能够覆盖用户主要行为的核心路径，提前汇集用户群体，品牌通过在直播前期用大量曝光资源进行直播内容预告，并在落地页进行直播预约或者直播信息的强提示，能够有效地提升用户对直播活动的关注，提升直播预热的效果。

下面分别举例介绍四种硬广直播预热的类型，以及各自在互动和转化方面的优势。

- 常规直播开屏：图中点击开屏按钮"点击开启"，可直接跳转直播预热落地页，落地页有直播预约组件或者预告短视频，方便用户预约直播。常规直播开屏作为品牌直播的常规预热手段，一直都是各品牌的必选硬广投放方式之一；
- 沉浸式直播开屏：沉浸式开屏会添加一些自然的互动吸引用户参与，

例如图中开屏会模拟明星给用户打电话，用户点击接听按钮后会跳转至直播间预热页。沉浸式开屏的价格略高，有时候需要根据直播内容来进行定制；

图 10-4　硬广预热

- 搜索焦点图直播预告：搜索页焦点图展示直播预告，目的是吸引搜索人群这一与直播内容相关度较高人群的注意力，提高直播间的引流效果；
- 主页直播预告：达人或品牌空间主页通常会有大量粉丝访问，所以达人或品牌会在简介处预告下一次的直播时间，以提醒粉丝准时观看直播。

（2）任务激励

除了常规通过硬广为直播进行预热外，品牌还可以通过活动的方式激励用户参与，通过让用户深度参与的方式来为直播活动预热蓄力，让直播当天成为活动的最高潮，如图 10-5 所示。

品牌设置话题名称与任务主题，并明确品牌任务的详细规则，例如活动参与奖项设置、激励金额、视频制作标准、参与门槛等，大量用户参与任务激励而制作的 UGC 视频会在社区广泛传播，进而帮助品牌主题在社区内不断发酵。由于全民任务里用户参与的拍摄主题与拍摄内容都与品牌直播强相关，通过这类视频的引导能够强化用户关注直播,提高用户对直播当天的期待值与兴趣度。任务激励是一种典型的聚合站内优质资源,以任务激励模式引导全民裂变传播的预热方式。

图 10-5　任务激励

（3）直播预约

直播预约能力主要是社区平台提供的产品功能,意图通过产品化的方式去提高用户的预约率,同时也提高预约用户的触达率,主要包括"搜索预约"与"信息流预约"两种方式,如图 10-6 所示。

搜索直播预约承接了用户的主动搜索流量,通过品牌专区的预约卡强提示对品牌有兴趣的用户进行直播预约,这部分用户由于是主动搜索人群,故其直播转化率相对较高；信息流直播预约主要是定向投放给品牌兴趣人群,提醒这部分用户及时观看品牌直播,其成功率比较依赖定向选择的精准度。而直播预约最重要的环节是之后的预约召回,对于已经点击预约按钮的用户,直播开始时平台会通过 App 推送、短信等方式提醒用户观看直播。

直播预约能提前锁定品牌高兴趣人群,及时提醒并回流至直播间,为直播间流量维持一个基础的保障基数。

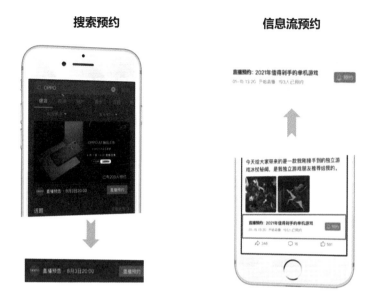

图 10-6　直播预约

2. 直播中引爆

直播中引爆包括黄金曝光位置、原生广告、引流广告三种类型，目的是在直播时通过广告引爆直播间，短时间内聚集最大的流量与最高的人气。

（1）黄金曝光

黄金曝光主要包含两类大流量的曝光，一类是开屏广告直接跳转到直播间，另一类是搜索品专直接跳转到直播间，如图 10-7 所示。

开屏广告通常会强提醒用户当前正在直播的节目，如图 10-7 的左图所示，"正在直播中"五个大字抓住用户的"第一眼"，独占黄金位置全屏展示，前五秒全屏可点击，可高效地将用户引流至直播间；

搜索品专在搜索结果首位凸显直播间，将正在直播的企业号头像进行呼吸灯展示，并在品牌卡下方完整实时展示直播间形态，展示当前直播的观看人数、主播状态、直播间背景图、商品小卡等信息，第一时间吸引用户。

抓住了开屏与搜索结果首位这两大黄金曝光位置后，品牌能够在直播时吸引到社区平台最大的流量，彻底引爆直播间。

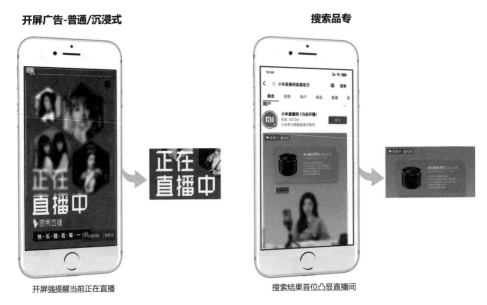

图 10-7 黄金曝光

（2）原生广告

直播间原生广告存在于用户的信息流路径中，用户刷到原生广告的时候会实时展现直播形态，相当于用户已经在直播间内观看直播，只是信息流形态缺少直播间内的互动组件，如图 10-8 所示。

直播间原生广告的原生样式能够吸引用户兴趣，提高用户的点击率，在信息流中直播间界面会强提醒用户"点击进入直播间"，用户点击后将无缝切换至直播间内。这种将具有吸引力的实时直播画面前置可有效助力转化效果的大幅度提升。除了点击原生广告的文案字样/内容主体进入直播间外，点击原生广告昵称、卡片或者右滑操作，都会引导用户进入直播间。

原生广告通常只允许正在直播的广告主进行限时投放，并按照进入直播间的转化目标付费（如进入直播间、直播间互动、直播间打赏等），这将有效保障广告主的引流成本，助力直播间流量增长。

（3）引流广告

引流广告是区别于原生广告的其他产品形态的引流方式，典型的包括视频

第10章 短视频社区的直播变现

引流与头像引流两类,如图 10-9 所示。

原生样式吸引用户兴趣,提高点击率

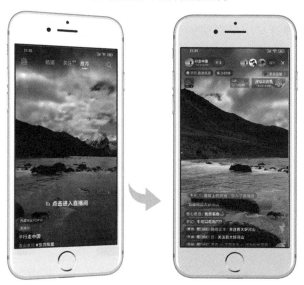

图 10-8 原生广告

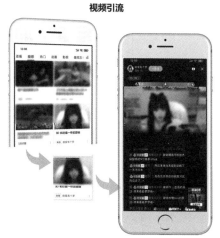

视频主页推荐流凸显直播小卡与直播标签,点击跳转直播间

正在直播的主播头像展现呼吸灯样式,吸引用户进入直播间

图 10-9 引流广告

视频引流是在社区平台的主页推荐信息流内凸显直播间小卡,通常会有"正在直播中"的标签强提醒,用户点击后可跳转至直播间。

头像引流指的是正在直播的企业号或者达人视频/空间页的头像展现呼吸灯样式,明确告知用户当前企业或者达人正在直播,吸引用户点击进入直播间。

引流广告也是仅限于正在直播中的广告主进行限时投放,相比于黄金位置曝光与原生广告,引流广告是一类引流成本较低、引流效果良好的投放方式,品牌偏向于将引流广告定向对品牌粉丝投放,以低成本吸引品牌粉丝进入直播间。

3.直播后延续

直播后延续包括高光视频与直播回看两部分,如图10-10所示,这能够延续直播热度,在社区内持续发酵直播的精彩内容,持续塑造品牌影响力。

图 10-10 高光视频与直播回看

(1)高光视频

品牌能够将直播高光视频针对目标用户持续投放、精准运营,分别对未看播用户和已看播用户进行定向投放如下：
- 针对未看播的用户，高光视频可以通过剪辑突出直播的亮点内容，激发未看播用户的好奇心，吸引用户去回看完整直播，或者预约下场的直播；这可以补充直播宣导内容未触达的用户，延伸品牌的推广效果；
- 针对已看播的用户，高光视频可以将直播的精彩内容二次沉淀后再发酵，强化品牌印象，提示下场直播预约；同时也能延续直播热度，强化与用户的联系，持续推动用户转化。

总之，高光视频作为一场直播的精华部分，以短视频这一内容形态存在于社区之中。一场直播往往能够带来十几个高光短视频，这些短视频可以搭配直播活动进行品牌在社区内的长效经营，助力品牌广告主的长期增粉。

（2）直播回看

品牌主为了一场直播通常会做大量的精心准备，包括主播的选择（如果是品牌自播，其成本较可控，邀请达人代播的话则成本偏高）、直播间的特定装修、直播商品的精细化选取（其中还包括商品的优惠成本）、直播剧本的撰写、直播话术的培训等，品牌主通过以上准备去构造一套完整的人货场直播往往会付出极高的成本，如果只是一次性的直播未免投入产出比太低，所以大部分能够控制数据存储成本的头部短视频社区平台都提供了直播回看能力，如图 10-10 的右图所示，在品牌的空间页里按照时间倒序排序，列出了品牌最近的直播回看场次。

直播回看的功能是方便错过直播的用户能够回看完整的直播过程，其进一步的目的是刺激用户预约下次直播。如果用户在直播回看过程中对品牌/主播/商品产生兴趣，自然而然会预约下一次直播。

10.2.2　三种直播引流的场景

1. 品牌宣传

品牌宣传的引流场景如图 10-11 所示，品牌宣传的直播分为直播前、直播中、直播后三个阶段。直播前又分为提前预热、直播造势、播前召回，直播中进行高效投放，直播后进行二次传播，在各个细分阶段都有相应的直播产品帮助引流。

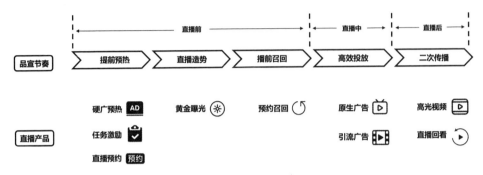

图 10-11　品牌宣传

（1）品牌宣传适用行业

品牌宣传包含品牌的许多不同诉求，例如品牌的新品上市前需要在社区平台造势和预热，品牌与社区会定制专属的品牌日，品牌与社区的内容 IP 进行合作营销等，这些都属于品牌宣传的一部分。接下来我们分别介绍这些品牌宣传活动适用的典型行业及其品牌诉求。

❑ 新品上市

上市前进行新品宣发的典型行业是汽车和数码 3C，其需要在新品上市前大范围地告知用户，去抢夺市场声量，引发用户的关注。在新品发布当天，他们会在社区举办一场声势浩大的新品直播发布会，那么前期的品牌宣传自然就需要用到前面提到的"直播前预热"和"直播中引爆"来辅助造势。

❑ 专属品牌日

会与社区共同打造专属品牌日的典型行业是奢侈品 / 快消品，这些行业希望借助品牌事件、明星等，通过直播进一步扩大其影响范围。这些行业在社区内的营销诉求主要是想打造其社区影响力，进而影响广大社区用户对品牌的认知心智。在专属品牌日当天，除了直播外还有一系列的互动项目，品牌会投入大量资源去购买"直播中引爆"广告，在专属品牌日有限的 24 小时内引爆活动。

- 内容 IP 合作

需要与平台的内容 IP 合作营销的典型行业有食品饮料/美妆等，这些行业的产品客单价适中，用户购买频次较高，更加贴近用户生活，以综艺直播的娱乐形式输出品牌或者产品理念，能够更深刻地影响用户。"直播后延续"里的高光视频和直播回看，能够帮助这些行业的广告主更长远地在社区内运营。

（2）品牌宣传营销节奏

如图 10-11 所示，品牌宣传的节奏包括提前预热、直播造势、播前召回、高效投放、二次传播五个阶段，我们来看下平台都提供了哪些产品能力来支持各个阶段的引流。

- 提前预热。在品牌宣传直播开始前的十天到半个月的时间段内，品牌就需要在社区内预热和造势，可采用硬广预热、任务激励或者直播预约的方式来为直播加热，此时适宜采用"小火慢热"的方式持续稳定地蓄水。
- 直播造势。在品牌宣传直播开始前三天，就需要购买大流量资源（例如黄金曝光位置）来为直播当天争取足够多的曝光与流量，尽量提高直播活动在社区内的影响力，直至达到用户口口相传的地步。
- 播前召回。在品牌宣传直播开始的前几个小时，需要通过预约召回手段将前期投放的营销成本一次性收回来，将之前分散在各个预约入口的流量一次性汇聚到直播间。
- 高效投放。当品牌宣传直播开始的时候，品牌需要通过原生广告或者引流广告的高效投放，持续为直播间输入流量。
- 二次传播。在品牌宣传直播结束以后，品牌可以通过剪辑高光视频或者直播回看的能力进行二次传播，将直播的影响力做到极致。

通常，一个品牌如果要通过直播这种方式去做品牌宣传，只要能够在以上五个细分阶段利用好这些产品能力，基本上就能够为此次品牌宣传提供基础的流量保障。

2. 大促节点

除了品牌宣传以外，直播引流的第二个典型场景是大促节点直播，如图 10-12

所示。大促节点的引流场景同样分为直播前、直播中、直播后三个阶段，只是大促的直播时间一般比较长，甚至可以达到十几个小时，所以其在"直播中"阶段会包含直播暖场、直播留存、提升效果三个细分阶段，"直播前"主要是要提前锁量，"直播后"主要是进行二次传播。

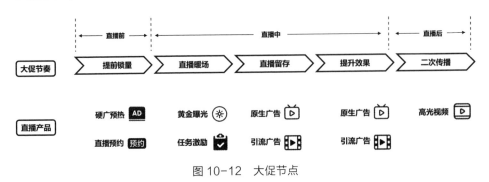

图 10-12 大促节点

（1）大促适用行业

在大促节点采用直播带货方式的典型行业有电商、快消、美妆、日化等，这些行业通常具有以下的特征。

- SKU 比较丰富。在长达十几个小时的大促直播里，如果一个品牌只有两三个 SKU，是支撑不了时间如此久的直播的。只有 SKU 比较丰富，主播才能够有足够的内容去讲解各个 SKU 的区别，及其适合的人群。
- 客单价相对较低。快消、美妆、日化行业的商品客单价较低，相应地，用户的决策成本就低，用户更容易下单购买，所以这类商品适合在大促直播场景下去打造爆款。
- 用户刚需性强。如果大促售卖的商品不贴近用户生活，或者说不实用，就容易造成直播间用户快速流失，也就无法支撑起一场长达十几个小时的大促直播。

通过以上对大促节点适用的行业特征的描述，我们明白了为什么在大促直播中很少看见高客单价的商品（卖车卖房），也很少有艺术品。

（2）大促营销节奏

如图 10-12 所示，大促营销节奏通常包含提前锁量、直播暖场、直播留存、提升效果、二次传播五个细分阶段。我们分阶段来看下平台都提供了哪些产品能力去支持各个细分阶段的引流。

- 提前锁量。品牌可以通过硬广预热和直播预约进行提前锁量，直播前只做提前锁量的原因是大促直播并不追求直播间人数、直播浏览量等数据，因为大促直播需要的是在直播间内实实在在地卖货，大量的曝光未必能够保证足够的成交量，所以品牌需要的是将对品牌商品感兴趣、具有一定购买力的人群吸引进直播间。
- 直播暖场。一场长达十几个小时的直播不太可能上来就直接卖货，通常需要主播做一些互动活动来暖场。此时可以通过黄金曝光或者任务激励吸引用户进入直播间参与暖场活动。
- 直播留存。对于开播时间较长的大促直播来说，用户留存是一个至关重要的指标。用户留存率高，意味着其能够维持直播间的长期热度，品牌可以通过原生广告或者引流广告来维持直播间的留存率。
- 提升效果。大促直播需要品牌持续不断地吸引新客进直播间，反复刺激用户购买，品牌可针对高意向人群通过原生广告或者引流广告反复进行精准引流。
- 二次传播。大促直播结束后，可以通过剪辑高光视频来介绍优质商品。这里有必要强调一下，为什么大促直播的二次直播里缺少直播回看，因为大促直播的时候通常会采用叠加优惠券或者主播口令等促销手段，而这些手段都是具有时效性的，为了避免用户直播回看时产生误解，通常只保留大促直播的高光视频。

3. 日常经营

最后一个直播引流场景是日常经营，如图 10-13 所示。在直播生态逐步成熟以后，部分品牌已经将直播作为一个日常运营手段，通常分为启动期、成长期、成熟期三个阶段。"启动期"主要是让品牌跑通直播运营的流程，"成长期"主要是培养用户定期观看品牌直播的习惯，"成熟期"是让品牌提高其社区影响力，进一步扩大品牌声量。

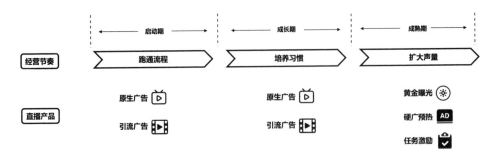

图 10-13 日常经营

（1）典型行业

将直播作为日常经营手段的行业有快消、教育、数码 3C、家居、汽车等，行业多种多样，行业特点也各不相同，但这些行业做直播的目的通常有以下几点。

- 培养用户的品牌忠诚度。品牌定期做直播，能够定期地在用户面前曝光，让用户对品牌直播规律有认识，逐步提高用户的品牌认知，培养起用户的品牌忠诚度。
- 增加品牌企业号的粉丝量。品牌的定期直播能够积累品牌企业号的粉丝，品牌可以通过估算直播优惠券的发放率与增粉量的关系来评估直播的频率与投入成本。
- 用户的日常拉新和促活。在流量愈发紧缺的环境下，品牌需要不断主动出现在用户面前，品牌通过定期直播来维持日常的拉新和促活。

（2）生命周期

长效经营直播的运营策略，本意是在品牌成长的整个生命周期中，通过精准定向目标用户，配合宠粉福利来推动粉丝量滚雪球式地增长。我们来看下品牌在启动期、成长期、成熟期三个阶段的运营目标与运营策略。

- 启动期。品牌运营目标是跑通流程，针对已有粉丝人群做基础直播测试，积累种子用户，为后续精准投放做准备。品牌运营策略是精准、定向地进行粉丝运营，例如基于主播人设布局短视频内容，或者通过投放原生广告或者引流广告去触达高意向人群。
- 成长期。品牌运营目标是培养用户习惯，通过稳定高频的直播培养用户看播习惯；引导用户关注品牌，增强粉丝联系，扩大品牌企业号粉丝数量。品牌运营策略是精准和定向，并发放宠粉福利，例如利用直播间的互动组件给粉丝最大福利，吸引自然流量，或者精准地将相关直播的看播人群引流至直播间。
- 成熟期。品牌运营目标是扩大声量，增加非粉人群的引流和看播人群的转化，通过短视频全站预热或者购买黄金曝光、硬广预热、任务激励来进行强势引流。品牌运营策略是日常直播和增加引流，并进行阶段性集中转化，例如打造几场现象级爆款直播，制造品牌大热现象。

10.3 直播打赏：认可并付费

直播打赏是直播这一产品形态最早的变现模式：用户在直播平台给主播打赏，平台则从打赏中扣除一定比例的费用作为佣金。随着近几年直播的兴起和快速发展，直播打赏变现模式也愈发成熟，平台也逐渐摸索出了一套方法论，引导用户从观看用户转变成付费用户。

直播打赏的用户付费可以总结为 3 个阶段：建立社交、首次打赏、持续付费。在用户消费的不同阶段，社区平台需要进行相应的产品设计来逐步提升用户的转化，如图 10-14 所示。

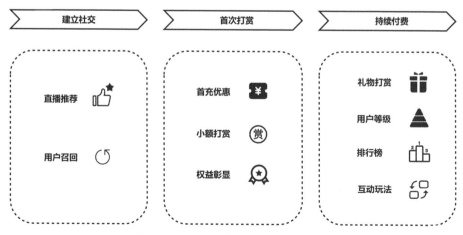

图 10-14　用户直播打赏的 3 个阶段

- 建立社交是为了通过优质直播内容吸引用户,包括首页直播推荐和用户召回,初步建立用户与主播的联系与认知。
- 首次打赏是在主播与用户建立社交关系后的进一步行为,平台为鼓励用户首次打赏,提供了首充优惠、小额打赏、权益彰显等产品能力。
- 持续付费表明用户与主播已经建立了稳定的信任关系,平台提供了礼物打赏、用户等级、排行榜、互动玩法等产品能力去刺激用户进行更多的消费。

10.3.1 建立社交的两种场景

社区平台为优质主播和用户建立社交的逻辑是：先为用户推荐其可能感兴趣的直播间,让其关注主播并培养起观看直播的习惯,在用户关注主播后,一旦主播开播就进行用户召回。如图 10-15 所示,左侧展示的是抖音、B 站等头部短视频社区平台的直播推荐；右侧展示的是短视频社区 App 进行粉丝召回的流程,用户先在推荐信息流的磁贴卡上进行直播预约,一旦直播开始,短视频社区 App 就会针对已预约过直播的用户进行推送,召回这部分用户,以提高直播间的观看人数。

图 10-15 直播推荐和用户召回

1. 直播推荐

直播推荐的目的是为用户推荐其感兴趣的主播，让用户与主播产生初次连接，建立社交关系。通常，对于一个刚下载并使用直播产品的用户来说，其核心需求可能是观看精彩的直播内容，以获得愉悦感和满足感。因此，需要通过推荐机制从大量直播内容中找到用户可能感兴趣的直播内容，尽可能满足用户的个性化观看需求，提升用户的观看体验和时长，为用户进一步付费创造条件。

平台通常会将以下因素作为直播推荐的依据。

- 头部优质直播内容。通过人工运营手段或者机器评分手段计算主播直播间的用户数、送礼数、分享数和评论数等，进而筛选出优质的直播内容。如果想要与用户建立初次连接，推荐头部热门内容通常能够保证内容的优质度，也更能够吸引用户关注主播。
- 用户标签匹配。社区平台会记录用户看过的短视频内容或者直播内容，并提取相应的短视频标签或者直播标签，平台会将更多的与这类标签相匹配的直播推荐给用户。

与此同时，主播为了获取用户的关注与打赏，也会积极地去制作精美的直播封面，精挑细选直播标题，并尽全力准备内容丰富的直播活动。平台对于这类重视直播内容创作的主播，也会在主播侧给予一定的流量扶持，引导用户更多地关注主播。

2. 用户召回

用户召回的目的是为用户与主播重复建立连接，引导二者加深关系，并期望用户在反复观看了主播的直播以后，能够关注主播。在用户关注主播后，产品可以将主播开播的消息发送给用户。用户在收到消息后即可进入主播直播间，提升了用户进入直播间观看的转化率。

平台希望通过"直播推荐→用户召回"这样的闭环逻辑建立主播和用户之间的社交关系，并培养用户定期观看主播直播的习惯，为主播培养高忠诚度的粉丝，为下一步的首次打赏培养足够的用户基数。

10.3.2 鼓励打赏的三种方案

用户首次打赏，就意味着用户迈出了与主播建立社交后的关键一步。用户打赏的原因主要有两点：第一是用户对主播内容的认可，主播的直播内容在某种角度上击中了用户神经，让用户觉得需要进行打赏来表达对主播内容价值的欣赏；第二是用户对主播本身的认可，用户想通过打赏这样的消费行为来获取主播的关注，通常主播收到礼物后也会对送礼用户表示感谢并与之互动，送礼的用户能够获得主播更多的关注，用户愿意通过打赏增加与主播的互动。

基于以上两点原因，平台为了促成用户的首次打赏而推出了一系列的产品能力，如图10-16所示。

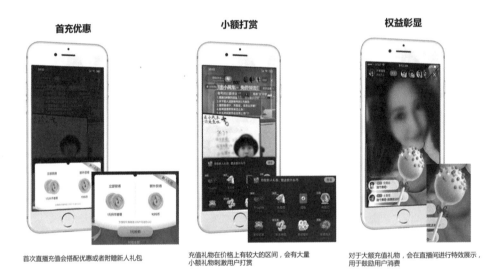

图 10-16　首充优惠、小额打赏和权益彰显

1. 首充优惠

平台会为首次直播充值的用户搭配优惠券或附赠价值较高的新人礼包。这一策略的目的是让用户获得优惠的体验，利用用户喜欢占便宜的心态来引导用户完成首次充值。

如图10-16左侧图所示，产品明确提醒用户充值就会有新人礼包赠送，点击详情还会展现用户首次充值可获得的多重礼物，这些礼物价值远远大于用户的充值金额，在这种利益刺激下用户往往会进行首次充值。

2. 小额打赏

除了通过首充优惠去刺激用户充值以外，小额打赏也是一种通过降低打赏付费门槛来提高新用户充值消费成功率的一种产品手段，用户可以花费更低的成本来体验直播打赏的功能。

如图 10-16 中间图所示，用户为主播打赏的礼物在价格上有较大的区间，平台希望通过大量的小额打赏礼物减轻用户压力，刺激用户进行打赏。对于一个从来没有打赏过的用户来说，打赏一个 5 抖币的直播产品难度远远低于打赏一个几百抖币的直播产品。

3. 权益彰显

一旦用户打赏了较大价值的礼物，平台应该为了用户的该消费行为，去直播间进行特效展示，例如公屏消息或者礼物动效等，彰显本次打赏的权益，让主播和直播间其他用户清楚地知道打赏的用户是谁，便于主播感谢打赏用户。其目的一方面是为了鼓励该用户消费，通过打赏权益的设计充分满足送礼用户的虚荣心，提升用户的存在感；另一方面也是为了刺激其他用户进行模仿与比较，进而烘托氛围，打造用户争相打赏的直播间环境。

如图 10-16 右侧图所示，用户送出了价值较大的礼物后，在屏幕正中间凸显送礼用户的礼物特效并持续一段时间，同时显示打赏用户的昵称，这时主播就需要口头感谢该用户并与之互动，而这一场景也可以同步激励直播间的其他观看用户。

10.3.3 持续付费的四种玩法

在用户完成了建立社交与首次打赏之后，接下来平台就需要促进用户持续付费，这是能够持续提升直播变现中直播打赏收入的关键一步。用户持续付费的动力要么是希望获得主播的关注，增加和主播的亲密度；要么是希望自己在社区平台内获得更高的用户等级，有更多的存在感，以此满足自己的虚荣心。

平台为此也设计了礼物打赏、用户等级、排行榜、互动玩法等产品来引导用户持续付费。

1. 礼物打赏

礼物打赏在用户持续付费金额里占了较大的比例，如图 10-17 所示。各平台的直播打赏礼物通常具有其平台特色，例如 B 站的直播打赏礼物偏二次元风格，以可爱有趣为主；抖音的直播打赏礼物则相对比较接地气，表达方式比较直接。

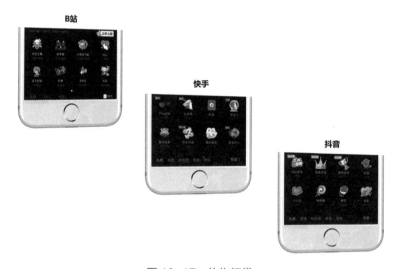

图 10-17　礼物打赏

平台设计的打赏礼物通常具有以下几个特点。

- ❑ 价格区间跨度大。礼物价格分布区间较大（通常会有 0 元、1 元、10 元、50 元、100 块、500 元、1000 元、2000 元等），以保障不同消费能力的用户都能打赏，且具有权益差异。
- ❑ 名称契合平台特色。礼物名字可以用网络用语，让用户觉得更加亲切，例如"666""小心心"等，也可以用"荣耀王者""闪耀之神"等。总之，礼物名称需要契合平台的用户特征与喜好。

- 可批量赠送。平台允许将批量赠送的礼物数量设置成88个、520个、1314个这样具有特殊含义的数目。这样的设计能够刺激"土豪"付费，同时也为平台创收。
- 平台主播专属定制礼物。平台为头部主播量身打造专属礼物，该礼物包含与主播有关的元素，能强烈地刺激用户进行打赏，这也体现了头部主播对于直播平台有举足轻重的影响力。

2. 用户等级

平台需要通过设置合理的用户等级体系，让用户能够通过打赏实现等级的提升，以不断增加用户在平台的存在感和满足感。平台需要通过实时反馈来提示用户升级，让用户对升级有更及时的感知，提升用户升级的动力。

直播体系的用户等级如图10-18所示，不同等级区间的用户有不同的等级权限。平台通过虚拟职级来标识用户的等级，如舰长、提督、总督这样的等级。等级越高的用户通常特权也更多，例如粉丝勋章、专属道具、头像框、互动气泡框等产品样式上的独特性。

图10-18 用户等级

高等级用户在进入直播间时也会有更炫酷的入场动画效果,高等级用户打赏也可以享受专属的动效礼物,这些特权可以让高等级用户在产品中有更强的存在感,能够在直播间受到更多人的关注,凸显自己的独特性。

等级体系的作用:一是激励用户更多地使用产品,通过完成签到、分享、打赏等任务来提升自身等级;二是增强用户黏性,高等级用户在平台付出了较高的沉没成本,也就不会轻易流失。

3. 排行榜

社区平台还能够通过排行榜来刺激用户持续消费。排行榜的设计利用了用户的竞争心理,用户要想在喜欢的主播的贡献榜上榜,让主播更多地与自己互动,则需要更多的互动或者打赏。如图10-19所示,在各主流短视频社区平台的直播间里都会显示用户排行榜,它们将用户赠送的礼物转换为用户的贡献值并进行排名。

图 10-19 排行榜

主播侧也有一个主播排行榜,榜单上越靠前的主播说明其直播热度越高,直播热度越高就能吸引更多用户观看,形成强者愈强的效应。所以,主播要想获取好的名次,就需要更加积极地开播,并通过更多与观众互动和提供更优质的内容来增加用户的消费。

社区平台在设计排行榜产品的时候，通常会有以下几点考虑。

- ❏ 阶梯级排名。直播间的用户排行榜会显示前十名的用户，排在之后的用户将不会显示在这个榜单上。而对于前三名的用户，直播间还允许其显示头像和昵称，之后的用户则只有昵称。社区平台就是通过这些差异化的设计来制造差异。
- ❏ 排行差距显示。排行榜的最底部会实时显示用户当前在直播间内的贡献值，并显示其与上榜用户的贡献差距，刺激用户消费冲榜。
- ❏ 冲榜功能刺激。排行榜通常会给用户强化"我要冲榜"的按钮，用户点击后系统会推荐价值较高的礼物来帮助用户快速提升榜单排名。

4. 互动玩法

除了常规的礼物打赏，以及通过用户等级和排行榜来刺激用户进行礼物打赏之外，直播间还会推出许多创新玩法来提高用户与主播之间的互动。虽然这些方式不完全是直接的打赏，但是对直播间人气值的提高、直播效果的提升都有明显的作用。如图 10-20 所示，通常有直播间红包、直播间福袋、分享裂变、连麦 PK 四类，接下来我们讲述一下具体玩法。

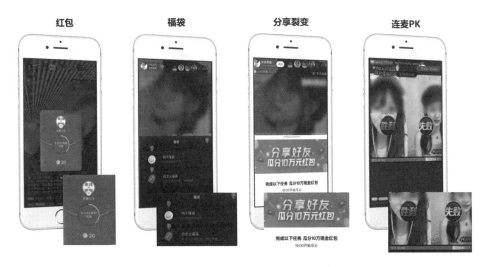

图 10-20　直播打赏 - 持续付费 - 互动玩法

- 直播间红包。主播在直播关键节点口播红包口令，或者直接面向用户发放红包，这将重新抓住用户的注意力，激发看播用户的互动热情。
- 直播间福袋。福袋是通过发放实物奖品来增强主播与用户的互动。福袋奖品通常设置的金额较高，具有诱惑力，且主播可以设置成仅粉丝可领取来刺激观看直播的用户成为主播粉丝。
- 分享裂变。主播通过分享裂变刺激用户为直播间引流，以增加直播间的观看人数。分享裂变通常会设置较高奖金来吸引用户，并且明确分享任务的规则，通过主播口播教学激励用户分享。
- 连麦 PK。连麦 PK 是在有限时间内，根据参与 PK 的主播的收益多少来确定胜负。平台让主播通过竞争的方式来刺激各自的粉丝，粉丝为了让自己所支持主播获取 PK 的胜利，会进行更多的付费。

10.4　直播带货：构建人货场

作为近两年爆火的营销新模式，直播带货极大地提高了单位直播流量的变现能力，创造了无数的营销奇迹。某种程度上来说，也正是因为直播带货的火爆反过来促成了直播这一产品形态的蓬勃发展。

在直播带货时，品牌会面临与做传统电商截然不同的问题。例如，到底是让员工自播，还是请网红达人代播，哪种效果好呢？品牌应该如何挑选有可能在直播间卖爆的商品？如何吸引用户在直播间长期停留，并提高用户的互动意愿和购买力呢？

这一系列的问题最后都可以归结为人货场的问题，也就是对品牌商家来说，直播带货最终就是"如何选人、如何选货、如何构建场"的问题。接下来我们就这三点详细讲述品牌应该如何做出选择，以达到最好的直播带货效果。

10.4.1　如何选择主播

针对直播带货如何选人的问题，如图 10-21 所示，我们需要先了解人的分类，也就是主播都有哪些类型（明星、达人、品牌方）以及他们的区别。另外，需要针对主播各自的特点做出相应的分析，例如平台型主播和垂类型主播的特点、头部主播和腰部主播的优劣、主播个人特质与品牌调性的比较等。最后，品牌可以根据竞品主播分析、带货效果分析以及达人粉丝与品牌粉丝的重合度分析，来选择最合适的主播。

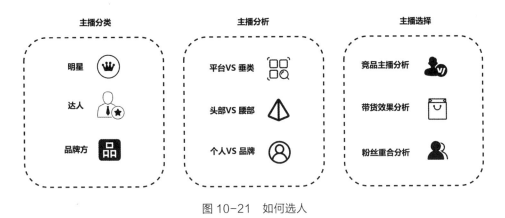

图 10-21　如何选人

1. 主播分类

在短视频社区庞大的创作者生态里，不同类型的主播构成了丰富的直播生态。我们来看下最典型的明星、达人、品牌方三类主播各自的特色与优势。

（1）明星

明星主播的优势在于其自带影响力和话题度，明星自带的超高流量能够带动品牌的关注度，具有强有力的品牌宣传效果。

对于明星主播，品牌广告主需要考量的主要指标是曝光、互动、增粉，如果这些指标表现优异，那么这类明星主播的开播效果往往会不错，能够达到品牌宣传的目的。然而，明星主播的出场费通常较高，明星档期也比较难约；同时，让明星为品牌带货，相当于是让明星为品牌做背书，明星对于品牌产品的质量、调性也会提出相对较高的要求。这些是品牌广告主邀请明星主播需要考虑的地方。

（2）达人

相对于其他类型的主播，达人的优势在于他们长期根植于平台，对平台了解更深，有较多的粉丝沉淀和较丰富的内容技巧，更擅长营造直播间的氛围。优质达人能够强互动、多维度地诠释品牌内涵，促进用户与品牌的深度连接。

对于达人主播，品牌广告主需要考量的主要指标是商品点击率、购物车点击率、直播间成单量、用户退款率等，也就是用最为直接的带货效果去考评达人。达人主播的报价通常远低于明星主播，结合优质达人的直播带货能力，品牌方选取多位达人组合带货，往往能够取得意想不到的效果。

（3）品牌方

品牌方自播的优势在于对自己的商品更加了解，在直播时能够更清楚地讲解商品的细节。同时，品牌方更加熟悉竞品市场，直播时能够给最真实的底价，没有套路，也更具有官方的说服力。

分析：
品牌自播的强势崛起

品牌广告主在自播时，需要关注曝光量和商品点击率等指标，通过品牌自身的强背书能力促进品效结合。品牌方自播将极大地节约邀请明星或者达人的成本，也能够培养用户对品牌的忠诚度（而不是冲着明星或者达人）。目前各大品牌也都有意识地发力品牌自播，培养员工在直播间进行品牌输出。

2. 主播分析

在了解了主播的类型后，我们再从其他维度来比较主播的差异，包括平台型主播和垂类型主播的比较、头部主播和腰部主播的取舍、主播个人特质与品牌调性是否匹配等。

（1）平台与垂类

平台型主播与垂类型主播的区别在于各自擅长的内容赛道不同，各自的优势分别如下。

- ❑ 平台型主播不具备明显的行业标签，其特色和优势是高颜值、年轻化、粉丝多。平台型主播的直播数据效果稳定，能够保证基本的量和带货效率，曝光力强，可以适配多种行业客户的需求，适合专业性要求不高的客户。

- 垂类型主播是各垂直领域的专家，典型的行业有母婴、食品、汽车、数码3C等。垂类型主播的特点是专业化、受众清晰、粉丝人群标签准确，适合推送专业性强的产品，种草能力很强。

平台型主播因为不具备垂类型主播深耕行业的优势，所以要求其具备泛化的特征。这些特征能够被大部分平台用户所喜爱，例如主播颜值高、幽默搞笑等；而垂类主播主打的特点是具有深厚的行业经验，他们可以没有高颜值，可以不风趣幽默，但必须在垂直领域具有令人信服的实力。

品牌广告主可以依据自己的商品特性去选择平台型主播或者垂类型主播。如果品牌调性高、客单价高、受众明确，则比较合适找垂类型主播进行带货；如果品牌受众广、客单价适中、比较贴近用户的日常生活，则比较合适找平台型主播进行带货。

（2）头部与腰部

头部主播和腰部主播的区分维度比较简单，主要就是粉丝量级上的差异。我们统计了各个短视频社区平台的主播的粉丝量级，总体上主播的粉丝量级与主播数量呈现明显的"二八原则"。头部主播（百万粉丝以上）的占比通常较低，但贡献了大量的看播和转化。在看播次数占比、购物车点击占比、商品点击占比等数据指标上，头部主播贡献了一半以上的数据。

在带货能力上，头部主播凭借其超高的平台影响力，通常能够驱动新客，影响普通路人，将其转化成购买力。所以，如果品牌广告主在直播中想吸引的是之前对品牌并不熟悉的新客，那么邀约头部主播有希望达到目标。相对地，腰部主播的带货更加依赖于忠实粉丝，其影响的更多是对主播本身高度认可的用户。品牌广告主邀约腰部主播的时候，需要选取用户复购率相对较高的商品，深入了解其粉丝的购物偏好，重视与粉丝的互动和粉丝的运营。

（3）个人与品牌

主播的个人特质与品牌的调性是否契合，主要考虑两点：第一是主播个人所在的行业或个人特质，与品牌所属行业、品牌调性等是否一致；第二是品牌自身所属领域的受众多少与主播粉丝量级是否匹配。

如果主播个人特质与品牌调性一致，那主播自然非常合适该品牌，主播可以帮助品牌扩大声势，提高带货效果。然而，是不是主播特质与品牌调性不一致，就不适合做品牌直播了呢？这也不一定，主播个人特质与品牌调性相悖，可以造成反差萌，反而有可能给用户带来完全不同的体验，收到良好的效果。例如最近流行的跨界直播，数码3C类产品让美食类主播帮忙带货，一方面能塑造惊喜感，另一方面也能触达美食区的新用户。

与此同时，不同品牌的粉丝量级差异较大，品牌通常需要先估算自身所属领域的受众，再与达人粉丝量级相匹配。例如，本土传统品牌想向年轻化方向转型，就需要寻找粉丝年轻化、粉丝受众广的达人；对于国际大牌，就比较适合寻找社区的头部主播，保持主播个人特质与品牌调性一致；对于调性独特的本土新锐品牌，由于品牌本身具有一定的热度和话题性，所以寻找与品牌调性匹配的腰部达人即可，通常的打法是寻找大量的腰部达人给产品铺量。

3. 主播选择

在了解了主播的分类和分析方法后，品牌就可以去考量选择什么样的主播。例如，研究竞品商家选用的主播，或者详细分析主播的带货数据，亦或是分析主播粉丝和品牌粉丝的重合度等，综合考虑各方面的因素来选出最适合品牌的主播。

（1）竞品主播分析

对于首次在短视频社区进行直播的品牌来说，最节约成本同时又能够保证基本数据量的方式，就是参考竞品品牌在直播的时候选取了哪些主播。由于竞品在商品类型、价格、受众上与品牌本身具有一定的相似度，因此竞品选取的主播类型通常是符合品牌要求的。

品牌通常会关注竞品近期的直播场次与所选达人，然后针对这些达人进行数据分析。如果达人与竞品签有独家协议，那么品牌就尽量去找与竞品达人风格类似的达人主播。

（2）带货效果分析

对于已经在短视频社区积累了一定经验的品牌来说，其已经了解了自身品牌在社区内的受众情况，也大致熟悉了适合自身品牌的带货主播类型，那么接下来就需要详细比较和分析这些主播的带货能力或者品牌宣传能力，结合品牌的不同直播目的选择合适的主播。

如果品牌直播的目标是售卖中低端价格的商品，希望能够将商品铺量，就适合去找粉丝分布范围广、商品点击率高、订单量高的带货达人；如果品牌直播的目标是售卖高价格的商品，追求高成交量，就适合去找粉丝分布于一二线城市、调性较高的主播；如果品牌直播的目的是清空库存，那么就适合选取历史 GMV（Gross Merchandise Volume，商品交易总额）较高、粉丝优惠券使用率比较高的主播。

（3）粉丝重合分析

对于已经拥有一批固定主播的品牌来说，去拓展新主播并触达新主播的粉丝，也是一个长期诉求。在拓展新主播的过程中，分析新主播的粉丝群体和品牌自身的粉丝群体的重合度，是品牌选取新主播常用的分析方法。

如果新主播的粉丝与品牌的粉丝重合度高，那么说明新主播与品牌的调性类似，新主播能够帮助品牌带来稳定的播放量与带货量，直播出问题的概率较低；如果新主播的粉丝与品牌的粉丝重合度低，那么说明品牌能够通过该主播触达新客，拓展品牌受众，但需要注意的是，选择与品牌调性差距太大的主播具有一定风险，带货能力可能比较一般。

10.4.2 如何选择货品

直播带货的根本目的还是卖货，所以选好适合直播带货的商品至关重要。如图 10-22 所示，品牌需要从用户需求、商品价格以及品牌知名度等角度来考量商品特征。在筛选出一个商品池后，再根据是否符合主播人设、是否能够打造差异化，以及低价带高价这样的选品策略来选出最后的直播带货商品。

1. 商品特征

大量的短视频社区直播商家通过自身直播带货的经验，总结出了最稳妥的选品公式：选品＝用户需求强 × 商品折扣力度大 × 品牌知名度高，分别从用户需求、商品价格、品牌知名度 3 个方面综合考虑要选择的目标商品。

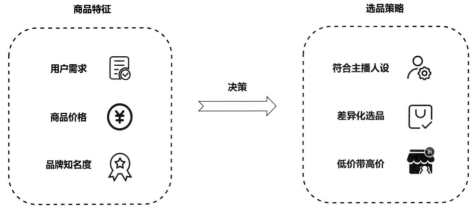

图 10-22　如何选货

（1）用户需求

带货商品必须要符合用户的需求，简单来说就是刚需产品一定优于非刚需的产品。我们统计了直播带货商品的头部品类，主要分布于美妆、个护、日用品、快消品、女装等行业，这些行业产品具有成本低、利润高的特点，但最重要的是，这些产品是用户在日常生活中会频繁使用到的。符合用户刚需的商品意味着复购率较高，能够为主播和供货商带来稳定的销量与收益。

对于用户刚需并不强的品类，例如艺术品、手办模玩、潮鞋等，则适合请那些已经累积了一定量粉丝的主播来进行带货，这类主播与用户建立了足够的信任关系，且深度了解用户的喜好与品味，能够大大提升用户购买率，而对于新晋商家和新人主播而言，这些品类并不利于主播打开局面。

（2）商品价格

品牌为了在有限的直播时间内卖出爆款，总会给予商品一定的折扣优惠。优惠价格通常分为 4 个价格等级，我们按照优惠力度由低到高进行排序。

- 价格与线上商城一致。品牌通常在京东和天猫上都有线上品牌商城，品牌在直播间会设置基础价格与线上商城一致，只是会叠加部分满减券。

- 直播间专享低价。品牌会为此次直播设置一个专属于直播间的低价，这个价格通常会低于线上商城的价格。
- 附赠超值大礼包。品牌在直播间为下单用户专门设置的赠品，例如化妆品的小样或者新款尝鲜等，以期让用户获得良好的体验，以及试用好评。
- 商品历史最低价。这个档位的价格是品牌最大限度的让利，在直播间给出了商品的历史最低价格。

由于用户的直播第一单，通常会选择优惠力度大、性价比高的商品，因此品牌设置低价的目的是降低用户的尝鲜成本，尽可能地去拉新拓量。

（3）品牌知名度

当主播在直播间替品牌进行卖货促销时，品牌经常会思考一个问题，用户来这个直播间是为谁而来的，或者说，为这场直播带来流量的主要因素是什么？到底是因为用户喜欢这个平台，还是因为用户是主播的粉丝，或者是因为主播售卖的商品本身就是品牌呢？

通过总结和分析大量直播实战案例，可以发现平台与主播的热门程度是用户走进直播间的主要原因。但是，用户从观看直播到真正付费，起到决定性作用的往往是商品本身自带的品牌背书，知名度越高的商品，用户越容易下单。在商品知名度的选取原则上，我们认为知名度高的、具有品牌溢价的商品优于在特定用户圈层具有一定知名度的商品，而后者则优于知名度较低的品牌商品，或者是一些白牌商品。

2. 选品策略

在了解了基本的商品特征之后，品牌需要制定相应的选品策略，该策略主要从符合主播人设、差异化选品、低价带动高价三个维度来考虑。

（1）符合主播人设

主播与短视频社区的创作者相似，主播的直播和创作者的短视频作品集一样，平台都会为其打上相应的标签，要么是主播个人的行业分类，要么是直播带货的偏好行业。如果要为主播选取符合其个人特质的商品，就应该考虑以下两点。

1）这类主播的粉丝本身也是这类商品的消费者，更容易促成转化。例如，一个篮球明星主播为球衣、球鞋带货，其粉丝也大多是体育运动爱好者，本身可能就有一定的球衣、球鞋购买需求，如果觉得商品符合心意，就顺手下单了。

2）这类主播通常是某个垂直领域的专家，能够为带货的商品背书。例如，一个形体康复老师在为用户讲解驼背矫正，如果其带货商品里有运动康复产品，因为主播个人的信任背书，消费者通常就会比较放心地购买。

（2）差异化选品

一场带货直播通常会持续4~5个小时，这么长的时间不可能只售卖一件商品。按照直播间10~20分钟上新一件商品的频率，一场直播带货通常会售卖十几件商品，那么这就会牵扯出一个问题：这些商品的客单价、受欢迎程度、刚需程度都需要保持一致吗？千篇一律的商品会不会使用户感到疲倦，而如果将商品设置为有一定的差异化，是否能够带来整场直播的商家效益最大化、用户体验最优化呢？

总结多场商家直播的经验，得出比较合理的选品结构，其客单价由低到高可分为：低价秒杀引流款商品、中端潜力爆款商品、高端限量稀缺款商品。这样的直播商品组合里的商品价格有一定的跨度，能够覆盖不同层级消费群体的需求，让用户在观看直播的有限时间内总是能够找到符合自身需求的商品。

（3）低价带高价

对于品牌而言，如果SKU不够丰富，无法支撑起差异化选品里推荐的多样化商品组合，那么品牌至少要做到"低价高频商品引流+高价低频商品盈利"的选品模式。这类似于互联网平台的盈利模式，通过高频低利润的业务带动低频高利润的业务。美团通过外卖这样的高频业务为到家到店这样的业务引流，最终在后者上实现盈利。

对于直播间内的高客单价商品，品牌还可以充分利用赠品在直播间刺激用户。对于高客单价的商品，用户的决策周期通常较长，更具吸引力和实用性的赠品将为用户带来额外的消费动力。

10.4.3 如何营造场域

在选定了主播和商品后,都是售卖同一款商品,为什么不同主播的带货能力差距这么大呢?这就涉及直播带货的第三个重要因素——场,简单理解就是打造良好的直播间氛围。如图10-23所示,品牌需要选择合适的开播时间、合适的直播时长,并且高效利用引流资源,掌握预热技巧,无论是品宣还是带货,都认真准备翔实的直播脚本,通过做到以上几点来打造具有吸引力的直播氛围。

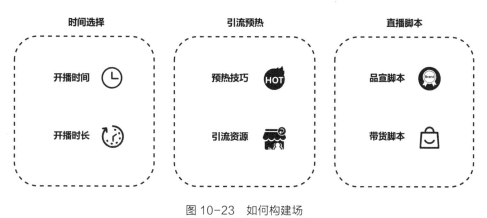

图 10-23 如何构建场

1. 时间选择

时间选择指的是选取最佳的开播时间和开播时长的策略。

(1)开播时间

通过总结和分析大量主播的开播时间数据,我们可以从日和周的维度总结出效果最佳的开播时间。

- 日维度。直播带货的最佳开播时间通常在晚上18:00～21:00。这个时间段大多数上班族都已经下班回到家里,有时间看直播了,通常会在开播后的一小时进入卖货高峰期,商品点击率、支付GMV、支付订单量的高峰通常都发生在这段时间。
- 周维度。周维度上,周末的流量通常大于工作日的流量,由于周末白天大家都会去户外,因此周五和周六的晚上直播流量会达到一周的高峰。

(2)开播时长

主播的开播时长也需要有一定的策略。一场带货直播的平均时长为 4~5 个小时，直播开始后往往需要一段时间来积累人气，通常来说，一场直播会在开播后 2 个小时左右达到流量峰值；在直播进行到 4 小时以后，流量下滑趋势显著，主播可以考虑适时收尾，或者辅以一定的商业流量或者激励措施（如直播间引流、直播间抽奖、神秘嘉宾空降等）重新吸引并聚集观众的注意力。

针对到底开播多久这个问题，通常会有短线策略和长线策略两种方案。短线策略指的是在开播一小时后就达到高峰，随后自然衰减，较少采用商业措施维持直播间热度，适合于打爆款；长线策略指的是主播会持续地用运营策略维持直播间的热度，适用于多品牌多商品组合的直播。

2. 引流预热

掌握了合适的直播时间策略后，主播也需要一定的资源来辅助提升直播间热度，社区平台准备了丰富的引流资源供主播选择，同时主播也需要一定的预热技巧来保证直播的基础量。

（1）引流资源

如前面直播引流部分的内容所述，主播可以在直播前通过硬广预热资源（如常规直播开屏、沉浸式直播开屏、搜索焦点图主播预告、主页直播预告等）、任务激励、直播预约（搜索预约、信息流预约）等方式为直播间预热，获取基础流量；在直播中可以通过黄金曝光位置（开屏广告、搜索品专）、原生广告、引流广告等为直播间获取大曝光资源。除了这些商业资源以外，社区平台还提供了直播广场、同城板块等公域流量资源为直播间引流。

主播针对直播的不同场景，也制定出了长线、中短线、短线三种引流策略。

- ❏ 长线：指的是在直播之前一周左右进行预热，可利用纯短视频素材引流，引导用户预约直播，其适用场景是原有粉丝基础偏弱的直播间，可逐步积累粉丝，对短视频素材的创意和质量要求较高。
- ❏ 中短线：指的是在直播之前 3 天左右进行预热，可以利用短视频预热＋直播素材引流，短视频和直播素材双管齐下，其适用场景是兼顾自有直播间的粉丝与尝试进行路人的拉新。
- 短线：指的是在直播当天的前几个小时预热，可以用纯直播素材引流，其比较适合已经拥有了大量粉丝基础、用户已经形成固定开播认知的直播间。

（2）预热技巧

直播间进行预热，一方面是为了保证基础的看播流量，通常在直播当天的流量里，预热视频带来的流量占比非常大；一方面是为主播新增粉丝，从大盘数据来看，粉丝对于直播间的贡献毋庸置疑，直播间的关键指标大多数都是由粉丝贡献，例如商品点击数、购物车点击数等。

根据直播目标的不同，预热技巧也有所区别，通常分为品宣直播预热和带货直播预热两类。

- 品宣直播预热。预热素材需要有可看性和爆点，突出品牌价值和情感价值，尽可能引起用户发自内心的共鸣；尽量不要全部使用硬广视频，如TVC（Television Commercial，电视广告片），不仅可看性一般，而且因为缺少互动，会削弱直播导流的效果。
- 带货直播预热。预热素材需要契合社区内容特色，突出消费价值，尽量在素材中对折扣、奖品、优惠度等有明显体现，结合直播福利、货品质量保证等全面信息，产生从感性带动到理性种草的感染力。

3. 直播脚本

主播选择了合适的直播时间，并且铺垫了大量引流资源为直播间引流，那么接下来需要做的就是准备好合适的直播内容，即设计好直播脚本与互动。如果是以品牌宣传为目标的直播，则脚本应该注重体验和节奏控制；如果是以带货为目标的直播，则脚本重在塑造气氛和爆点刺激。

（1）品牌宣传脚本

以品牌宣传为目的的内容脚本，讲究节奏性、互动性、故事性。

- 节奏性。节奏性是指要将一场5小时的直播，拆解成多个较短时间的独立单元，因为一场直播时时刻刻都会有用户进入和离开，短时间单元的内容独立成段，能够帮助用户快速了解直播间的内容，降低内容理解成本。
- 互动性。互动性是指提高用户的参与感，主播需要设置互动环节的直播，相较于只有主播的单边输出，直播间的互动能够提高用户的整体看播时长。
- 故事性。品牌宣传脚本写得具有故事性，其目的是去深度传递品牌价值，提高直播内容的可看性，降低用户的理解门槛，提高用户的下单率。

（2）带货脚本

以带货为目标的内容脚本，通常都包含暖场、售卖初期、售卖高潮期、售卖结尾、直播收尾五个标准部分，我们依次来看下各个部分需要的脚本策略。

- 暖场。暖场通常在开场5～15分钟，此时比较适合进行轻量级的抽奖，并且可以通过刷屏方式引导用户进行直播间的点赞与分享，为直播间持续吸引流量。
- 售卖初期。售卖初期不应该售卖客单价过高的商品，应该先售卖低价引流款，后续逐步增加客单价。此时主播应该对按照规则完成任务的用户进行抽奖，例如有转、评、赞预热视频行为的用户，鼓励这部分用户起到了示范作用。同时，主播应该进行下单流程教学、产品示范（试用试吃等）、介绍赠品数量及价值等。
- 售卖高潮期。售卖高潮期应该售卖价格合适，又具有爆发潜力的大众商品，可以适当搭配一些高客单价商品。主播可以从已下单用户中抽取部分免单名额以激励用户；主播还可以邀请知名嘉宾空降直播间，以炒热氛围，调动用户的情绪。
- 售卖结尾。售卖结尾的时候应该将客单价由高转低，同时主播可以根据前期的下单数据或者在线观众画像，安排爆款商品返场，再次带来一波销量。
- 直播收尾。直播整体收尾通常是在直播最后的5～10分钟，主播此时应该感谢粉丝的支持，并且进行适当的抽奖。

第 11 章 CHAPTER 11

短视频社区的电商变现

对于大部分互联网平台而言，电商营销是一切流量的终点。对于手握巨大流量的短视频社区而言，进行电商变现往往会是必走的一步棋。电商变现能够实现品牌方所追求的品效合一目标，能够很好地将短视频社区的内容与品牌的转化相结合。

如图 11-1 所示，2017～2022 年中国网络购物市场交易规模一直以 27% 的复合增长率不断增长，网络购物在社会商品零售总额中的渗透率同时也稳步上升，我国消费者的购物习惯进一步向线上迁移。

与此同时，用户的注意力也逐步向短视频和直播迁移。如图 11-2 所示，从 2019～2020 年泛娱乐品类手机应用月均使用时长可以看出，短视频和直播的用户时长从每月 19 小时增长到了 20.7 小时。短视频与直播这样的新内容形式能够给用户带来新的消费体验，一方面 95 后人群作为数字化时代的原生居民，更习惯从短视频和直播中获取信息；另一方面，随着 5G 时代的到来，短视频和直播内容的质量与规模也获得了爆发式的增长。

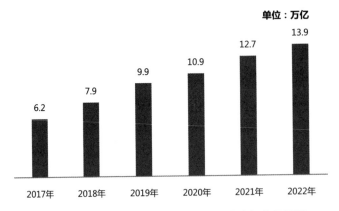

图 11-1　2017～2022 年中国网络购物市场交易规模

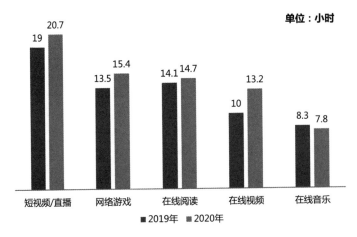

图 11-2　2019～2020 年泛娱乐品类手机应用月均使用时长

综合可以看出，电商市场蓬勃发展，网民注意力也在向短视频与直播倾斜，"短视频电商"这样的电商营销新模式自然也取得了长足发展。短视频电商这样的新内容形式激发了新的体验，越来越多的消费者习惯于通过短视频和直播平台去"发现商品"和"产生兴趣"。短视频和直播将成为未来电商消费的重要场景和渠道。

11.1　短视频电商的三大特点

短视频电商的主要特点有以下 3 个：

第一，由用户主动搜索商品，到用户被动接受商品推荐；

第二，短视频电商通过"提示用户痛点→引发用户关注→用户购买转化"的路径挖掘出了用户之前并没有主动意识的购买需求，创造了用户需求的增量；

第三，短视频电商深度结合内容与商品，通过用户关注内容账号的方式沉淀了商品潜在购买用户，塑造了生意复利模型。

11.1.1　由兴趣而激发的消费

相比于传统货架电商的"人找货"模式，短视频电商更多的是"货找人"模式，如图11-3所示，这一创新模式是先去了解用户的兴趣，再去推荐相关的商品。

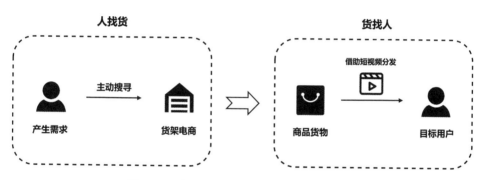

图11-3　"人找货"到"货找人"的逻辑变化

1. 人找货

传统货架或橱窗式电商的逻辑是用户先产生了购物需求（例如，用户在现实生活中看到朋友在使用某款商品，或者在线下店看中了某商品想来线上看看有没有优惠），然后到购物App上去搜索相关商品信息，是一个典型的"人找货"模式。所以，早年间淘宝和天猫的商家广告预算主要消耗在直通车（一个基于搜索词的竞价排名工具）和钻展（App首页黄金焦点图位置），前者适用于用户有需求但搜索结果量大的场景，所以商家需要购买搜索词以提升自家商品的曝光率；后者是占据App的黄金曝光位置，将商品曝光给更多的用户，但焦点图位置有限，价格也就水涨船高。

综上，人找货的模式只是承接了用户的需求，并没有主动去挖掘、探索、激发用户的需求。

2. 货找人

短视频电商的逻辑是通过推荐技术连接优质的商品内容和海量的潜在用户，其具有两大特点：一个是商品内容化，一个是主动式消费。

- 商品内容化。短视频社区通过直播/短视频的方式，将商品信息融入生动、真实的内容场景里，这种将商品内容化的方式大大提升了商品信息丰富度，充分展现了商品卖点和品牌故事，让用户拥有身临其境的感受，从而能够最大可能地去激发用户的消费兴趣，同时实现品牌宣传与商品转化的目的。
- 主动式消费。短视频社区以视频内容为载体，替商品触达潜在消费者，平台能够针对用户围绕内容和商品产生的各类互动行为（关注、点赞、评论、购买等），判断推荐的商品内容是否适合当前的潜在人群。平台可以通过这样的人群筛选能力，让商品内容可以被推荐给更多具有相似兴趣的用户，从而扩大商品购买人群。

11.1.2 满足用户需求的增量

如图 11-4 所示，短视频电商挖掘用户的增量需求，左图表达了用户在已知的自我需求之外，还有一部分未知的潜在自我需求，而这部分潜在的增量需求，可以通过平台推荐系统用"短视频内容提示痛点→引发用户关注和兴趣→用户随即下单购买"的过程来挖掘。

图 11-4 短视频电商挖掘用户的增量需求

1. 提示痛点

短视频社区通过强大的兴趣推荐能力，将消费者的内容标签、消费标签与商品类目标签相匹配，并通过短视频内容这样生动的方式，试图唤起用户的需求痛点。举个例子，假设某个用户是一个手办爱好者，喜欢收集各种动漫手办，一次偶尔刷到某条短视频内容，其介绍的手办模型恰好是用户没有的，用户的购买欲望被激发起来；假设一个用户正在准备公务员考试，每天学习和工作的时间超过 10 个小时，虽然长期坐着腰背会觉得劳累，但用户从来没有意识到自己需要买一个脊椎按摩仪，直到刷到了一个介绍脊椎按摩仪的短视频，购物需求才被激发起来。以上这些例子都是用户本来没有相应的购物需求，而被短视频推荐激起了购物意愿。

2. 引发关注

如果仅仅是让商品主动触达用户，且只是浅层地勾起了用户兴趣，那么用户还是有可能凭借脑海中的印象，跑去传统货架电商搜索相关产品。短视频电商之所以能够持续留住用户，主要是因为短视频这样的丰富内容形式，将商品的使用场景具象化，能满足用户的好奇心和求知欲，并获取他们的信任感。举个例子，如果系统只是推荐了一张介绍精致花瓶的图片，用户只是会觉得花瓶的样式不错，但对于花瓶的材质、重量等其他信息是没有感觉的；如果短视频展现的是在一个充满阳光的午后，这个花瓶摆放在一个温馨的房间的桌子上，用户瞬间就会心动，产生购买欲望。短视频内容通过场景呈现的方式引发用户的关注与兴趣。

3. 购买转化

用户被短视频内容提示痛点并引发关注和兴趣后，接下来自然就会有购买的意愿。这里需要短视频社区做到以下 3 点，才能保证最后的交易环节顺利执行。

- 下单支付流程简单易行。电商需要的基础产品架构体系是比较复杂和庞大的，短视频社区需要搭建一套完善的下单支付 / 客服 / 退换货流程，方便用户在产生消费冲动后能够顺利完成下单，而不是卡在下单环节消磨购物热情。

- 带货达人加强商品信任。某种程度上,短视频电商的货品是有其带货达人背书的,而达人为了增强粉丝的信任感,能够在未来带更多的货品,也会注意对商品的筛选。
- 平台保证货品质量。短视频电商毕竟是新崛起的平台,大部分用户由于长期在传统货架电商上购物,还是会对传统的货架电商(例如天猫、京东等平台)信任感更强,所以短视频社区平台更应该加强平台商品的质量审核,逐步提高用户的信任感。

11.1.3 打造生意复利的模型

传统的货架电商,典型的用户路径是"产生需求→开始搜索→最终购买",每经过一个环节用户的数量都会减少一部分,这是一个典型的漏斗模型。短视频电商则期望打造的是一个生意复利模型,如图11-5所示,该模型遵循的逻辑是"汇聚流量→促进转化→沉淀资产",品牌生意得以滚动式增长。该模型维持生意复利的底层逻辑是:品牌让商品以内容为载体规模化地触达消费者,逐步积累用户规模和交易数据,进一步触达更多消费者,实现生意总量进入正向循环。

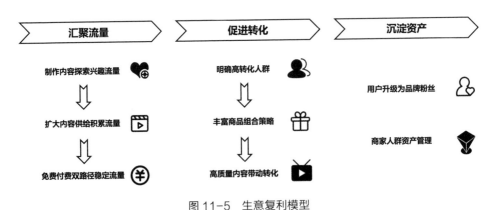

图 11-5 生意复利模型

1. 汇聚流量

汇聚流量通常包含制作内容探索兴趣流量、扩大内容供给积累流量、免费付费双路径稳定流量 3 个步骤。

- 制作内容探索兴趣流量。品牌在生产内容前，应该先清晰地确定目标用户，根据用户画像明确定位内容方向，并通过数据反馈不断调整创作方向，争取抓住用户的兴趣。
- 扩大内容供给积累流量。在明确了用户的兴趣后，品牌可以通过内容质量和内容数量两个方向上的提升，持续积累流量。内容质量的提高需要从内容互动、转化、沉淀的指标上着手，品牌需要总结出最适合商品或者店铺的内容制作方式；内容数量的提升意味着商家需要增加直播时长或者短视频数量，以打开更多流量入口，提升更多内容的曝光机会。
- 付费免费双路径稳定流量。付费流量（品牌或者效果广告）能够帮助品牌的新视频快速度过冷启动阶段，平台通过分析品牌特质来圈定目标人群，帮助视频快速积累起基础数据量；免费流量（系统推荐自然量）可以帮助优化品牌目标人群，算法不断通过用户对视频的反馈数据进行调节，以向最佳的人群投放。

2. 促进转化

促进转化意味着促使第一步所汇聚的流量下单购买，其通常包含明确高转化人群、丰富商品组合策略、高质量内容带动转化 3 个步骤。

- 明确高转化人群。部分品牌最初只做了互动型的内容账号，并不是开始就定位做带货账号，其通过短视频内容积累的粉丝未必能够立刻转化为购物粉丝，所以品牌需要明确购物高转化人群。这个一方面可以依靠长期稳定的直播购物持续积累用户印象，另一方面可以通过广告营销工具加速目标人群的积累。
- 丰富商品组合策略。由于短视频与直播具有真实生动、表达充分的内容特点，商家可以挖掘更加丰富的商品组合策略，以提升转化效率。短视频电商不仅可以卖全渠道的品牌爆品，也可以售卖部分冷门商品，甚至包括新款商品、平台特供款、粉丝福利款等渠道专供商品，商家可以结合视频场景进一步细化商品组合策略，带来更多市场潜力。

- 高质量内容带动转化。传统的货架电商,用户对品牌已有熟悉认知与明确需求,商家更多是充当客服角色;对于短视频电商,视频内容需要一次性满足"种草→互动→转化"等多个营销目标,视频、直播内容的创作者需要用准确的话术、精细的直播节奏、营造良好的氛围等,高质量地带动转化。

3. 沉淀资产

沉淀资产包括两部分:一部分是"涨粉",普通路人用户升级成为品牌的粉丝;一部分是"数据",商家的视频或直播内容、互动数据、人群数据沉淀为资产。

- 品牌粉丝持续积累。在日常的短视频或者直播内容中,创作者总是会不断提醒用户关注自己,这是最常见也是最重要的积累动作。用户通过关注创作者,加入个人粉丝团,加入店铺粉丝群等方式与品牌建立深度联系,品牌也可以通过粉丝券、粉丝抽奖等方式去增强粉丝黏性,建立与粉丝的长期信任关系。
- 商家数据资产管理。品牌商家在短视频社区平台发布的短视频内容、做过的直播、拥有过的用户互动数据、品牌的复购人群信息等,都可以认为是商家的数据资产。短视频社区平台也提供了丰富多样的工具,帮助商家对自身的数据资产进行多维度的分析。

11.2 商品销售前的准备

短视频电商的整体逻辑如图11-6所示,分为售前准备、售中营销、售后服务3大环节,那么社区平台又提供了哪些能力去辅助商家和达人在平台上进行电商售卖呢?

本节针对"售前准备"环节进行讲解,该环节共分为5个模块,分别是号店合一、店铺管理、商品管理、附加权益、营销工具。

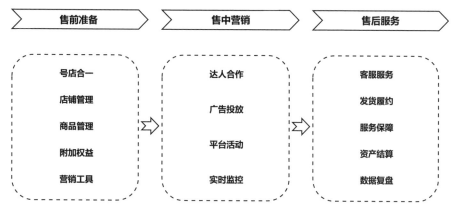

图 11-6　短视频电商的整体逻辑

11.2.1　账号与店铺合而为一

品牌要来短视频社区做电商，需要先注册一个短视频内容账号，然后将这个短视频内容账号与店铺账号进行一体化的关联，形成"号店合一"，号就是店，店就是号，两者统一。如图 11-7 所示，可以看到小米在快手与抖音上的旗舰店，其内容账号页面与店铺页面都已经互相打通，可以方便地相互跳转。

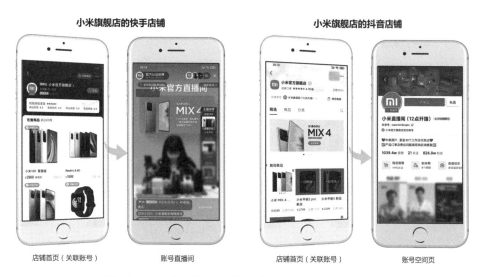

图 11-7　号店一体：店铺页面与内容账号页面互相打通

1. 号店合一价值

号店合一的价值包括增强店铺曝光、沉淀私域流量与拓展增值服务3方面。

（1）增强店铺曝光

当品牌店铺账号与品牌内容账号绑定后，用户可以在短视频社区平台内通过关注品牌内容账号找到店铺，进入品牌内容账号主页的人群将有一定概率会进入品牌店铺主页，这为店铺增加了除广告投放引流之外的曝光机会。通常，绑定内容账号的店铺复购率提升明显，用户的订单评价率显著提升，且评价用户中的好评渗透率也得以提高。

分析：
深度剖析"号店一体"背后的价值

（2）沉淀私域流量

如果品牌店铺账号没有绑定品牌内容账号，而是通过第三方达人账号来替品牌商品带货，这个过程中积累的是达人自己的粉丝，店铺账号在积累粉丝方面的收益比较小，这部分粉丝较难沉淀到店铺。只要品牌店铺账号绑定了品牌内容账号，并且商家开始用品牌内容账号发布短视频或者进行自播，商家就可以为自己的店铺积累粉丝，为品牌自身沉淀私域流量，并可进一步分析店铺人群特征，调整带货策略。

（3）拓展增值服务

品牌内容账号刚入驻短视频社区的时候仅仅只是一个普通内容账号，其权益和个人在平台注册的账号一样。如果品牌想要获取平台的特殊权益，则需要升级成为平台认证的蓝V账号——企业号。普通内容账号升级成为企业号需要提交工商信息认证等一堆的材料，与此同时平台还会收取一部分审核费用和认证费用。

如果品牌内容账号已经绑定了品牌店铺账号，由于店铺提交开店申请时已经给平台提交过一部分材料，企业号审核可以复用这部分材料，品牌将无需再次提交烦琐的认证材料，同时也可节约一部分审核费用。

2. 店铺入驻流程

店铺分为个人店铺和企业店铺，其在入驻流程上有些许区别。

（1）个人店铺

个人店铺的入驻主要分为选择个体工商店、填写经营者信息、填写店铺信息、平台审核4个环节。

- 个体工商店：个体工商店提供的营业执照是个体户类型。
- 经营者信息：经营者信息包括身份证、人脸识别、统一社会信用代码、营业期限、公司经营地址等。
- 店铺信息：店铺信息包括管理员姓名、联系方式、经营类目、行业资质信息、入驻协议等。
- 平台审核：平台审核会在有限工作日内尽快反馈结果，审核未通过的个人需要修改入驻信息后重新提交并等待审核。

（2）企业店铺

企业店铺的入驻主要分为选择店铺类型、填写企业主体信息、填写店铺信息、平台审核4个环节。

- 店铺类型：企业店铺的营业执照是企业类型，店铺类型有普通企业、旗舰店、专卖店等。
- 企业主体信息：企业主体信息包括法人认证、身份证、人脸识别、统一社会信用代码、营业期限、公司地址等。
- 店铺信息：企业店铺信息与个人店铺信息类似，平台对企业店铺暂无特殊的要求。
- 平台审核：平台审核会在有限工作日内尽快反馈结果，审核未通过的公司需要修改入驻信息后重新提交并等待审核。

11.2.2 店铺页面的管理

店铺管理的重点并不是简单的开店和关店流程，而是从提高商品售卖GMV的终极目标出发来设计店铺的产品样式。一个精心设计且独具风格的店铺首页会给用户留下良好的第一印象，良好的第一印象则决定了用户对店铺的信任感，而信任感是成交的关键。通过店铺管理可以打造店铺运营阵地，提高用户进店转化效果以及主题活动或商品的重点曝光转化。

如图 11-8 所示，小米旗舰店在短视频社区的店铺首页有精选页、商品页、分类页 3 类，其满足用户不同层面的需求，用户默认进入的是精选页。接下来我们详细介绍 3 类页面的设计细节。

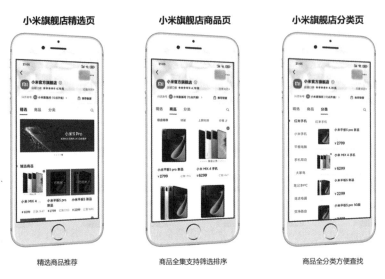

图 11-8　小米旗舰店精选页、商品页、分类页

1. 精选页

精选页的核心目标是从商家的海量商品中推荐精选商品，其通常包含店铺焦点图、优惠券、精选商品、特定主题 4 个模块。

（1）店铺焦点图

店铺焦点图占据了店铺精选推荐页面的核心位置，其主要的作用是突出近期的重点商品、品牌活动宣传、发布公告或通知等；支持的图片格式为 jpg 或者 png，可展示多轮图片，图片数量大于 1 时将自动开启轮播效果，支持跳转至商品详情页或者活动落地页。店铺焦点图作为最能够吸引用户注意力的核心位置，需要店铺小二重点运营。数据统计显示，该位置带来的流量与转化率在推荐页的成交中占有较大的比例。

（2）优惠券

优惠券模块可用于添加店铺优惠券，以提高转化效果。该模块可以手动开启或者关闭，可设置单个优惠券或者多个优惠券。社区平台通常会支持多种类型的优惠券：无门槛优惠券，又称为店铺直减券，例如无门槛10元券；有门槛的优惠券，又称为店铺满减券，例如消费满500元可减10元；店铺折扣优惠券，例如5折优惠券（上限最多减1000）。

（3）精选商品

精选商品模块可以让品牌商家自行定义要推荐的商品。品牌可以综合商品评分、商品销量、是否为品牌最近主推的新品、商品客单价、商品口碑等因素，在精选商品模块适当推荐一些评分高、销量适中、属于近期主推商品、利润率高、口碑良好的商品，样式上可露出商品小图、商品标题、商品价格和销量等。

（4）特定主题

在店铺精选页面的底部位置，品牌可通过多模块组合的方式将部分商品组织在不同主题下呈现。以小米旗舰店的3C数码类产品为例，品牌可以组织出"宅家必备""开学必买"等几个主题，分别将不同价格和性能的手机、平板、电脑等产品列举在各个主题下，方便用户决策并购买。

2.分类页

分类页的核心目标是将全量商品划分为几个主要的类别，方便用户查找与比较，品牌可以手工分类，或者依靠系统帮助自动分类。

（1）手工分类

品牌可以自定义一级分类来对商品进行手工分类，方便用户快速找到自己需要的商品。手工分类有两种原则：一种是遵循常规和通用的商品分类原则，例如女装可以按照季节和流行年份进行划分，电子产品可以按照性能与类型进行划分；一种是商家可以依据用户的喜好进行个性化的类目划分，例如电子产品可以根据宅家、办公、旅行等不同场景进行分类。

（2）自动分类

由于手工分类需要占用小二不少的精力与时间，且每次新品上线还需要专门将新品放进合适的类目，因此系统针对某些通用热门商品提供了自动分类的能力，尤其是对于售卖标品的店铺。例如数码 3C、食品饮料等有较多店铺售卖的品类，系统通过大量店铺的商品分类数据积累相关数据并用以训练模型，可以根据商品信息关键字自动添加进合适的类目，对于"新品 8GB+256GB 高清摄像手机"这样的标题，系统会根据"手机"这个关键字自动将其划分到手机类目下。

3. 商品页

商品页的核心目标是将品牌的全部商品露出，方便用户快速筛选所有商品，页面默认为综合排序，同时也支持按销量、上新时间、价格排序，通常分为自卖商品与推荐商品两类。

（1）自卖商品

自卖商品指的是商家在短视频社区平台上自建商品库，这需要商家有足够的运营资源投入到短视频社区平台上，因为一旦商家自己开店，并不是只有上下架商品这么简单，还会涉及商品引流、客服回答、舆情维护、平台规则等一系列问题。当然，如果平台鼓励商家自建店铺，那么对自卖商品可能会有一定的流量倾斜。

（2）推荐商品

推荐商品指的是商家不需要在短视频社区自建商品库，前提是社区平台允许外链跳转，大部分商家都在淘宝和天猫拥有店铺，商家只要将商品入驻这些电商平台提供的商品联盟，就可以在内容平台上展示商品，商品展现状态与自卖商品无任何差异。商家使用推荐商品的好处是不用再耗费人力单独在短视频社区再建一个商品库，可以简单快速地添加商品，缺点是可能会被电商平台的商品联盟在交易额里抽取部分佣金。

11.2.3 店铺商品的管理

商品管理包括商品状态、商品信息、商品监控 3 个模块，如图 11-9 所示。

商品状态包含正在售卖、仓库存储、商品审核3类；商品信息主要包括基础信息、素材信息、价格库存以及补充信息；商品监控主要指的是商品详情分析、商品优化任务。

图11-9　商品管理

1. 商品状态

商品状态的"正在售卖→仓库存储→商品审核"主要是从商品能否被用户购买到的角度进行的分类，其本身构成了一个循环。

（1）正在售卖

正在售卖的商品能够被用户在短视频社区内检索到，能够通过达人的短视频/直播触达用户，能够被用户加购、收藏、下单，商家需要结合库存状态确认商品的上下架时间，以保证商品的前端显示状态与其库存情况保持一致。

（2）仓库存储

商品状态属于"仓库存储"包含两种含义：一种是商品已经从厂家生产出来，入驻了商家仓库，但是商家并没有提交到平台进行审核；一种是正在售卖中的商品因为考虑到库存或者售卖节奏方面的问题，商家希望暂停售卖，那么商品状态也会设置成仓库存储。

（3）商品审核

商家希望售卖的任何商品，都需要提交给平台审核。只有符合社区平台商品售卖规则的商品才会被审核通过，售卖规则通常包含禁止部分违禁品类商品进行售卖。商品如果未被审核通过，平台通常都会提示审核失败的原因；如果审核通过，商品状态就会变为"正在售卖"。

2. 商品信息

商品信息的主要作用是提供足够丰富的商品数据给平台，便于平台利用这些数据做好商品审核、商品推荐、商品管理等多项业务。

（1）基础信息

基础信息包括商品类型、商品标题、类目属性等信息。

- 商品类型主要分为实体商品和虚拟商品两类：实体商品指的是像女装、家居、数码等实体产品；虚拟商品指的是类似于教育培训课程、本地生活服务等服务类或数字类的产品。
- 商品标题应该包含商品品牌、品类、基本属性（材质、功能、特征）和规格参数（型号、颜色、尺寸、规格），例如"农夫山泉矿泉水250ml*12 包邮"。
- 类目属性依据商品所属行业品类的不同，要求的填写字段也不同。例如，化妆品类目需要填写适合肤质、产地、净含量、保质期、规格类型等数据；数码3C类目则需要填写存储容量、CPU频率、电池容量、分辨率等信息。

（2）素材信息

素材信息包括主图图片、主图视频、商品详情等信息。

- 主图图片。商家需要保证至少有一张主图图片，支持png或jpg格式。主图需要展示产品多角度的方位图以及产品的细节图；主图展示的商品颜色、规格等指标需要与商品标题保持一致。
- 主图视频。短视频场景下，用户更习惯于通过视频类信息去了解商品，商品描述通过短视频的方式呈现，能够帮助用户更加直观地了解商品信息，从而刺激用户下单，提升商品转化。主图视频要求时长在30s左右，重点突出商品的1~2个核心卖点，要真实客观。

- 商品详情。商品详情要求信息的完整性，商品信息需要商家及时维护，包括生产厂商、许可证编码、生产日期、规格、尺寸等。商品的详情内容需要保持一致性，即与标题、主图图片、主图视频上的商品要素一致；商品的详情内容需要保持真实性，如实描述商品的实际效用，不应该含有虚假和夸大的内容。

（3）价格库存

价格库存信息包括发货模式、商品规格、商品价格、商品库存等信息。

- 发货模式。发货模式主要分为现货发货模式和全款预售发货模式两类，前者生成的订单需要按照平台承诺的48小时内及时发货，否则会受到相关处罚；后者是在预售期间产生的订单，需要在预售发货时间内发货。
- 商品规格。商品规格字段根据商品所属的行业类型不同，需要填写不同的规格字段，常用规格字段都由平台设置好，商家只需要选填即可，例如颜色规格，通常分红、黄、蓝；尺码规格，通常分为S、M、L等。
- 商品价格。商品依据规格的不同进行定价，例如一把椅子可以依据颜色和大小进行差异化定价。通常，商品价格需要填写指导价和实际价，前端显示的时候会将指导价划线，露出实际价，让消费者感受到实惠。
- 商品库存。商品库存也是依据规格的不同而不同，例如同样一件衣服，XXL码的生产数量通常会比L码少很多，因为现实中穿大码服装的人数天然少于穿普通尺码的，前者库存数量也会小于后者。

（4）补充信息

补充信息包括运费规则、推荐语、商品限购、商家客服等信息。

- 运费规则。运费规则指的是依据买家填写的收货地址，商家去选择相应的快递公司和制定运费规则，例如江浙沪包邮，新疆西藏加收费用，某些特殊商品不包邮等。
- 推荐语。推荐语将在用户端展示商品卖点，通常不可涉及广告极限违禁用语（例如第一、全网最低等）。

- 商品限购。对于某些优惠力度较大的商品，商家为了限制黄牛党批量囤货后加价售卖，将实惠真实地给到个人消费者，商家会对这些商品进行限购，例如一个账号只能购买一次。
- 商家客服。商家需要在商品信息列表中突出售前与售后客服的联系方式，全程保障消费者权益。

3. 商品监控

商品监控包括商品详情分析与商品优化任务两部分，商家依据对前者的数据分析来进行后者的优化。

（1）商品详情分析

商品详情分析的目的是快速定位商品的核心问题，有针对性地解决低曝光、低点击，低转化等问题，从而提升店铺 GMV。

商品详情分析会提醒商家当前有多少个商品的待优化项，其展示的信息通常是"今日对多少个商品进行了评估，发现了多少个可优化项，有多少个需优化的商品"，可优化项包含商品素材缺失（例如商品详情页标题、推荐语的信息完整度）、商品信息不规范、库存小于一定数值等。

（2）商品优化任务

商品优化任务指的是商家根据商品详情分析提示的相关优化点，按照优化建议进行商品优化，有助于规避商品的违规判罚、提高商品的点击率与转化率等指标，进一步提升店铺总体的经营效果。

商品优化任务主要针对商品信息不规范、商品信息不完整、素材信息缺失等问题，分为手动优化和批量优化两类操作方式。手动优化指对单个商品根据建议逐个优化，批量优化指的是商家可批量编辑属性、标题信息并批量提交，以进行优化。

11.2.4 店铺的三类附加权益

附加权益主要是指社区平台与商家合力去维护消费者的相关权益，只有保证消费者的权益，商家与平台才能够持续壮大。这里的附加权益主要是指运费险、极速退和正品保障 3 类。

1. 运费险

运费险是商家为用户购买的退货运费保险服务，购买过运费险的订单在进行退货时，可直接获得一定理赔来抵扣运费。此功能可有效提高订单的转化率，减少客诉纠纷。

（1）运费险购买价值

对于商家而言，运费险的价值主要包含以下三点。

- 增加商品曝光：开通运费险的商家将获得专属赠险的标识，能够有效增加到店流量，增加商品的曝光。
- 提升下单转化：对于开通运费险的商品，用户不需要承担退货运费，会降低用户购买压力，下单转化率会有所提高。
- 降低客户投诉：商家在收到用户退货后，系统将自动理赔，用户也理解运费险的整体流程，这将减少用户投诉等不必要的纠纷。

（2）运费险运行流程

运费险的运行流程如下：首先，该订单必须成功购买了运费险；在用户发起退货并申请退运险理赔后，商家只要确认退货成功，只要在理赔有效期内，保险公司就将受理理赔业务；符合理赔条件的订单与用户，将收到理赔成功后的打款。

2. 极速退

极速退款是平台为了优化消费者购物体验并提高商家退款管理效率而推出的服务产品。商家通过开通极速退款服务，能有效提升退款时效，缩短消费者退款到账的时间。

（1）极速退使用价值

按照商家是否已发货来划分，极速退款功能可分为"未发货极速退款"服务和"发货后极速退款"服务。

- "未发货极速退款"功能的价值主要是缩短商家的审核时间，提升消费者服务体验，增加店铺评分和潜在消费者的转化效率。带有"极速退款"服务标识的商品，辨识度和转化率也会更高。
- "发货后极速退款"功能的价值主要是提升日常售后处理的时效，缩短消费者等待退款到账的时间。

（2）极速退适用范围

极速退款的适用范围也依据是否已经发货而有所区别。

- 对于"未发货极速退款"的情况，其订单金额有所限制，消费者提交订单付款到申请退款的时间也有所限制，未发货的定义是指商家未上传真实有效的物流单号。
- 对于"发货后极速退款"的情况，订单金额同样有所限制，且消费者申请售后的原因是"退货退款"，商品的退款原因是"7天无理由退货"，且消费者的风控等级能够通过平台审核，证明不是恶意用户等。

3. 正品保障

正品保障是指平台为提升整体服务水平及购买体验，保证向消费者提供合格且优质的商品，参与保障计划的商家的商品将打上"正品保障"的标记，以表明该商品将获得相应的保障服务。

（1）正品保障的价值

商家添加正品保障服务，能够打消用户的下单顾虑，提升订单的转化率，其价值主要有以下三点。

- 正品保障服务能让对消费品质有一定要求的消费者购买起来更踏实，这类消费者的消费量往往也较高，可以侧面提升商家的销售额。
- 商品拥有专属的正品标识，能够极大地吸引高品质用户进店，提升店铺流量。
- 正品保障会得到平台专属客服的解答，用户理赔更加放心，这也将帮助商家节约成本。

（2）正品保障理赔机制

如果消费者认为购买的具有"正品保障"标识的商品疑似为假货，那么其需要联系社区专属客服，并将商品送检，该过程需要保证商品的完整性，并在7～10个工作日内获取检验报告。一旦检验机构认定商品并非正品，消费者不仅可以获得基于正品保障服务的理赔（即赔付退货运费和鉴定费），商家还需要对消费者进行"退一赔三"的赔付，即商家需向消费者退回对该商品实际支付的价款并按支付价款的三倍金额进行赔付。

若商家未按上述要求完成赔付，则平台将有权从商家的保证金或其他款项中扣除相应金额来对消费者进行赔付，并给予商家一定的处罚。

11.2.5 店铺的三类营销工具

营销工具的本质是一种商家进行长期营销的让利行为，其适用于短视频和直播场景，能够作用于电商营销的"拉新→停留→转化→客单价提升→复购"各个环节，其主要分为互动工具、促销工具、优惠券工具三大类。

1. 互动工具

互动工具的主要作用是提高短视频或者直播的互动数据，主要包括分享裂变、福袋、红包营销3类，我们接下来将介绍这3者是如何提高互动数据指标的。

（1）分享裂变

分享裂变的各参与角色与详细流程如图11-10所示，这里需要强调的是被分享用户要求完成的任务，通常是关注短视频创作者或者主播，并完成点赞、评论、满足一定的观看要求等提高互动指标的动作。

分享裂变是一种利用用户的社交资源进行引流的玩法，平台通过奖励措施来刺激用户进行私域分享，提升短视频/直播间的热度。商家通过分享裂变的方式，向分享者与被分享者发放不同的优惠券（典型的如师徒模式，分享者带来的新客越多，相应的奖励也越高），进一步刺激用户完成下单转化。

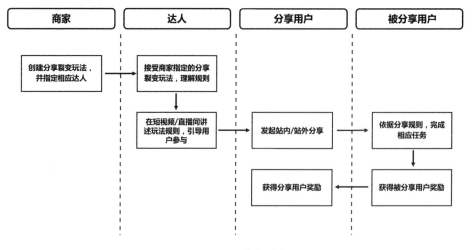

图 11-10　分享裂变

（2）福袋

福袋作为一种互动玩法，受到很多品牌或者主播的青睐。如图 11-11 所示，商家端可以设置实物奖品作为福袋，增加直播间的人气值，活跃直播间氛围。

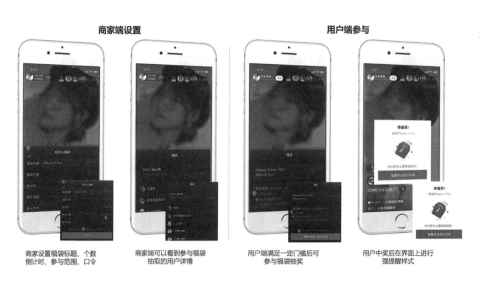

图 11-11　福袋

福袋的奖品可以设置较高价格，提高用户的参与度，充分提高直播间人数与用户观看时长；主播可以口播"直播人数达到某一数值后就发放福袋，请大家多多转发主播间"这样的话术，以提高直播间在线人数；或者将福袋的中奖概率设置为"观看直播间越久越容易抽中福袋"，以可以提升用户看播时长。

（3）红包

红包主要是用来增加直播间的氛围，或者提高短视频创作者的粉丝数，如图11-12所示，其主要包含主播红包、品牌红包、引流红包3种类型。

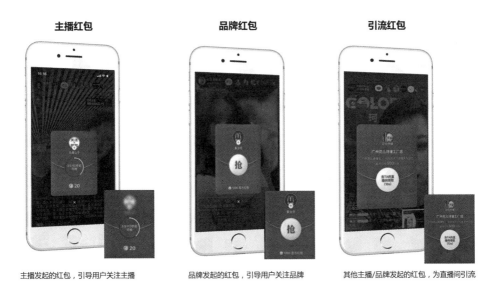

图 11-12　红包

- 主播红包：主播红包指的是主播个人发起的红包，其目的是引导用户关注主播自身。
- 品牌红包：品牌红包指的是品牌借由达人主播发起的红包，或者是在品牌自身的直播间发起的红包，主要目的是引导用户关注品牌。
- 引流红包：引流红包是一些低热度的品牌、主播在高热度的品牌、主播的直播间内用红包进行引流，相当于花钱买粉。

2. 促销工具

促销工具主要分为秒杀、满减、定时开售、拼团、定金预售 5 类，如图 11-13 所示。

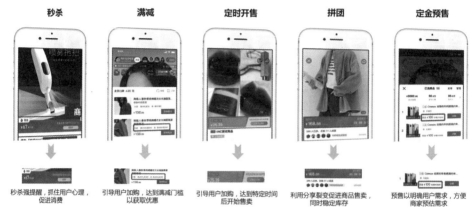

图 11-13 促销工具

（1）秒杀

秒杀的本质是用户在有限的时间内去抢购数量有限的商品，即商家在自己设置的活动时间内以低于原价的价格售卖特定商品，消费者需在商家设置的活动时间内进行抢购，一旦超出活动时间或活动库存售罄，商品将立即恢复原价。

商家需要设置的秒杀信息包括秒杀生效时间、秒杀价、活动库存以及每人限购数量，与此同时，秒杀商品在直播间或者商品详情页将展现特有的样式，以营造抢购的营销氛围，有效提升用户的下单转化率。

秒杀适合的场景是商家希望商品在短时间内销量大幅提升，打造爆款单品。秒杀可以营造出优惠氛围和稀缺感，有效引导用户快速下单，非常适合用于直播间这样的即时转化场景。

（2）满减

满减指的是在同一家店铺内，用户购买了多件特定范围内的商品并达到一定金额后，可享受立刻减免部分金额的优惠，其可以通过"凑单"或"立减"

的形式来影响用户的购买决策。

商家通过满减（设置合适的满减金额门槛和适用商品范围）能够有效提升用户客单价，实现多个单件商品之间的连带销售，或者单个商品的销量爆发。例如，商家可以设置有梯度的满减门槛和满减金额，变相实现类似于"1件8折""2件7折"或"第二件半价"等优惠形式的效果，引导用户多买多优惠。

（3）定时开售

定时开售指的是在某一特定时间后开始售卖的营销工具，用于对未上架的商品进行预热。定时开售一方面可以帮助商家通过用户行为数据预估商品销量，提前准备库存；一方面可以通过营造商品稀缺感进行活动预热。用户可在商品详情及购物车等位置查看到已预约人数（体现商品的火爆程度），并通过平台召回用户的功能提升直播间或商品橱窗的回访率。

商家通过对新品、爆品、低价品设置定时开售，提前获得用户的预约，在开播售卖日可获得更高的流量和销量。定时开售适用的典型场景是大促活动（用于冲击GMV）或者新品发布，该功能适合于生鲜、家电等类目的商家使用。

（4）拼团

拼团也是一种流行的商家促销工具，商家设置拼团后，买家可以以优惠价格下单并帮助商家进行商品分享和传播，商品总售卖件数达到要求后即可成团。

拼团的优势：首先，用户能够以低价购买商品，提升转化；其次，用户购买后分享商品能给商家带来额外的流量和转化；最后，商家在让利的同时可设定成团人数，可以比较好地控制成本和ROI。

拼团的典型玩法是商家设置拼团商品，主播将拼团商品加入直播间购物车，根据直播间人数设置拼团门槛，激励用户分享，为直播间带来人气，为商家带来售卖数量的确定性。

（5）定金预售

定金预售是一种创新的营销工具，商家对某款商品设置定金预售，买家可预付一部分定金来预定商品，到时间支付尾款即可完成交易。

定金预售可以解决库存积压的问题，方便商家控制成本，提前锁定用户需求，抢占先机。

买家通过定金投票，更具可信度，大大降低了商家积压库存的风险；同时可节省商家存储费用，最大程度提高商家的资金利用率，将省下来的钱让利给买家，提升整体销量。定金预售特别适合于原产地型的商家，例如应季新鲜型商品的采摘、收购、加工等环节的商家；或者是厂商和品牌商，特别是具备制造业生产供应链的商家。

3. 优惠券工具

优惠券工具主要分为商品优惠券、店铺新人券、平台通用券、粉丝专属券4类，如图11-14所示。

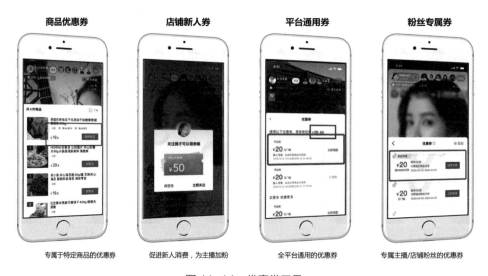

图11-14 优惠券工具

（1）商品优惠券

商品优惠券指的是专属于特定商品的优惠券，用户在优惠券生效后可以在商品页公开领取。商品优惠券的优惠形式比较简单，主要是直减，也有部分是满减。商品优惠券主要的适用场景是日常营销和大促营销，是最常使用的一类优惠券工具。

（2）店铺新人券

店铺新人券的目的是促进新人消费，为主播、店铺加粉。新人券仅对初次进入直播间或查看店铺详情页的用户展现，直播间或店铺的老用户不可见。

这里需要注意的是，如何定义一个用户对于直播间或店铺来说新人还是老人，通常会用是否关注了主播或店铺，是否在直播间或者店铺里有过下单行为，来作为区分新老用户的分界线。店铺新人券支持店铺通用或者指定商品可用，对于吸粉和促进下单通常效果良好。

（3）全店通用券

全店通用券指的是店铺内全部商品通用的优惠券，优惠券生效后将自动在商品详情页、店铺首页等地方展现，商家也可以同时在直播间发放。用户领取后也会在直播间商品列表、商品详情页展现，用户可以在下单时直接使用该优惠券。

全店通用券全店铺商品都可使用，其优惠形式为满减或者直减，适用的场景包括日常营销、大促营销、直播间限时营销等。

（4）粉丝专属券

粉丝专属券主要有两种类型：一类是商家粉丝券，一类是主播粉丝券，分别指的是商家或者主播给自己的粉丝奖励的专属优惠券。

- 商家粉丝券由品牌官方账号在直播间内发放，仅品牌官方账号的粉丝可以领取，用户领取后该优惠将在直播间商品列表、商品详情页展示，用户可以在下单时使用。
- 主播粉丝券是主播在其直播间内发放的优惠券，由主播自掏腰包补贴粉丝，也可以是主播和商家达成某种协议后，主播替商家发放的优惠券。

无论是商家粉丝券还是主播粉丝券，都适用于大促场景下帮助商家冲量，靠粉丝的带动扩大直播间流量，进一步带动其他非粉丝用户关注店铺/主播或者下单。

11.3 商品销售中的营销

如图 11-6 所示,在进行了一系列的售前准备工作后,商家便可以正式在社区平台内进行营销了。本节针对"售中营销"环节进行讲解,该环节共分为 4 个模块,分别是达人合作、广告投放、平台活动、实时监控。

11.3.1 达人合作的三个步骤

如图 11-15 所示,我们将达人合作这一过程分为商品入驻、达人匹配、任务模式 3 个步骤。

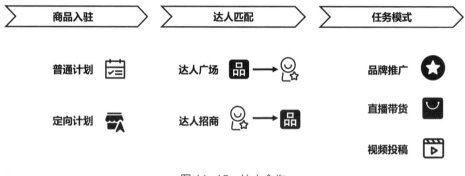

图 11-15 达人合作

1. 商品入驻

达人合作的流程是商家设置商品佣金,达人在线选择商品并完成相应的任务,在产生订单后,平台按期与商家或达人结算,而这一切的前提是商家的商品需要入驻社区平台。根据商家设置的条件(佣金比例、达人可见范围、达人合作方式)不同,分为普通计划与定向计划两类。

(1)普通计划

普通计划的商家佣金比例通常在正常范围内上下波动,其商品和佣金率所有达人都可见,任何达人都可以为商家的商品带货。与达人合作方面,商家直接添加商品到社区平台,然后由达人自己去查看合适的商品。

（2）定向计划

定向计划的商家佣金比例通常比普通计划要高，其定向主要分为两个维度：一个是对于人的定向，指的是由品牌指定的达人才可以推广相应商品；一个是对于佣金的定向，指的是商家为特定达人设置单独的佣金率。与达人合作方面，商家通常会先私信或者线下与达人沟通好，获得达人同意后商家再在线上设置定向计划。

2. 达人匹配

达人（优质创作者）是短视频社区电商生态中的重要组成部分，其不仅是核心的内容创作者，而且是连接消费者的桥梁。商家需要通过达人营销帮助品牌扩大影响力或者提高售卖量，我们将商家与达人匹配的过程分为"达人广场"和"达人招商"两个产品，前者是指商家找达人，达人广场提供权威达人数据，商家去智能匹配达人，并在线履约；后者是指达人找商家，达人主动发起招商任务后，商家报名。

（1）达人广场

达人广场是一个集达人的数据分析、达人推荐、私信功能、交易履约能力于一体的商家服务平台。其承载了电商带货的达人库，展现了达人的性别、地域、账号等级、粉丝画像、带货转化等相关数据，同时还支持搜索和按照类目、粉丝数、内容类型等标签筛选达人，其为商家提供了海量达人的带货画像，商家可以主动找到合适的达人，然后与其建立联系。

对于商家而言，达人广场是找达人合作带货的官方阵地，能快速找到匹配的达人，提升带货效率，打造爆品；对于达人而言，达人广场能帮助达人拓展新商机，提升收入，实现经营跃迁。

（2）达人招商

达人招商分为两种：达人个人进行招商，指的是达人在线发布明确的招商需求，商家可以主动报名参加，达人侧审核通过后即可建立合作；达人签约的MCN机构进行招商，指的是机构为旗下达人在线发布明确的招商需求，商家可以报名，机构负责人审核通过后即可建立合作。

达人个人招商的优势是所有招商活动都是由达人自己发布的，合作意愿强烈，且不限商家报名次数。

达人机构招商的优势是机构旗下的达人众多，品牌与机构合作相当于同时对接了多个达人，从出单成功率和对接成本上看，达人机构招商替品牌节约了很多资源。

3. 任务模式

达人合作高效地连接了需求方与供给方，通过多种任务模式完成品牌期望达成的目标，满足品牌多元的诉求，为客户带来更便捷的体验。其任务模式主要包含以下3类：品牌推广、直播带货、视频投稿。

（1）品牌推广

品牌推广的任务模式指的是客户选择粉丝量较高、在社区具有一定影响力的达人，让达人根据品牌的要求，在自己的短视频或者直播间进行不带购物车的品牌推广。商家并不考核带货量，但是比较看重短视频播放量、评论量、直播间观看量等指标。品牌推广的结算方式通常为一口价。

（2）直播带货

直播带货的任务模式指的是客户根据短视频或直播带货的历史数据，挑选合适的带货达人，并且让达人根据客户的要求在自己的短视频或直播间进行带购物车的带货营销。商家选择带货达人的标准不是只看粉丝数量，某些粉丝量虽然不大，但是在垂类行业拥有很高权威的达人也很受商家欢迎。直播带货的结算方式通常是依据带货量来结算。

（3）视频投稿

视频投稿的任务模式指的是客户发起征稿任务后，号召短视频社区创作者投稿，达人将根据客户的任务要求制作视频并投稿，稿件在经过一段时间的播放以及数据沉淀以后，系统将按照稿件数据以及设定的结算规则去瓜分奖金。视频投稿可以按照有效播放量、有效下载量、有效线索量等方式进行结算。

11.3.2 广告投放的标的与优势

短视频社区的电商广告除了具有与传统电商广告的投放逻辑类似。前者用短视频内容作为载体，广告效果相关的数据在不同的时间段波动会比较大，所以广告投放策略里需要加入对实时内容策略的考量，以最大限度地保证流量获取。短视频社区的电商广告能帮助商家在公域流量获取粉丝、商品访问和订单支付，具备精准、全面、确定、放量的推广优势，并且支持短视频和直播间两种推广标的。

1. 推广优势

（1）精准性

精准性指的是商家能够进行人群的自主定向，保证客户的精准触达，主要包括客户自主定向、平台挖掘定向、电商专属人群3个方面。

- 客户自主定向：商家可按照地域、兴趣偏好等标签定向目标人群，标签维度比较精细，人群覆盖量很大。
- 平台挖掘定向：社区平台会主动帮助客户挖掘符合商家品牌特征的人群包，优化品牌触达目标用户的路径。
- 电商专属人群：社区平台打造电商客户的专属人群包，例如"商家所属行业的互动"人群包、"商家相似店铺转化"人群包，帮助广告主提升投放效果。

（2）全面性

全面性指的是短视频社区电商广告支持多种优化目标，帮助商家在营销全链路上获得增长，包含商家涨粉、商品访问、订单支付等多个优化目标。

- 商家涨粉：商家自身品牌能够涨粉的前提是商家在社区平台开通了企业号，电商广告能够帮助商家找到潜在的粉丝人群，解决商家企业号涨粉速度慢、成本高的问题。
- 商品访问：电商广告可帮助品牌定向到潜在的意向人群，提高商品访问频率，解决商家的商品库存大、售卖慢的难题。

- 订单支付：电商广告可帮助品牌定向到潜在的购买人群，保持商家订单成本的稳定性，进一步提高订单转化率。

（3）确定性

确定性指的是社区平台为了保障广告商家的权益，制定了电商广告的赔付机制，商家的各项营销成本处于可控状态。商家的一系列顾虑都会因为赔付策略而得以消除，例如商家担心冷启动期间账户成本过高，担心因账户稳定性差导致某段时间突然爆量，担心新素材成本太高不敢测试，担心整体广告投放的ROI太低等，平台保证当这些问题发生的时候，超过商家设置的成本部分的费用平台将全部赔付，这为商家的广告投放提供了极大的确定性。

（4）放量性

放量性指的是电商广告能够满足营销活动前、中、后期的放量需求，保证广告主有足够的流量去获取用户，达成营销目标。

- 营销活动前期：活动前商家上传商品素材，电商广告可以帮助引流和预热，进行人群定向测试，找准目标客户。
- 营销活动中期：活动中期商家需要适当放量，电商广告可以帮助进行"涨粉推广＋直播推广"的多维度引流，人群定向可以适当放开，助力商家跑量。
- 营销活动后期：营销活动结束后品牌店铺或者直播间都会有一定量的粉丝流失，电商广告可以帮助定向流失粉丝，召回这类粉丝。

2. 推广标的

推广标的包括短视频推广和直播间推广两类，如图11-16所示，电商广告在短视频社区的精选流和发现流里，可以通过短视频为商品或店铺引流，或者靠直播推广为直播间引流。

（1）投放短视频

投放短视频的目标是为了提升短视频创作者的粉丝量、店铺访问量和店铺销量。其主要投放位置是在单列（精选流）和双列（推荐流）里的推荐位，针对的是通过短视频带货的潜在用户。短视频带货的作用更多是种草,定向上会相对扩大覆盖人群,根据用户的关注品牌企业号、商品加购、收藏、购买等行为,明确用户的分级与需求。

图 11-16 广告投放

(2)投放直播间

投放直播间的目的是为直播间引流,提升商品的浏览量与销量。其主要投放位置同样是单列(精选流)和双列(推荐流)里的推荐位,只不过会加入"直播中"的字样,且投放时长也较短,更多的是在直播时进行引流。直播间投放的定向相对更加精准,通过短视频投放积累下来的潜在购买人群,会在直播中进行针对性的投放,以促进直播间订单转化率的提升。

11.3.3 两种类型的平台活动

品牌商家在售中营销过程中还可以参与到平台活动中来,平台活动主要有两类:一类是主题活动,包括节日主题或者平台创造的主题;一类是直播奖励,平台通过奖励品牌或者达人,营造直播氛围来带动销量。商家参与主题活动或者直播奖励活动，可以丰富营销场景，提升营销流量与转化。

1. 主题活动

（1）节日主题

典型的节日主题活动有中国的节日，包括春节、元宵节、端午节、七夕节、中秋节等；也有国外的节日，包括复活节、圣诞节、情人节等。在这些节日，即便平台不举办任何官方活动，社区内的用户或品牌也会自主发起相关活动。

所以，对于节日主题活动而言，流量并不是难题，考验商家的主要是准备契合节日的商品以及如何利用好这波节日流量。前者考验的是商家的供应链能力，例如为一批商品快速生产出春节主题的包装；后者考验的是商家的流量变现能力，商家是否有足够的经验，通过直播、内容来抓住节日流量红利，做好流量的转化。

（2）平台主题

典型的平台主题活动有年货节、宠粉节、双11大促、618大促等，平台举办这些活动的目的是助力商家提升营销，帮助消费者发现优价好物，联合商家、消费者、平台达人共创全新的购物体验。

平台通常会在"活动中心"露出平台主题活动的相关信息，包括活动持续时间、活动玩法介绍、平台资源支持、商家报名要求等。

- 活动持续时间：商家需要看活动时间是否契合自身的营销节奏。
- 活动玩法介绍：平台会拿出一部分补贴来支持活动，例如平台跨店满减优惠等，商家要考虑是否接受平台对于活动玩法的设计。
- 平台资源支持：平台会将参与活动的商品打上平台活动标识，并会给优质店铺与商品更多流量资源，例如活动主会场的核心资源位。
- 商家报名要求：平台活动会设置一定的商家门槛，例如店铺评级或者销量数据，以筛选出优质商家，保证平台活动的成功率。

2. 直播奖励

直播间奖励活动的目的是邀约优质商家和达人，帮助平台达成更高的直播间 GMV。平台将给予参与活动的商家和达人流量扶持，将高价值用户引入直播间，提升直播间流量，实现更多订单转化。商家需要做的工作包含以下 3 步：查看奖励活动、确认达人报名、直播间备货。

（1）查看奖励活动

商家进入"活动中心"查看直播奖励活动，可以查看活动的名称、主题、时间、报名规则等信息，商家可以按照直播场次提交报名信息，并确认是品牌自播还是邀约达人代播，以及会在直播间进行带货的商品价格、标题等，所有信息提交后会进入平台官方审核阶段，以确认商家提交的内容是否符合平台规则。

（2）确认达人报名

如果品牌商家通过邀约达人代播进行直播奖励活动，就需要商家确认达人的报名信息。一方面查看报名达人是否符合商家自己的预期，达人的个人特质是否与商家希望售卖的商品契合；另一方面也需要通过商家的确认，帮助达人获得官方的直播间奖励。

（3）直播间备货

达人提交报名后，商家需要查看这一场直播有多少符合条件的达人报名，并预估活动期间需要的库存量，以提前进行备货。商家在这一步不仅需要查看达人填写的预期带货数量，还需要再次检查达人以往的带货数据，以确认达人确实能够售卖出相应数量的商品，以避免因为带货量低而不得不积压库存。

11.3.4　三类实时监控的数据

商家在售中营销的过程中，还需要根据实时监控的数据指标来调整直播、商品售卖、广告投放的策略。如图 11-17 所示，直播数据的反馈能够帮助主播改变直播节奏；商品数据的反馈能够帮助商家调整选品策略；广告数据的反馈便于商家进行投放策略的调整。

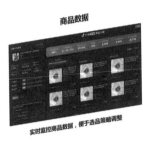

图 11-17　数据监控

1. 直播数据

直播数据能够帮助商家在直播过程中更全面和直观地了解直播数据的实时变化，帮助主播有效调整直播过程中的流量投放、粉丝互动以及商品讲解。直播数据主要包括核心数据、商品列表、近 5 分钟趋势等。

（1）核心数据

核心数据包括直播期间累计成交金额、成交件数、成交人数、成交转化率、成交粉丝占比、实时在线人数、累计观看人数、新增粉丝数和人均看播时长等，这些核心数据指标决定了一场直播的效果如何，是否达到品牌主的预期。

（2）流量及订单

流量及订单来源数据，可以帮助主播实时了解不同渠道的流量及其成交占比，用于及时验证投放及运营策略的有效性。订单来源分为直播间成交、短视频带货成交、商品橱窗成交、搜索成交等；流量来源分为短视频引流、直播推荐广告、开屏广告、焦点图广告、搜索广告、个人主页等渠道。

（3）近 5 分钟趋势

近 5 分钟趋势是一个非常重要的细颗粒度数据指标，用于让主播掌握直播间最新动态以及整体互动、成交变化趋势。近 5 分钟趋势的指标主要包含进入直播间的人数、离开直播间人数、新增粉丝数、评论次数、直播间成交订单数、直播间成交订单人数等，主播可以结合直播间节奏及时调整策略。

（4）商品列表

商品列表数据用于实时判断每个商品的成交转化情况，方便主播及时调整商品讲解时长及制定返场策略。商品列表主要展现的数据字段包括商品点击人数、商品成交件数、商品成交金额、成交订单数、订单付款率、实际库存消耗等，而系统也会根据实时的成交金额、成交件数、成交转化率等指标为主播推荐相应的商品。

2. 商品数据

为帮助商家更高效地实时调整直播商品讲解策略，社区平台也提供了商品数据这样的商品实时监控指标，包括核心指标、商品实时诊断、商品列表及商品推荐等维度，助力商家实时决策。

（1）核心数据

核心数据主要是帮助商家实时掌握直播间商品的核心数据情况，具体包括实时在线人数、人均观看时长、商品点击人数、商品数、成交商品件数、累计成交金额等核心指标。由于商品的交易链路比较长，不同商家重点关注的核心数据指标可能有些差异，因此核心指标可以让商家自行定义。

（2）商品实时诊断

商品实时诊断可以帮助商家科学直观地判断当前讲解的商品对于流量的贡献价值，从而及时调整营销节奏。其不仅包含价格、成交商品件数、库存、已讲解时长、商品曝光人数、人均停留时长、商品点击率、成交转化率等核心指标，还包括对商品进行引流、留存、转化的各项产品能力的评估。能力评估的依据是根据商品数据的结果进行反推，例如引流能力是根据商品多次讲解的平均直播间引流人数计算得出的，留存能力是根据商品多次讲解的平均人均停留时长计算得出的，转化能力是根据商品多次讲解的平均成交金额计算得出的。

（3）商品列表

商品列表是为了帮助商家实时了解每款商品及其不同SKU的数据表现，商家可基于不同 SKU 的库存及时补货返场。商家可自定义配置数据指标并按任意一个指标正序或倒序展示商品，包括上架时间、价格、库存、商品曝光人数、商品点击人数、商品点击率、创建订单数、成交订单数、成交转化率、成交金额、待支付订单数量、取消订单数量、退款订单数量等指标。

（4）商品推荐

商品推荐是为了帮助商家基于实时数据灵活调整排品顺序和返场策略，支持按"未播商品推荐"与"已播商品返场"两种逻辑分别查看推荐结果，包含推荐引流商品、推荐留存商品和推荐转化商品。

主播可以基于直播的不同时段去查看相应场景下的商品推荐。

- ❑ 直播开场时，主播在"未播推荐"列表里查看推荐商品，建议优先查看推荐引流商品。
- ❑ 当流量逐步提升后，可以在"未播推荐"列表里查看推荐留存商品，当流量稳定后可查看推荐转化商品。
- ❑ 直播开场一段时间后，可在"已播返场"列表里查看推荐商品，结合核心数据、人气趋势和商品实时诊断数据，判断当前流量规模、留存和转化情况，再基于当前讲解中商品的能力表现来判断是否更换讲解商品。

3. 广告数据

广告数据的实时监控是为了便于商家更加直观地分析广告策略对于电商营销效果的提升，可以帮助广告主快速便捷地投放广告。广告数据包括核心数据、流量表现、用户画像、计划列表、创意、效果趋势等模块。

（1）核心数据

核心数据模块用于帮助商家实时掌握广告投放数据和效果，包括整体 ROI、广告 ROI、累计成交金额、广告成交金额、广告消耗、广告支付订单、广告支付转化率等核心数据指标。

（2）流量表现

流量表现模块主要是展现直播间不同流量来源、成交来源的详细占比，而广告转化漏斗可以帮助商家实时直观地了解直播间广告的投放效果和转化效率。

商家可通过观察流量来源了解直播间不同渠道的流量占比，包括付费流量和自然流量，以及不同渠道的广告投放效果，可以通过比较不同渠道广告的成交占比，优化后期不同广告投放渠道的组合。

与此同时，商家也可以通过广告转化漏斗了解用户在进入直播间、商品点击、下单、支付成功各个不同阶段的流失率，诊断出用户最易流失的环节，从而有针对性地采取相应的方法提高转化效率。

（3）用户画像

用户画像的主要作用是帮助商家了解观看广告和通过广告成交的用户的构成与特征，支持以地区、年龄、性别等维度去查看，方便商家了解目标人群的特征，定位潜在粉丝群体，实现后续广告的精准投放，提高广告的转化效率。

（4）计划列表

计划列表的作用是帮助商家实时了解各个广告投放计划的消耗情况和转化效果，从而及时调整广告投放计划。计划列表包含计划名称、计划状态、出价、预算、消耗、下单 ROI、成交转化率、点击率等维度，商家可按消耗、ROI 升降序排列展示计划，实时了解广告计划投放进度，及时调整投放计划。商家可通过比较不同计划的成单率和点击率来调整计划投放策略，提高计划投放效率。

（5）创意模块

创意模块主要展示商家的广告投放创意，便于商家实时了解创意的点击率和消耗，从而在后期调整和优化广告创意。创意模块的具体指标包括创意消耗、创意展示数、点击数、点击率，商家可以查看创意视频的消耗，掌握广告投放的进度和效率。与此同时，商家可通过创意模块查看点击率最高的创意视频，总结创意特点，了解用户的偏好，提升视频创作能力。

（6）效果趋势

效果趋势支持从基础效果、成交转化、人气互动、付费占比几个维度查看效果，能够帮助商家诊断广告引流效果和转化效率的变化趋势，以及对直播间人气的贡献。基础效果指标包括 1 小时内广告 ROI、广告转化率、广告点击率；

成交转化指标包括广告成交金额、广告成交订单；人气互动指标包括广告引导直播间观看人次、广告引导新增粉丝数、广告引导直播间评论次数；付费占比指标包括广告引导观众占比、广告引导成交占比。

11.4 商品销售后的服务

如图 11-6 所示，商家不仅需要进行售前准备和售中营销，还需要做好售后服务，以提高店铺的复购率。本节针对"售后服务"环节进行讲解，该环节分为 5 个模块，分别是客服服务、发货履约、服务保障、资产结算、数据复盘。

11.4.1 客服服务：人工与机器

如图 11-18 所示，客服服务包括人工客服与机器客服两种方式，后者正在承担越来越高比例的客服工作。社区平台通过客服满意度指标来考核这两种方式，以使得人工客服与机器客服互相合作、充分互补。

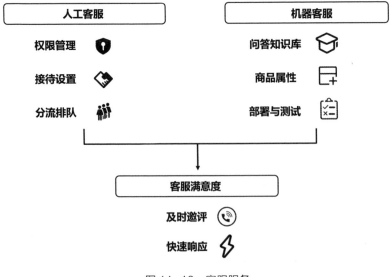

图 11-18 客服服务

1. 人工客服

人工客服是比较传统的客服方式，在大促营销情况下，商家将接到大量的消费者投诉与咨询，这将带来一定量的商家运营成本，社区平台也在提供产品功能去帮助商家提高人工客服的应答效率，包括权限管理、快捷短语、分流排队等。

（1）权限管理

在短视频社区开放购物的部分商家，由于用户的咨询量大，通常会按照商品线划分人工客服团队。例如，一家服装品牌店的客服团队可能分为女装线、男装线、首饰品线等。首先，每条业务线对于订单、仓储、价格优惠、赠品等数据的访问权限不同，需要分门别类地理清楚；其次，在同一条业务线下，客服主管、客服员工、实习生对消息、私信、订单的访问权限也不同，这就需要权限管理发挥作用。

（2）快捷短语

快捷短语包括编辑功能、排序功能、搜索功能、常用快捷短语功能4类。

- 编辑功能：顾名思义，就是客服可以在系统里编辑快捷短语，快捷短语通常会与品牌特性或者店铺特点相关。
- 排序功能：排序功能指的是客服可以自定义快捷短语顺序，方便将常用短语快捷地回复给用户。
- 搜索功能：如果快捷短语太多，用户就需要用搜索功能快速找到相关的快捷短语。
- 常用快捷短语功能：该功能是系统根据客服的快捷短语历史回复记录与数量，将快捷短语默认排序给到客服。

（3）分流排队

分流排队指的是在用户进线咨询人工客服时，合理分流客服接待量，避免客服接待量不均导致用户等待时间过长的问题；将用户分配给专业的客服，以高效地解决用户的问题。分流排队通常遵循两类规则：一类是接待量少的客服优先规则，系统优先将用户分配给接待量较少的客服；一类是重复来访分流规则，也就是系统将某个客服之前接待过的用户再次分配给他，由于客服更加熟悉用户的情况，相应的解决效率也就会更高。

2. 机器客服

机器客服帮助商家解决了聘用大量人工客服的成本压力，社区平台为商家提供了简单方便的机器客服。商家只需要输入问答知识库，关联商品属性，部署与测试后，商家就可以立即拥有专属的机器客服。

（1）问答知识库

问答知识库是机器客服与用户沟通的基础语料库，其承担了大量客服问答的基础功能，商家配置问答知识库的过程分为订阅行业知识包、审核/修改行业知识包、配置自定义知识点3个步骤。

- 订阅行业知识包：社区平台已经将历史上用户重复咨询的大量问题梳理成对话模板，形成了特定的行业知识包，商家只需要订阅行业知识包就能获取这些模板。
- 审核/修改行业知识包：通用的行业知识包可能与商家的现状不相符，所以需要商家进行审核，并修改不相符的点。
- 配置自定义知识点：商家可以在行业知识包的基础上，自定义并添加自己品牌或者店铺独有的知识点，最后形成专属于商家自身的统一且完整的问答知识库。

（2）关联商品

由于问答知识库包含的基本都是一些通用的模板，只有商家将其与店铺内的特定商品相关联后，才能够合成可被用户理解的机器客服语言。关联商品通常包含梳理商品属性和关联商品属性两个步骤。

- 梳理商品属性。客服对话模板里通常都会描述需要的商品属性类别，例如颜色，商家需要做的就是根据商品属性类别，去填写相应的数值，例如"A品类帽子，颜色对应红色；B品类帽子，颜色对应蓝色"。
- 关联商品属性。梳理完模板对应的商品属性后，商家只需要将商品信息与问答知识库相关联即可，这样客服的回复中就自然会带有商品信息。

（3）部署与测试

在商家填写完问答知识库并关联商品后，最后要做的就是部署与测试机器客服的性能与质量，这个过程分为配置特殊关键词、配置转人工客服、测试机器人回答效果、开启机器人自动接待4个步骤。

- 配置特殊关键词：机器客服能够识别常用关键词并进行适当回复，但是对于一些专属于品牌商家的特殊关键词，需要商家配置并设置特定回答。
- 配置转人工客服：对于机器客服实在无法回答清楚的问题，可以提供转人工客服的选项，转到人工客服进行回答。
- 测试机器人回答效果：机器客服上线之前需要模拟测试其问答效果。
- 开启机器人自动接待：前面几个步骤完成后，便可以设置机器人自动接待。

3.客服满意度

客服满意度是社区平台考核机器客服与人工客服质量的重要指标，通过满意率来衡量。满意率的定义为"买家好评数/买家已经评价的会话数"。

（1）及时邀评

要提升满意率，可以尽可能多地邀请消费者对客服服务进行评价，扩大样本量，避免因为样本量太小，个别差评导致满意率偏低的情况产生。扩大评价样本量则需要通过及时邀评让用户第一时间进行评价。及时邀评有以下两种方式：第一种是手动发送评价卡片，在聊天过程中，客服手动发送评价卡片，邀请消费者评价；第二种是开启自动邀评功能，所有会话完结后，系统会自动发送评价卡片，邀请消费者对客服服务进行评价。

（2）快速响应

提升客服的响应效率，尽快回复和解决消费者咨询的问题，对满意率的提升也会有较大帮助。商家或者社区平台有时候会将响应时间作为客服的考核指标之一，虽然考核指标还包含回复质量、问题解决率等关键因素，但是快速响应也是客服满意度里至关重要的影响因素之一。

11.4.2 发货履约：订单与包裹

在用户完成下单操作后，商家需要完成的任务就是发货履约，如图11-19所示，发货履约包括订单管理、发货管理、包裹管理3大模块。

图11-19 发货履约

1. 订单管理

订单管理主要包含两部分内容：一部分是订单状态，商家通过订单不同的流转状态进行相应的处理；一部分是订单报表，商家通过拉取订单报表进行批量订单管理。

（1）订单状态

订单状态主要包含待确认、待支付、待发货、已发货、售后中、已完成、已关闭七种状态类型。

- 待确认：用户下单后，需商家确认的全部订单，包括确认收货地址、订单金额等是否符合发货条件。
- 待支付：指用户还没有完成支付动作的全部订单（如用户未在限定时间内完成支付，订单将会被自动取消）。
- 待发货：指的是用户已经完成了付款的全部订单，需要商家通知仓库发货。
- 已发货：指商家已发货且上传了真实有效的物流单号的全部订单。
- 售后中：指用户申请退款或退货处于售后中的全部订单。
- 已完成：指已经发货且用户在确认收货或系统自动确认收货后完成售后的全部订单。

- 已关闭：指商家在发货前全额退款成功或未支付的订单；商家已经发货、用户确认收货，并且已经完成售后的订单。

（2）订单报表

订单报表主要分为商品维度与订单维度两种类型，因为一个订单内可能包含多个商品，商品维度的报表指的是每个商品名称列为一行，订单维度的报表指的是每个订单列为一行，两者拆分维度不同。

订单报表的字段主要包括用户信息、商品信息、快递信息等。用户信息主要是收件人姓名、电话、地址、买家留言等；商品信息主要是商品名称、商品规格、商品数量、商品单价、运费、平台/商家/主播优惠等；快递信息主要是快递公司、快递单号、快递预计到达时间等。

2. 发货管理

发货管理的流程是商家先确认订单，包括确认订单类型与收货地址等；然后商家选择合适的发货方式，分为电子面单发货、手动发货、批量发货3种类型。

（1）确认订单

商家需要明确了订单信息以后才能发货，通常需要确认收货地址、收货人姓名、收货人电话等基本信息。

- 货到付款订单：需要商家先订单确认，订单状态才会进入"待发货"状态。
- 在线支付订单：由于买家已经付过款，订单状态自动进入"待发货"状态。
- 确认收货地址：当订单在"待发货"状态时，允许用户修改一次收货地址，商家需要确认地址变动后运费是否变化等信息。
- 确认订单快照：订单快照指的是订单创建时的商品描述和下单信息，在买卖双方和平台发生交易争议时，订单快照可以作为判定依据。

（2）发货方式

商家可以选择电子面单发货提高效率，也可选择手动发货，或者在订单数量巨大的情况下选择批量发货。

- 电子面单发货：如果商家和物流服务商合作，则可以自动获取物流运单号对应的订单，完成面单打印和发货。
- 手动发货：商家已经从物流公司获取过物流单号且订单量较小时，可以手动输入对应的物流单号完成发货。
- 批量发货：当商家获取的订单量比较大时，可以通过规定格式批量上传单号，系统自动解析单号后批量发货。

3. 包裹管理

商家在确认好订单并完成发货后，就需要跟踪包裹状态并定位包裹存在的问题，及时联系快递公司处理或者联系消费者，做好安抚工作，降低消费者投诉和管控处罚的概率。

（1）包裹状态

包裹状态包括已打包、已发送、运送中、已签收4类。

- 已打包：在商家确认订单后，物流公司打包好包裹，其状态会显示为"已打包"。
- 已发送：包裹从仓库中顺利出仓，进入货运物流后，其状态会显示为"已发送"。
- 运送中：包裹在运送的途中会经过各个中转站，其状态一直会显示为"运送中"。
- 已签收：用户收到包裹，检查确认并签收以后，其状态会显示为"已签收"。

（2）异常处理

异常处理包括包裹即将揽收超时、揽收超时、中转超时、签收超时4类。

- 即将揽收超时：商家发货后18小时仍未更新物流揽收信息，则会生成一条"即将揽收超时"的待处理记录，需要商家及时联系快递公司在发货后24小时内完成揽收，避免用户投诉。
- 揽收超时：商家发货后24小时仍未更新物流揽收信息，则会生成一条

"揽收超时"的待处理记录，需要商家及时联系快递公司处理，避免用户投诉。

- 中转超时：包裹已经发出，在途中超时未更新物流信息，则会生成一条"中转超时"的待处理记录，需要商家及时联系快递公司处理，避免用户投诉。
- 签收超时：包裹进入派送状态后 24 小时仍未投柜或签收，则会生成一条"签收超时"的待处理记录，需要商家及时联系快递公司催派，避免用户投诉。

11.4.3 服务保障：售后与仲裁

服务保障是为了提高商家和用户对平台的信任感，用户在平台的每一次消费都相信平台能够保证自己的基本权益，商家每完成一笔订单都会更加信任平台能够帮助自己进行营销，用户与商家的这种信任感需要平台努力去维护。如图 11-20 所示，服务保障包括售后申请、平台仲裁、维护评价三部分内容。

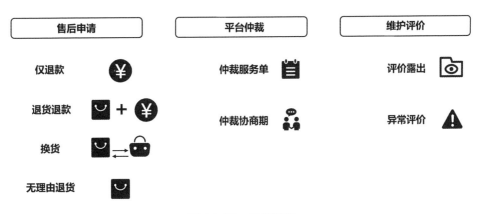

图 11-20　服务保障

1. 售后申请

售后申请包括仅退款、退货退款、换货、无理由退货 4 种情况。

（1）仅退款

消费者在未收到货，或者在收到货以后与商家协商，商家同意不退货仅退款，便可以发起"仅退款"的申请，系统在接收到消费者"仅退款"的申请后，会生成一个售后任务。商家需要在消费者发起申请后的 48 小时内进行"同意"或"拒绝"处理。如果没有处理，系统将会默认同意用户请求，自动按照原路退款给买家。如果商家拒绝了买家的申请，该售后申请会流转到买家，买家可以选择 48 小时内进行平台仲裁，让平台来进行审判。

（2）退货退款

消费者在已经收到货，且想要退还收到的货物，同时要求商家退款时，可以发起"退货退款"申请，系统在收到用户申请后同样会生成一个售后任务。商家同意买家申请后，需要先确认收到买家退过来的货物，在商家签收物流单以后，需要在收到退货后的 48 小时内退款，退款完成后结束整个售后流程。如果商家在这一过程中拒绝了买家申请，则售后节点会流转到买家，买家可以选择进行平台仲裁。

（3）换货

换货的处理流程除了不需要用户退款外，其余过程在用户侧与商家侧都与"退货退款"类似。在平台规则内，对换货的品类有所限制，首先不支持虚拟商品的换货，其次商家对某些实体商品也有损耗限度，超出了损耗限度的货品平台也不支持换货。

（4）无理由退货

无理由退货是平台推出的保证用户权益的一项功能。该功能对用户的好处是降低用户的购买压力；对商家的好处是提高了商品的售卖率，相对地则需要商家提高商品质量，以降低消费者无理由退货带来的成本损耗。

虽然平台允许用户对部分特殊商品进行无理由退货，但是平台也限制用户的退货时间，需要在签收货品后七天以内发起退货，这也是为了减少货品损耗，保证商家的一部分权益。与此同时，某些定制类的商品是不允许 7 天无理由退货的，这也是从降低商家生产成本的角度出发制定的政策。

2. 平台仲裁

平台仲裁包括仲裁服务与仲裁协商，仲裁服务是平台深度参与商家与用户矛盾的协调，并主导协调结果；仲裁协商中平台只是较轻度地参与，更多的是让商家与用户自行协商解决问题。

（1）仲裁服务

仲裁服务的发起方如果是用户，申请仲裁的问题所涉及的范围通常比较广，包括商家广告内容宣传、价格相关、订单操作、商品相关、发货及物流、售后服务、换货、商家服务、快递等问题；仲裁服务的发起方如果是商家，通常会包含用户恶意投诉、恶意差评、恶意退换货等行为。

平台一旦受理了用户或者商家申请的仲裁服务，则需要在有限时间内快速处理。既然用户或者商家将一件事情的仲裁权利交给了平台，就说明其需要接受平台仲裁得出的结论，并执行相应的动作，否则可能会受到平台的处罚。

（2）仲裁协商

仲裁协商指的是在售后处理的过程中新增协商期，在协商期内允许商家和用户进行友好协商，达成协议后用户可以取消售后申请，或者商家同意售后，表示仲裁协商已完成。如果仲裁协商的结果不能达成一致，那么协商期后平台客服将介入该过程。

仲裁协商的触发条件是，售后理由并非商品本身的质量问题，并且用户和商家都同意进入协商期。因为商品质量问题发起的售后申请通常会直接进入仲裁服务，而不会触发仲裁协商。

3. 维护评价

维护评价包括评价露出与异常评价两部分，评价露出是为了照顾用户权益，让用户能够通过更多维度去考量商品；异常评价是为了照顾商家权益，对于用户的恶意差评，平台为商家提供申诉入口。

（1）评价露出

评价详情页通常位于商品详情页的下一级页面内，相对来说页面入口较深，只有对商品确实有购买需求的用户才会进入评价详情页。然而用户评价又是左右用户购买意愿非常关键的因素，所以有必要将用户评价在页面层级上提高一级，直接在商品详情页露出。这样做是为了方便用户进入商品详情页后能快速地从首屏获取评价信息，快速判断商品口碑，提升整体效率及体验，辅助用户在即时转化场景下更快地做出决策。

（2）异常评价

因为用户评价在影响消费者决策中起到举足轻重的作用，所以通常商家都会非常重视用户评价，因此商家也希望能够快速解决有问题的异常评价，以免动摇用户购物的意愿。为了保障商家经营服务的体验，社区平台为商家提供了异常评价申诉入口，保障商家的合理权益，平台允许商家对发表时间不超过30天的异常评价发起申诉流程。一旦平台认定评价为异常信息，就将对申诉成功的评价采取处理措施，对应的评价数据将进行特定处理。

11.4.4 资产结算：流水与开票

资产结算的主要作用是帮助商家与平台结算售卖的商品金额，其并不是简单地计算流水，涉及的环节比较复杂，如图11-21所示，包括商家结算、提现对账、发票中心、返点中心4部分内容。

图 11-21 资产结算

1. 商家结算

品牌商家可以从订单流水明细与资金流水明细两个维度查看商品在短视频

社区平台的销售情况，其中会用到许多复杂的财务概念，我们尽量不涉及这些概念，讲清楚商家具体关注的内容。

（1）订单流水明细

订单流水明细指的是商家每一笔订单的结算情况，其包括订单信息、结算信息、结算明细，具体的字段包括订单号、下单时间、结算金额、实际补贴、订单退款等。商家查看订单流水主要是为了了解每一笔交易的细节，因为商家与用户的交易一直是以订单为最细粒度的，一笔交易产生一个订单，商家可以通过订单流水明细总结出一些规律，例如客单价和订单数量的关系，可以依据这个信息调整商品定位等。

（2）资金流水明细

资金流水明细指的是按照日/月维度展示的商家账户的资金变动记录，包括动账信息、订单信息、订单结算明细3大部分。其中动账指的是资金的收入和支出，动账信息包含动账时间、动账方向、动账账户、动账金额等；订单信息包含订单号、下单时间、订单对应商品信息；订单结算明细包含营销补贴、达人券、佣金、渠道分成等信息。

2. 提现对账

商家在需要扩大生产或者投资其他业务时，就需要从社区平台将收益提取出来。大多数商家的习惯是当资金流水达到一定的额度时，定期从社区平台账户里提现对账。

（1）账户明细

账户明细主要用于记录商家账户的动账明细和提现记录，商家的经营账户通常包括银行卡账户、支付宝账户、微信账户等，不同账户代表用户使用不同支付方式向商家结算。账户明细聚合了多个不同支付账户下的资金流水明细，只是从时间维度进行了相同周期内金额的合并。

（2）账户提现

一旦商家向平台发起账单结算，那么平台和商家的结算周期即为T+n（T是银行转账时间，n 为商家和平台约定的时间），且结算的金额为扣除平台技术服务费后的金额。结算金额会先打入商家的平台账户，商家可立刻提现，提现的到账时间通常为 1~3 个工作日，如果提现失败，其提现失败的金额会即时退回账户。

3. 发票中心

发票中心包含两类开票业务：一类是商家向消费者开具消费者购买商品的发票；一类是平台向商家开具技术服务费和推广费的发票。

（1）商家开票

不少消费者会向商家索取发票，特别是在购买客单价较高的商品时。很多平台的电商服务商都提供了帮助商家快速开票的第三方工具，平台为了提高商家的结算效率，降低商家成本，也提供了帮助商家开票的工具，其能够自动读取订单信息、用户信息、消费金额等数据，帮助商家在完成一笔订单后就生成完整的发票信息。

（2）平台开票

平台开票指的是平台向商家收取了技术服务费和推广费用，所以平台应该向商家开具发票。平台服务费账单每月出具一次，商家后台会显示每个月应收的平台服务费；推广费用则是根据商家在投放推广方面的消费灵活开具发票。商家在申请开票后，需要经过平台审核方可完成开票动作。

4. 返点中心

平台为了提高商家的活跃度，会采取一定的措施去激励头部商家或者部分代理商，比如给予这些商家或代理商一定的返点激励，商家可以在返点中心查看返点相关情况。

（1）活动返点

活动返点指的是平台会不定期推出平台服务费优惠政策去激励商家。对于满足活动要求的商家，平台会按照商家与平台签署的返点协议进行平台服务费返点，商家可以在返点中心中查看并确认相关的返点结算，平台将在商家确认结算单后支付返点金额。

（2）返点结算

返点结算需要商家先确认，然后平台再打款，其包括待打款、打款中、打款完成、打款失败几个状态。

- 待打款：商家完成返点结算单的确认，平台即将发起支付。
- 打款中：平台通常会根据商家参与活动的全程按日分批打款，以稳定商家在平台的日常运营；
- 打款完成：平台已经完成打款，此时商家可以在账户中心里查看到返点金额。
- 打款失败：平台将向商家解释清楚打款失败的原因，并在下一个工作日继续打款。

11.4.5 数据复盘：监控与诊断

对于商家而言，售后服务里还有一项最重要的工作，即数据复盘，商家需要对整个商品营销过程从基础数据、进阶数据、数据诊断等维度进行全面复盘，如图 11-22 所示。

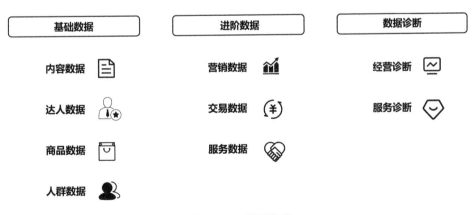

图 11-22　数据复盘

1. 基础数据

基础数据包括内容数据、达人数据、商品数据、人群数据。

(1) 内容数据

内容数据主要包括短视频数据与直播数据。

- 短视频数据主要用于查看一段时间内商家发布的短视频数量、短视频点赞/评论/分享数据、商品曝光/点击/成交数据等核心指标的汇总数据，以及每日的数据变化趋势。商家可通过正序/倒序排列短视频内容的指标来直接定位效果较好或者不好的短视频。也支持基于创作者昵称进行精确搜索，然后点击短视频名称或商品名称去查看对应内容。

- 直播数据主要用于查看一段时间内商家的直播内容、成交及售后等核心指标的汇总数据，以及每日的数据变化趋势。商家可以查看粉丝与非粉丝的成交率和用户画像，用于调整下一次的直播内容；也可查看付费流量趋势和自然流量趋势，以此决定下次直播是购买付费流量还是自然引流。

(2) 达人数据

达人数据是助力商家诊断和优化达人运营策略，帮助商家和达人达成长期稳定的合作关系的数据分析工具。商家通过查看达人数据，可以方便地查看表现较好的达人，并进一步评估达人的详细数据，以判断后续是否可以加强合作或者调整合作的商品。商家可通过达人带货商品榜单、达人直播历史信息、达人短视频发布情况了解达人的上限，也可根据发货前的退款率、差评率、投诉率等指标了解达人的下限，通过这些数据商家后续可有针对性地挑选合作达人。

(3) 商品数据

商品数据可以帮助商家通过详细了解每个商品的流量、交易、服务数据趋势及成交构成来识别商品具体销售好和不好的原因，以及如何进一步提升销售。商家可基于单个商品维度查看曝光、成交、售后及评价全链路漏斗数据，并查看单个商品的达人带货成交金额占比；或者通过横向比较多个相似行业品类下的商品数据，查看最适合自身品牌的商品有哪些。同时，社区平台还提供了商品排行榜单，商家可以通过正向排序找到成交多、转化高和新客多的商品，或者通过逆向排序找到转化低、口碑差、退货多、到货慢的商品。

（4）人群数据

人群数据支持商家查看粉丝人群和交易人群的用户画像，包括性别、年龄、地域、活跃时间等基础属性，也包括内容偏好、购物偏好等信息。

- 粉丝人群：从店铺官方企业号、品牌内容互动等维度分析出来的粉丝人群，由浅及深可以划分为4个层级，分别是内容触达用户、内容兴趣用户、新人粉丝、忠诚粉丝。
- 交易人群：从店铺官方企业号、商家/达人带货等维度分析出来的交易人群，由触达到购买可以分为4个层级，分别是商品展示用户、商品兴趣用户、初次下单用户、复购用户。

2. 进阶数据

基础数据更多是内容、个体、商品这样的静态维度的数据，而进阶数据更多的是动态维度的数据，包括营销数据、交易数据、服务数据。

（1）营销数据

营销数据主要是帮助商家了解营销工具与广告投放两种方式的涨粉、拉新、转化效果，助力商家优化后续营销策略。

- 营销工具。营销工具数据能够帮助商家直观地了解互动工具（福袋、红包等）、促销工具（秒杀、满减、拼团等）、优惠券工具（商品优惠券、粉丝专属券）带来的成交金额和订单数，并可以展示不同营销工具的业绩占比情况。
- 广告投放：指的是商家通过投放短视频与投放直播间带来的效果累积、商品成交金额、广告投放ROI等数据。

（2）交易数据

交易数据主要是帮助商家分析成功交易的各维度数据，包括成交来源、成交用户、成交终端等。

- 成交来源为直播、短视频、企业号主页、企业小店等，分别展示不同来源的成交金额及其占比、成交人数、成交客单价，让商户能够明确看到哪个成交来源的效率比较高。

- 成交用户分为新客、老客两类，分别展示不同人群的成交金额及其占比、成交人数、成交客单价，让商户能够有的放矢地针对不同人群制定营销策略。
- 成交终端分为 iOS 和安卓，以及不同手机型号，展示成交金额及其占比、成交人数、成交客单价，让商户能够明确看到用户的终端类型。

(3) **服务数据**

服务数据包括售后数据、客服数据、评价数据、物流数据、退款数据等。

- 售后数据：帮助商家查看自身售后水平的概况，支持商家根据时间段查看近期趋势，具体指标包括投诉率、退货率、售后退款时长、平均售后处理时长等。
- 客服数据：帮助商家判断当前的客服水平，及时监控指标变化趋势来识别客服问题，具体指标包括三分钟平均回复率、接起率、平均响应时长、平均等待时长、用户咨询量、转人工接待量、人工已接待量等。
- 评价数据：帮助商家判断当前的市场反馈，了解用户的真实想法，具体指标包括评价数、评价率、好评数、好评率、差评数、差评率等。
- 物流数据：帮助商家监控各项物流数据，充分了解自身物流能力，具体指标包括48小时发货率、72小时揽收率、退货率、物流差评率、物流问题投诉率、平均到货时长等。
- 退款数据：帮助商家提高对退款订单的分析能力，降低商品退款率，具体指标包括退款金额详情、退款品类、退款原因等。

3. 数据诊断

基础数据和进阶数据能帮助商家主动从各个维度去发现问题，社区平台只是客观真实地呈现给商家需要的数据；数据诊断是社区平台主动给予商家营销建议，分为经营诊断与服务诊断两个模块。

(1) **经营诊断**

经营诊断旨在通过经营状况诊断、经营问题归因、提供经营工具3个步骤，帮助商家获得稳定的日销、优化交易结果和形成稳定的用户资产。

- 经营状况诊断：基于理论体系对商家核心指标进行追踪，基于竞品数据和商家历史排名数据，对商家进行全方位的评估。
- 经营问题归因：基于诊断情况进行商家问题归因和优势总结，明确流量投放问题、定位商品问题、评估选择的达人、掌握积累的用户资产情况。
- 提供经营工具：针对不同场景下的问题，提供案例说明并且给出各类参考工具，包括投放建议、选品测评、达人推荐和私域管理等工具。

（2）服务诊断

服务诊断旨在帮助商家拆解商家服务相关的核心指标，并提供建议方案帮助商家提升整体服务能力。服务诊断主要针对的是售后、客服、评价、物流、退款等商家服务项目，基于竞品数据横向对比、商家当前数据与历史数据纵向对比，判定哪些指标亟待改进。服务诊断的重点指标包括发货率、退货率、差评率、投诉率、回复率等。与此同时，社区平台也在不断努力引入第三方服务商组成服务市场同盟，帮助商家提高服务水平，促成更高的满意率。

第 12 章 CHAPTER 12

短视频社区的增值服务

随着互联网流量红利的逐步收窄，面向 B 端的业务收入（广告 + 直播 + 电商）逐渐形成赢家通吃的局面，头部平台吃掉了大部分 B 端收入，新兴的中小短视频社区平台则需要重点制定面向 C 端的收入策略。而用户付费习惯逐步培养起来，为社区平台面向 C 端收费打下了基础。如图 12-1 所示，2017~2022 年中国在线视频用户付费市场规模一直处于增长趋势。目前社区平台面向用户的收费模式有两种：会员付费与内容付费。

12.1 会员付费：用户维度的增值服务

本节将先介绍会员付费的特点与价值，然后讨论如何打造一个完整的会员付费体系，最后讨论如何提高会员的留存等。

12.1.1 付费会员的两个特点

短视频内容社区平台的会员付费特点，可以从两个"成本"的角度考虑：

一个是内容产品的边际成本,另一个是付费会员的沉没成本。

图 12-1　2017~2022 年中国在线视频用户付费趋势

1. 边际成本

视频内容社区的付费会员,典型的如"优爱腾"⊖会员、B 站大会员、知乎会员等,为用户提供的是虚拟服务与内容版权,会员的边际成本几乎为零,只要用户量提升,就可以为公司实现盈利。例如内容社区花费资金做了一档综艺,这档综艺给一百个用户还是给一百万的个用户看,除了需要增加带宽成本,内容社区的其他成本并没有提高多少。

2. 沉没成本

从心理学角度来说,用户充会员的行为会让用户认为自己已经在社区平台上付出了沉没成本,所以用户的其他内容消费行为可能都会沉淀在这个平台上,从而提升社区平台的打开率与留存率。所以某种程度上,付费会员是激活用户和沉淀用户的工具,也具有一定的排他性,能够帮助社区平台抢夺竞品的流量。

⊖　优酷、爱奇艺和腾讯视频。

在流量红利消失的移动互联网下半场，社区平台的首要任务就是留存用户，聚拢一个平台最有价值的客户，付费会员是一种行之有效的手段。

12.1.2 付费会员的三大价值

会员价值如图 12-2 所示，主要包括为平台提高盈利、增加用户价值、拓展社区平台流量 3 方面。

图 12-2 会员价值

1. 平台盈利

（1）优质内容

对于大部分短视频社区而言，投入资源获取优质内容是提高付费会员数量的唯一途径。一方面因为创作者的版权意识逐步加强，优质的内容需要平台花费不菲的金额去竞争；一方面平台通过足够的激励措施保障创作者生态，也是为了让创作者能创作出更高质量的内容。所以，尽管社区平台需要不断投入成本和资源获取优质内容，但大部分社区平台都会义无反顾地去做。

（2）成本分摊

成本分摊指的是单个用户身上承担的优质内容制作成本越来越低的趋势，成本分摊的核心逻辑是提高付费会员的数量与留存率。社区生产优质内容的成本是相对固定的，社区平台的优质内容能够带动付费用户规模的持续增长，所以分摊在每个用户身上的成本也随着付费会员规模的扩大而降低，平台实现盈利后会再次投入资源去获取优质内容，这将形成社区内容生态的良性循环。

2. 用户价值

（1）提升价值

会员付费能够帮助社区平台筛选出高价值用户，并将用户的时间、社交等价值锁定在平台上。首先，会员付费有利于拉升该用户在平台的消费金额，平台给予的付费会员福利会引导会员进行更多消费；其次，付费会员权益可以帮助平台开拓新品市场、带动低频产品销量，平台可通过付费会员品类优惠券等方式，为其推出的新品引流；最后，付费会员的优惠券成本可以通过付费会员的消费频次来稀释，最终平台还是盈利的。

（2）提高留存

付费会员与非付费会员相比，往往可以达到更好的留存效果。举个例子，非会员去某个社区平台购物没有优惠，而只要其充值了50元，就能成为社区平台的付费会员，之后用户在平台上的5次消费，只要客单价高于100元，每次就可以获得30元的优惠券。这类平台付费会员规则的设置，只要用户投入了50元的成本，那么几乎所有的用户都有足够的动力至少消费两次去获取60元的优惠，以抵消成为会员的成本，而且大量的用户会消费5次以获取所有的优惠。这样平台就通过付费会员制度提高了用户的留存率。

3. 拓展流量

（1）数量提升

随着互联网流量红利的逐步枯竭，各家短视频社区平台都在寻求拓展流量的方法，而付费会员的流量导入能力是其他非付费会员难以达到的。近些年兴起的具有非竞争性业务的公司之间的联名会员模式，便很好地起到了在平台间互相导流的作用。举个例子，电商平台与短视频内容平台合作，通过会员合作降低购买费用（联名会员价格＜电商平台会员价格＋短视频内容平台会员价格），用户成为联名会员就可以同时享受购物优惠和观看视频平台的高质量内容，两个平台都从对方那里通过联名会员的方式获得了用户增量。

（2）质量互补

不同社区平台的会员形式有其独特的特点，不同的公司也会依据自身的业务模式与发展阶段选择不同的会员模式，未来不同领域之间会员的合作将会越来越多。从公司的业务角度出发，与非竞争对手合作，由于联名会员平台之间的业务是不重合的，因此合作平台带来的新会员与原有会员是互补的，这也将为平台带来新的发展动力。越来越多的公司希望有一个覆盖线上线下的超级会员来形成稳定的会员联盟，例如阿里推出的 88VIP 会员，基本覆盖了一个普通用户的衣食住行各方面。

案例：
借阿里88VIP窥探超级会员模式

12.1.3 付费会员的进阶体系

会员体系的搭建包括获取用户与促进活跃两个阶段：获取用户可以通过适当的场景触达和灵活的售卖机制实现；促进会员活跃可以通过拓展场景与降低门槛实现，如图 12-3 所示。

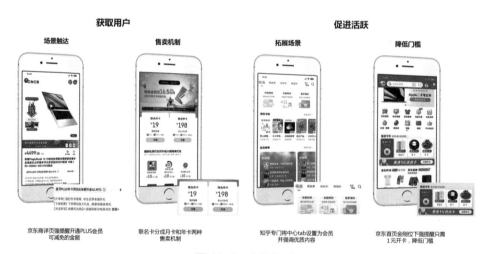

图 12-3 会员体系

1. 获取用户

想要获取更多的新用户，就要拓展更多的流量场景，并且在各个流量场景下提升用户开通会员的转化率,所以自然需要从场景触达与灵活售卖提升转化两个维度入手。

(1)场景触达

场景触达指的是要在各个场景下抓住用户相应的痛点,让用户对成为会员产生兴趣,以引导用户成为会员。图 12-3 中京东在商品详情页强提醒用户开通京东 PLUS 会员后可以减免的金额,用户在即将付款下单的场景下看到能够减免的额度,很难不心动去成为京东的 PLUS 会员。短视频社区平台将最新的剧集或者高质量的电影设置为只有付费会员可看,也给了用户开通会员足够强的理由。付费会员可以获取的权益是平台基于业务需要拿出来的资源,而要在哪些合理的场景下去引导用户关注并转化,则非常考验平台的策略了。

(2)售卖机制

灵活的会员售卖机制将极大提升用户成为付费会员的概率,如图 12-4 所示,饿了么的联名年卡价格为 198 元,如果只有年卡一种形式,则会拦截一部分价格敏感用户,而设置成月卡售卖(只需要付 19 元尝试),将极大地降低会员门槛。

售卖机制的设计严重影响用户的决策,月卡与年卡也承接了不同的用户需求。月卡会员价格较低,而且可以迅速解决用户当前痛点,是购买门槛最低的一种会员形式;年卡由于价格较高,因此一般会和试用会员一起推出,通过免费试用这种形式降低用户开通会员的心理门槛,再通过相应的引导完成用户从试用到正式会员的转化。

2. 促进活跃

当用户成为付费会员后,促进用户活跃对于让用户产生更大的价值和提升用户留存有着重要的意义。社区平台通过拓展更加丰富的使用场景并持续降低使用门槛来促进用户活跃。

(1)拓展场景

想让用户更多地进入会员页面并且活跃起来,就需要给用户足够的理由。例如图12-4所示，知乎专门将App的正中心模块设置为专属于会员才能查看的内容或者享受的服务，并在会员模块内强调内容特权（价值百万的内容）、功能特权（会员专享99+特权）、更多福利（领千元专项福利）的字样来强提醒会员用户去获取会员权益，提高用户认知，并增加用户持续成为会员的动力。

除此以外，以知乎为例，当专属于会员的内容在推荐流、视频流等位置出现时，都会强引导用户到会员页，其目的就是要丰富用户使用会员权益的场景，让用户在更多的场景下享受到会员带来的福利。

（2）降低门槛

用户在初次接触社区平台时，对权益规则相对复杂的会员体系是缺乏认知的，社区平台不能指望用户能够自发了解会员的全部内容，更不希望看到用户因为没有充分了解会员权益而降低享受会员服务的次数，产生会员没什么价值的印象，最终导致流失。

因此，消除信息不对称、降低会员使用门槛成了促进用户活跃的重要手段，如图12-4所示，京喜App首页金刚位下强提醒用户"重逢专享"所能低价买到的商品，并引导用户1元开卡成为试用会员，将用户成为会员后能够买到的低价商品直观地呈现在会员面前，同时又将试用会员的价格降到极致，最大限度地降低了会员门槛。

12.1.4 付费会员的留存策略

对于付费会员业务来说，除了拉新之外，最大的挑战就是付费会员的留存了，二者如同进水管和出水管，共同决定着付费会员数量这个水池当前的承载量。会员留存既需要在产品整体设计上考虑留存策略，也需要制定"识别→触达→召回"的留存方案。

1. 留存策略

留存策略包括总结账单、权益设计、续费激励、灵活效期、成长体系5类，如图12-4所示。

第12章 短视频社区的增值服务

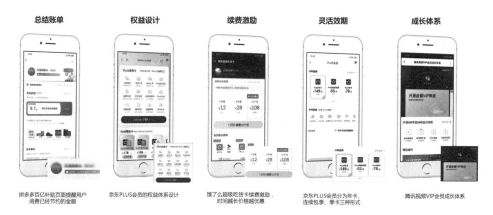

图 12-4　留存策略

（1）总结账单

要让用户做出续费的决策，很重要的因素就是要让用户觉得会员是值得购买的。如果用户觉得确实享受到了付费会员提供的服务和权益，其价值大于所支付的会费，那么自然会选择续费。但是，用户的时间和精力是有限的，很难让用户记住会员享有的所有权益和服务，也很难让用户搞清楚在社区平台的每次消费所节约的费用，所以在用户的会员主页设计一个会员权益总结账单，帮助用户总结享受过的权益和成为会员节约的总费用，可以有效提升用户的会员续费率。

如图 12-4 的总结账单所示，拼多多的百亿补贴页面提醒用户成为百亿补贴会员后所节约的金额，这能极大地促使用户持续成为百亿补贴会员，持续使用拼多多购买百亿补贴的商品，对非会员用户则可以展示其成为会员后预计能够节省的金额，这两者都可以促进用户的留存。

（2）权益设计

通常平台会给付费会员提供一些头部核心权益（金额减免、解锁付费内容等），还会提供一些服务型的附属权益。如图 12-4 所示，京东 PLUS 会员体系展示了 12 大权益设计，例如 10 倍返利（购物返京豆）、品牌 95 折（同享其他优惠）、免费退换货（7 天无理由）、专属客服（24 小时）、服饰 9 折（每月折扣

345

券)、健康特权(免费问医生)等。

这些权益本身或许很难成为用户立刻开通会员的理由,但是用户普遍都会有占便宜的心态,总是期待权益的数量越多越好,希望能体会到会员身份带来的尊享感和优越感。在成本既定的前提下,结合业务去设计让用户满意的权益体系,对提升用户的留存也起到了极大的促进作用。

(3)续费激励

商品的价格一定是用户是否买单的考量点之一,同理,续费价格也是用户是否决定复购的重要因素。

一般来说,在获取新客时往往会进行一定的让利来吸引更多的用户,如果到了续费时还给予用户一样力度的优惠,就会对平台的运营成本造成极大的压力。所以,平台在续费激励时,通常会通过延长用户的会员时长来抵消成本的损失。如图12-4所示,饿了么超级吃货卡的续费激励采取了时间越长价格越优惠的方式,12个月只需要108元(单月价格只需要9元),低于只续费1个月要花的12元,并且对于一次性续费12个月还高亮了"单月价格最低",给予用户强提醒。平台通过续费激励的方式,不仅提高了付费会员的留存,还提高了用户成为付费会员的时长。

(4)灵活效期

让用户能够灵活购买会员有效期的设计,不仅对付费会员拉新有效果,而且对付费会员留存也会产生较大的影响。如图12-4所示,京东PLUS会员的续费卡种分为年卡、连续包季、季卡三种方式,默认的支付方式为年卡支付,帮助用户用最低的价格和最长的时间去续费。京东PLUS会员续费卡的这种设计方式,季卡降低了用户续费门槛,连续包季给予用户续费优惠,年卡维系住了对平台极度忠诚的用户,可以说是考虑到了有各种需求的用户群体,提升了付费会员的整体留存率。

(5)成长体系

社区平台搭建一套付费会员成长体系,对于长期付费的高价值用户给予更多的社区认可和更具有价值的权益,也是提升用户留存率的有效方式。反过来说，就是要通过不断提高用户持续续费的权益，去增加用户不续费的成本。如图12-4所示，腾讯视频为VIP会员搭建了一套成长体系，等级越高的用户将获得更高级的权益，更重要的是与其他低等级用户相比，获得的优越感与成就感更高，通过给用户这种心理体验，将促使更多用户续费。

2. 留存方案

留存方案包括识别用户、触达用户、召回用户3个环节。

（1）识别用户

识别用户主要是提醒社区平台尽早关注那些可能要流失的付费会员，将要流失的付费会员有比较好辨识的特征，就是会员权益消耗频次明显减弱。以短视频社区为例，用户对于VIP会员才能观看的内容消费频次与用户时长的下降，或者在用户消费内容总量里VIP内容的占比逐步降低，都预示着用户具有一定的流失可能性。社区平台能够根据数据指标反馈尽早识别潜在流失用户，是社区制定留存方案的前提条件。

（2）触达用户

识别出潜在流失用户以后，社区平台要做的就是用付费会员的优势去触达这类用户，现有的几类触达方式如下：

- ❑ 在潜在流失用户的视频内容推荐流里更多地加入VIP专享内容；
- ❑ 通过社区App的推送功能或者短信将付费会员的权益告知用户；
- ❑ 对潜在流失用户定向发送续费优惠券，激励这些用户来平台续费。

社区平台通过以上路径触达潜在流失用户时，需要关注信息的触达率，以避免因为触达率过低而导致潜在流失用户并没有接收到这些信息。

（3）召回用户

社区在触达潜在流失用户之后，需要对用户的反馈及时做出回应，这样才有可能及时召回用户。例如，当触达到的用户在视频推荐流里点击VIP内容时，可以在产品设计上简化用户的付费路径，让用户在最短时间内完成付费并观看VIP内容；而在触达用户收到续费优惠券后，也可以每天定时提醒优惠券使用信息，让用户尽快完成优惠券的续费使用。

而对于已经流失的用户，也应该在其主页提醒仍然不续费会员所损失的权益和金额，刺激用户重新续费成为会员。

12.2 内容付费：内容维度的增值服务

近些年内容付费风潮逐步兴起，创作者与社区平台的版权保护意识逐步加强，用户为内容直接付费的模式正日益发展，这种模式对平台的盈利贡献也日益突出，更成为催生高质量内容生产的加速器。短视频社区本质上仍然是一个内容平台，所以内容付费也就成了社区平台的一项重要盈利手段。接下来我们分别从认识内容付费、内容付费类型、内容付费前景三大方面来讲解内容付费。

12.2.1 内容付费的定义与发展

本节将从内容付费的概念定义、内容付费的发展起因、内容付费的发展阶段三方面进行讲解。

1. 本质定义

内容付费的本质就是把内容变成产品或服务，以实现商业价值，而短视频作为内容的一种呈现形式，本身也符合这个逻辑。对于内容付费的消费者而言，内容付费有助于其高效地筛选信息，通常能够拿来收费的内容，往往相对于免费内容来说价值更大；对于内容付费的生产者而言，内容付费有利于鼓励其进行优质内容的生产。可以说，内容付费是通过最有效率的方式承认了内容生产者所付出努力的价值。

2. 发展起因

这里我们将探讨内容付费为什么能发展起来，具体从需求升级、场景多样、门槛降低、信息过载四个方面来看。

（1）需求升级

内容付费产业能够发展的根本原因在于用户端需求的升级与进化，一方面人们开始承认优质内容的价值，并且愿意为这类虚拟商品（内容付费非实物商品）买单；另一方面根据马斯洛需求曲线，在当代人们的基本生存需求与安全需求都已经得到保证的情况下，人们下一步追求的更多是在精神层面能够得到满足，通过寻求优质的内容来获取见识与陶冶情操，满足自我实现与自我提升的需求。

（2）场景多样

随着手机移动端的持续发展与工作节奏的加快，用户的时间变得碎片化，进行内容消费的场景则变得多样化，这为内容创作的表现形式提供了多种可能性。内容创作最早的形式可能只是图文或者两小时的电影，需要人们花一整块时间来阅读或观赏。但是用户在坐车、等地铁、工作累了想放松十几分钟时，是没有整块时间的，所以内容的创作形式也逐渐变化，从图文变成了音频，或者是几十秒钟的短视频，而节奏的加快也使得内容的输出节奏更加紧凑。而正是因为内容形式的改变满足了用户多样的生活场景，用户也愿意为这些新形式的内容去付费，以满足各种场景下的阅读和娱乐需求。

（3）门槛降低

随着大数据、人工智能、软件开发等技术水平的持续发展，手机、单反、无人机等拍摄设备价格的持续降低，内容创作的门槛进一步降低，知识、技能、信息更高效地被传播。现在只要有一部智能手机，任何人都能够成为短视频的创作者，这就会吸纳很多原本没有表达欲望的用户参与短视频的生产，使短视频内容数量增多。对于一些具有一定资源，但还是用传统的图文来表达的创作者，例如传统出版社的编辑、电视台的记者等，则可以将旧内容通过短视频这一新形式表达出来，这也释放了短视频内容的存量。得益于内容供给端的爆发，优质内容频频出现，从文字能力、音乐创作、成长故事，到职场经验，每一种有价值的内容都有被用户付费购买的意愿。

（4）信息过载

在信息爆炸的现代，看起来好像是我们能获取的内容更多了，获取内容的方式也变得更简单易行了，但其实每个人并没有觉得获取了更多的有效知识，反而觉得信息负载更重，直接获取有效知识变得更难，人们的精力与时间花在了筛选和分辨有效知识上。内容付费产品通常定位明确，在垂直方向上精耕细作，反复打磨，可以帮助用户从杂乱无章的无效信息里筛选出真正有价值的信息，因此用户愿意通过付费的方式来节约自己的时间和精力，高效获取内容。

3. 发展阶段

内容付费的发展分为早期阶段，用户为内容付费的萌芽时期，随着微信与移动支付的普及而正式起步，最后来到短视频时代的蓬勃发展阶段。

（1）早期阶段

内容付费的早期阶段主要集中在教育行业、出版行业与咨询行业。教育行业主要是一些为考研、考公服务的网校邀请名师授课，学员想上课则需要付费；出版行业除了传统的售卖书籍外，也在豆瓣、亚马逊等网站进行电子书的销售，用户可以用比实体书相对便宜的价格买到电子书；咨询行业则主要是一些付费问答平台，主要是提供名医咨询、考学咨询等。

这一阶段的内容付费依旧相对小众，只有非常刚需的人群才会想到付费购买服务，内容创作者受制于平台宣传，缺乏直接触达用户的手段，缺少粉丝运营和持续服务的概念与能力。

（2）正式起步

内容付费正式起步的一个标志性事件是2013年微信公众平台的普及，它使得大部分内容创作者第一次拥有了一个完全属于个人的创作空间，而在2014年移动支付的迅速普及也让用户进行内容付费开始变得简单易行，用户的内容付费率得到了极大的提高。用户开始习惯为有价值的短文、课程、视频内容进行付费，这加强了创作者与用户的直接联系，而不仅仅是通过流量与广告进行间接变现。在内容付费正式起步的这几年，市场对用户的逐步教育，用户财富的积累，都为内容付费提供了坚实的基础。

（3）发展阶段

内容付费正式进入发展阶段是从各家主流内容社区纷纷上线内容付费平台开始的，例如B站的大会员电影内容、知名UP主的付费课程；知乎的人文历史、经济学付费内容；得到App的名家名师付费视频课程；抖音、快手上甚至开始有部分内容付费的直播，内容付费由此进入了真正的发展阶段。这一阶段从供给端来看，各个自媒体平台已经培育出了大量的各类知识IP，供给端内容丰富多彩；从消费端来看，越来越多的人急需升级自己的认识与思维，两者共同推动内容付费进一步向前发展。

12.2.2 内容付费两种维度的类型

内容付费的形式多种多样，满足了用户多维度的需求。内容付费的几个典型的领域有效地契合了不同类型的用户的相关需求。下面我们从形式与领域两个角度讲解内容付费的类型。

1. 形式分类

如图12-5所示，这里将内容付费的形式分成了六大类型，分别是作品付费、作者专栏、在线课程、咨询问答、付费社群、打赏付费。

（1）作品付费

作品付费最适用于知识版权保护作品的收费，如用户原创作品或版权影音作品等，其典型的特点就是多消费多支付，少消费少支付。如图12-5的作品付费所示，用户想要查看剩余的理财内容就需要支付一定的金额，以解锁剩余内容。与此类似，在快看漫画App上作者以原创漫画作品为单位向用户出售，每一章漫画收取一定的费用，用户想多看就多付费。像爱奇艺、B站这样的视频平台，则是以带有版权的电影、电视剧等作品为单位向用户收费，用户需要付费解锁观看剧集。作品付费中的作品则会根据版权作品的采购价格，以及作品在用户心中的受欢迎程度来进行差异化定价。

图 12-5 内容付费类型

（2）作者专栏

如果用户很喜爱某个作者的内容，愿意一直为某个作者的作品付费，社区平台提供了用户付费订阅作者专栏的内容付费类型。通过这种模式一方面可以降低用户的付费成本，订阅专栏的价格低于为作者的每个内容单独付费；另一方面也提高了用户对作者的忠诚度，有利于作者与用户建立长期的信任关系。如图 12-5 的作者专栏所示，用户可以付费订阅财经作者的专栏，其专栏内容通常包含某个作者的所有图文内容、音频直播、视频直播、沙龙 live 门票等，用户一次付费就可以解锁作者的全部内容。

（3）在线课程

在线课程相比于作者的其他内容的优势是有平台背书，毕竟课程产品不是任何一个创作者都能独立轻松打造的。社区平台上的在线课程通常需要作者精心准备，并且经过平台审核、发行、宣传、结算等工作，全程由平台与作者本人共同深度参与制作，质量通常比较有保证。如图 12-5 的在线课程所示，用户如果觉得一门课程非常不错，就可付费参与在线课程的学习，而平台为了提高课程内容的购买量，也会发放课程优惠券来刺激用户付费购买。

（4）咨询问答

咨询问答属于创作者为用户进行一对一定制服务的内容付费类型，通常个性化较强，价格也较高，如图12-5的咨询问答所示。用户想要了解商科学生如何更好地做职业规划，可在分答上与创作者预约，协商好时间地点后进行线下咨询。

与版权产品相比，咨询问答具有"一次性消费"的特点。创作者并不能够通过规模化复制咨询问答进行规模化收费，所以其边际成本高，定制程度高，通常集中于一个领域或者主题，如专注于行业知识的共享或者专注于医疗健康的咨询等。

（5）付费社群

付费社群指的是用户付费加入某特定目标社群共同学习、分享信息，其模式通常是以核心人物为中心，用户通过预缴费用以获取长期的社群福利，典型的例子是知识星球，每个星球有一位发起人，通常是特定领域较有声望的专业人士，其建立该星球后向每一位加入者收取费用，此后发起者将长期在群内发布个人经验、知识、回答问题等。如图12-5的付费社群所示，用户付费加入创作者的摄影课社群，可以在付费社群类获取创作者的每日课程、语音教学甚至是一对一亲自指导。

（6）打赏付费

打赏付费属于用户在消费内容后，自发性地对优质原创文章、优质问题问答、优质短视频内容或者直播进行付费，以表达对创作者内容的喜爱，并激励创作者持续生产高质量内容。打赏付费的特点是用户付费与否和付费多少不受限制，全凭用户对内容价值的评价和主观意愿而定，它具有一定的粉丝效应，比较偏向感性消费。打赏付费的金额弹性大，对创作者来说盈利不稳定，且具有一定的市场监管风险，并不能作为创作者的一个长期有效的稳定变现手段而存在。

2. 领域分类

如图12-6所示，我们将内容付费领域分为职业技能类、专业知识类、投资理财类、生活兴趣类四个类型。

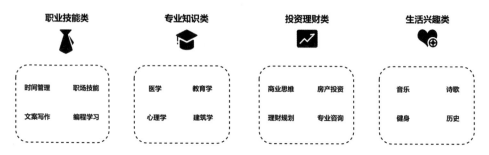

图 12-6　内容付费领域分类

（1）职业技能类

也许是因为很多人在职场里一直处于比较焦虑的状态，职业技能类在内容付费领域占据了最大的比例，主要涉及的内容包括时间管理、职场技能、文案写作、编程学习等。

- 时间管理：包括如何分配工作与生活的时间，如何提高职场的工作效率等；
- 职场技能，包括如何顺利升职加薪，如何与自己的上司相处，如何超出预期完成工作任务等；
- 文案写作，包括如何写出更有吸引力的广告文案，如何持续产出高质量文章等；
- 编程学习，包括学习简单的Python语言提高工作效率，学习简单的数据库操作技术等。

（2）专业知识类

专业知识类的内容因为其生产门槛较高、生产难度较大、能够成为部分专业从业者的刚需等特点，而成为内容付费领域占比第二的品类。可以看出用户愿意免费获取娱乐生活内容，但对于专业知识内容，还是倾向于拿出真金白银进行付费的。

专业知识类的内容主要涉及医学、教育学、心理学、建筑学等领域，像人们关心的身体健康、幼儿/成年人教育、个人心理健康发展等，这些领域通常更加贴近用户的日常生活，而对于那些距离人们日常生活较远的专业知识，例如电子信息、机械制造等，则相对更加冷门一些。

(3) 投资理财类

现在的都市人最大的焦虑就是对财务自由的渴望，所以和挣钱紧密相关的投资理财类也成了用户愿意进行内容付费的一大品类，其中包括商业思维、房产投资、理财规划、专业咨询等。由于中国传统的主流观念是勤奋工作获取财富，所以大多数人关于理财投资的教育是缺失的，而一些科普投资理财观念的课程为用户提供了全新的思维方式，所以这类课程在这几年大有市场，全民理财也逐步成为趋势。

(4) 生活兴趣类

生活兴趣类的付费内容主要是契合人们"有钱有闲"后的兴趣需求，满足用户的好奇心和求知欲，其包括的品类有音乐、诗歌、健身和历史等，甚至包括一些探索生活边界的知识，例如名人生活体验、热门事件延伸、新职业体验等。这些生活兴趣内容体现了人们在努力工作挣钱之余，也在追求更加丰富的生活体验，对自己日常生活中体验不到的场景与状态充满了探索欲。用户的这些心理特点让生活兴趣类成了内容付费领域的重要组成部分。

12.2.3　内容付费的前景

这里将探讨内容付费的前景，包括目前内容付费存在的问题，以及未来内容付费的趋势等。

1. 内容付费的问题

目前，困扰内容付费的问题有：知识产品的版权问题难以界定、用户难以提前评估内容质量、传统内容生产者的改变意愿较低、内容付费的复购率低。

(1) 版权问题

内容付费属于典型的虚拟产品，是凝聚了创作者心力所交付的有价值的产品，然而虚拟产品的知识产权模糊性使得许多侵权行为难以界定，创作者缺乏方便的申诉通道，往往还需要花费大量的时间和精力去参与维权，造成很多不必要的消耗。

不仅如此，由于内容付费的蓬勃发展，有很多内容制造者出于金钱的诱惑，会通过抄袭、洗稿、搬运等方式盗取原创作者的内容，导致内容的生产和传播链条愈加复杂，普通用户对很多搬运视频、洗稿文也很难有足够的辨别能力。

（2）提前评估

内容付费的第二个问题就是知识内容并不像实物商品一样可见即可得，受制于购买内容的用户之间的认知能力与基础并不相同，对于内容购买后能够给自己带来多少帮助通常也是因人而异的，宛如小马过河，深浅只有自己蹚过河流才知道。内容付费的评价通常两极分化，有所收获的用户会极力推崇付费内容，而另一部分用户可能就觉得没什么用。因此用户在付费购买内容前很难准确评估内容的价值，这也就降低了内容付费的购买率。

（3）意识转变

尽管内容付费走进了一个百花齐放的时代，但部分专业内容还是掌握在一些传统内容生产者手上，例如传统的出版、教育、传媒行业，他们有大量的专业编辑、摄影师、插画师、剪辑师等内容专业生产者能够生产出足够精品的内容，而受制于传统工业化生产链条与利益分配，这些行业还是会以比较传统的方式输出内容，其意识很难迅速转变以适应现在的内容付费时代。而对于内容付费的生态来说，如果没有传统内容生产者的优质精品内容参与，也会是一种损失。

（4）复购率低

内容付费究其根本也是需要用户花时间和精力去学习的，本质上是一个逆人性的事情，这个过程并不像看综艺节目那般放松和快乐，反而是充满痛苦的。所以对很多用户而言，许多内容付费产品"买来不学"是一种常态，久而久之用户便会觉得内容付费产品买来了反正自己也不会学习，从而降低复购意愿。与此同时，对很多内容创作者而言，其专业能力也仅仅是在一个领域，用户购买完创作者在这个领域沉淀的内容以后，便很难再继续从这个创作者身上挖掘更多有价值的内容，这也导致复购率低下。

2. 内容付费的趋势

内容付费的趋势有以下四点：内容生产者的资源争夺、消费市场结构往线上迁移、内容付费平台各类机制的完善、用户付费意识的持续加强。

（1）资源争夺

未来内容付费一定会从各个创作者的单兵作战，发展到系统化、规模化的集团军作战。对于社区平台而言，要想在内容付费领域赚取足够的利润，就需要直接抓住内容创作的上游资源——内容创作者本身，社区平台通过与内容创作者签独家协议的方式垄断内容付费领域的生产资源。随着各个社区平台的竞争加剧，将会造成生产资源越来越稀缺，内容创作者将会成为社区平台的精准壁垒，哪个社区平台的独家创作者数量多，哪个社区平台就能在内容付费领域取得绝对的领先优势。

（2）结构升级

内容付费的一个趋势是利用互联网对整个传统出版、教育、传媒行业进行重构，加速线上化和电子化，传统的内容生产者会持续进行产业升级。

疫情期间在家办公已经让人们看到了在线办公的可能性，那么未来内容付费也有可能实现整体业务的线上化。不仅仅是现在已经线上化的作品付费、在线课程、在线咨询等形式，未来线下授课的教学模式也可以一并扩展到线上，整个消费市场的生产者和消费者都会适应并加速转型升级。

（3）机制完善

内容付费的另一个趋势是在内容创作者侧的筛选和评价机制将会愈加完善。为了消除用户在购买内容付费产品前对内容效果的不确定性，社区平台将对创作者加强监督，提高筛选门槛，让用户逐步对社区平台产生信任，以提高付费率。

在推荐算法上，社区平台也会完善内容付费产品的细分与推荐机制，让用户用最少的时间找到最适合自己的产品，并保证推荐内容的质量。

在社群运营上，社区平台不仅只对用户售卖内容付费产品，也会加强课后社群的互动维护，持续影响用户的后续消费和购买意愿，让创作者和消费者之间形成长期关系，而不是一锤子买卖。

（4）意识增强

随着国家政策、资本力量对版权保护力度的加大，盗版内容的获取成本、消费成本逐渐增加，消费者的心态将从维护版权，愿意为版权内容付费，发展到认为内容付费是一件稀松平常、理所应当的事情，这一心态的转变将为内容付费提供稳定的消费侧市场，反过来也会让供给侧的创作者人数猛增，这也会进一步提高付费内容的质量。

| 第 13 章 | CHAPTER

短视频社区的品牌孵化

本章来看看短视频社区亲自下场进行品牌孵化的思路。之前的广告、直播、电商变现都是品牌生产好了产品，来到短视频社区，将其当作拥有流量的媒介和渠道，去触达品牌期望影响的用户。那么反过来，对于手握巨大流量与用户的短视频社区来说，为什么不从下游走向上游，从社区内部孵化出自有品牌产品呢？

如图 13-1 所示，首先我们来看看近些年新锐品牌的崛起逻辑，例如花西子、元气森林、完美日记等品牌，探讨是否有流量就能诞生新品牌；接着我们看看短视频社区为什么能够孵化出新锐品牌，短视频社区的优势和扶持新品牌的意义是什么；最后我们探讨一下品牌与平台之间的博弈，品牌基于自身发展的扩张需求，以及平台为了稳固品牌而提供的服务。

13.1 新品牌崛起逻辑

新锐品牌近些年取得了爆发式的增长，我们从产品端、营销端和数据端三个维度来探讨新锐品牌的崛起逻辑。

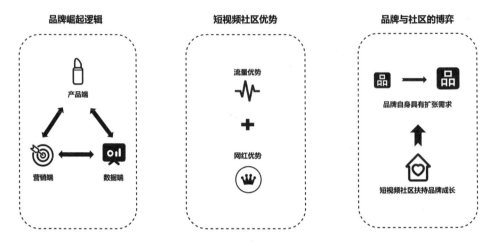

图 13-1 短视频社区的品牌孵化

13.1.1 新品牌产品端的四个特点

从产品端的角度来看，新锐品牌除了产品质量本身要过硬这样的基础要求以外，还具有品类集中、利润率低、数字化高、线上化高四个特点。我们在下面会拿新锐品牌、数字化转型品牌、传统品牌举例，以突出新锐品牌在产品端的特点，并方便大家理解这三类品牌的区别。我们以美妆这个品类为例，新锐品牌有完美日记、花西子，数字化转型品牌有欧莱雅、雅诗兰黛，传统品牌有花王。

1. 品类集中

新锐品牌通常主打的品类与 SKU 并不多，其攻占用户心智只用两三个爆款进行主打，例如元气森林初期只主打"无糖汽水"这个特点，SKU 也只有苹果、水蜜桃、葡萄等几种主流口味；花西子和完美日记的彩妆品类开始也主要就是口红、唇釉、眼影这几个品类，并没有把产品线扩充到美妆的全品类上。新锐品牌采取集中品类的好处，第一是通过垂直品类切入，率先攻占用户心智；第二是节省资源，集中力量办大事，避免前期全品类铺开后，在销量一般的品类上浪费资源。

2. 利润率低

相比于传统品牌以及正在数字化转型的品牌，新锐品牌的产品利润率通常较低，新锐品牌通过压低利润并让利给消费者的方式，低价促销快速占领用户市场。新锐品牌背后通常都有不菲的融资，对于资本来说新锐品牌在初期能够快速占领的市场规模比其盈利能力更有意义。资本支持新锐品牌通过压低利润的方式占领市场，在取得一定的时长规模之后，再通过发展高端产品线的方式，或者开发其他子品牌的方式，来提高新锐品牌的利润。

3. 数字化高

传统品牌主要靠经销商渠道营销，仅仅掌握销售和渠道数据，用户数据对传统品牌可以说是透明的；数字化转型的品牌可能有部分订单数据和用户基础的 DMP（Data Management Platform，数据管理平台）数据，但是销售方式仍然是以柜台和经销商为主，对数据变化并不敏感；新锐品牌产品的数字化程度较高，从产品"生产—营销—订单—复购"全程都能够直接触达用户，且对全过程中的任何数据变化都能够及时进行反馈并进行策略调整，例如广告投放数据可以指导新锐品牌投放的定向选择和创意制作，用户评价数据和销量数据可以指导新锐品牌产品的下一次迭代。

4. 线上化高

传统品牌的线下渠道多、资源多、各级代理多，所以线下仍然是其主要销售渠道；数字化转型品牌之前的重心是线下渠道，近些年逐步往线上渠道迁移，目前线上线下相对均衡；而新锐品牌在前期基本是以线上销售为主，不仅仅重视线上渠道，同时也在线上进行各类营销活动、内容种草、优惠发放、社群运营，只有在中后期快速扩张时才会在线下去铺量。

13.1.2　新品牌营销端的三种方案

新锐品牌在营销端已经总结出了一套成熟的打法：前期小红书、知乎、B 站种草，在公域流量进行广告投放，吸引用户进入电商平台（淘宝、天猫、微信小程序商店）付费下单，并在吸引用户成为品牌粉丝后成为私域流量，持续运营

分析：
爆款公式是否真的存在？

提高用户复购率。在这一套成熟打法的基础上，品牌也在营销端大力开展促销活动，把控营销节奏，进行社交裂变，持续提高品牌销量。

1. 促销活动

新锐品牌热衷举办促销活动，第一是因为促销具有很强的去库存能力，第二是让用户感受到实惠，愿意不时地关注品牌近期是否有优惠，进而提高用户复购率。典型的促销活动包括低价秒杀、套装售卖、饥饿营销三类。

- 低价秒杀：低价秒杀是商家的一种成本低、效益高的促销方式，商家只需要用少部分的商品进行低价销售，通过秒杀活动给用户造成一种紧张刺激的竞争氛围，为营销带来游戏化的体验；
- 套装售卖：套装售卖价格小于购买套装内各个单件商品累加后的价格，商家虽然进行了让利，但是将商品组合成套装的方式可以提高商品的售卖量，属于一种"薄利多销"的思路；
- 饥饿营销：饥饿营销指的是商家有意提高购买商品的稀缺性，这个策略能够激发出用户的购买欲和占有欲，并在用户间形成较高的讨论度，达到口碑营销的效果。

2. 营销节奏

新锐品牌的营销节奏通常紧凑而密集，营销活动前会进行预告和预售，营销活动当天或某个时段会集中发放优惠券引爆营销，营销活动结束后还会进行爆款商品的返场。

- 营销活动前：通过短视频、达人、站内广告等方式为营销活动进行预热，也会提供精选商品的预售活动，提前锁定用户、稳定库存；
- 营销活动中：营销活动当天的上午10点、下午2点、晚上6点、晚上10点四个时段进行达人直播、优惠券赠送、抽奖活动、福袋发放，引爆营销节奏，持续维持营销活动当天的整体热度；
- 营销活动后：营销活动结束后，商家会根据活动全程的销售数据，将爆款商品进行返场售卖，以满足那些有需求但是又没有在营销活动当天及时购买的用户。

3. 社交裂变

新锐品牌非常重视通过用户间的社交裂变方式，去实现产品的口碑宣传和用户拉新，相比于广告投放触达用户，社交裂变不仅能够节约品牌方的营销成本，还能够为产品带来良好的用户黏性，为平台搭建起一套稳定的私域流量体系。新锐品牌通常会在社群里配备专门的客服人员回答用户的问题，并不定期地发放惊喜福利，例如0元许愿得到限定礼盒、社群抽奖免费得礼包、邀请好友得20元红包等。

13.1.3 新品牌数据端的两类建设

数据端包括新锐品牌营销全程数据链路的打通和新锐品牌数据中台的建设两方面。

1. 数据链路

新锐品牌的营销路径通常是，前期通过公域营销的效果广告和种草，引导用户至电商平台，并通过电商平台去承接公域流量的销售转化，后期吸引用户关注品牌企业号，或者加入品牌官方微信群，将用户转化进入私域营销。

在整个过程中，品牌将进行全程的数据监测，打通一个品牌用户行为的整个数据链路，包括广告投放通过哪个渠道触达该用户，该用户在电商平台的浏览路径与成交转化数据，该用户在微信群里咨询过的问题等。新锐品牌利用整个数据链路了解了用户行为的全貌，加深对用户的认知，从而更有针对性地进行营销。

2. 数据中台

新锐品牌通常会打造"1+N"的品牌矩阵来销售产品，1指的是主力品牌旗舰店，其客单价通常较高，SKU相对较少，主要用来保证品牌调性和产品利润率，例如手机品类里小米手机自己的主品牌；N指的是子品牌店铺，其商品客单价跨度比较大，SKU丰富，主要用来扩大商品覆盖的用户群体，例如手机品类里的红米等子品牌，但是子品牌店铺通常也会销售主品牌的产品。主品牌与子品牌主打的产品不同，面向的用户群体不同。数据中台可以支持所有店铺共同使用同一个商品数据库，实时动态管理商品的价格、销售量、库存等信息。

13.2 短视频社区的两大优势

本节将探讨短视频社区做新锐品牌孵化的优势是什么。在笔者看来主要有两点，一个是短视频社区具备流量优势，另一个是短视频社区具有网红优势。

13.2.1 流量优势

无论社区的形态如何变化，互联网本质上仍然还是关于流量的生意，它代表了现今最有价值的用户注意力在哪里，我们通常会用日活/月活与用户时长两个指标来量化用户注意力这个指标，而短视频社区在这两个数据指标上都具备足够的优势。

1. 日活/月活

用户日活代表了每天有多少用户活跃在短视频社区上，用户月活代表了每个月有多少用户活跃在短视频社区上。据统计几个主流短视频社区的日活数据高达亿级。日活数据的绝对值越大，表示短视频社区的用户越多，短视频社区的价值越高。我们也会用日活/月活判断短视频社区的用户黏性，黏性越强说明短视频社区对于用户越刚需。

2. 用户时长

用户时长代表了用户每天花多少时间在短视频社区上。由于每个用户一天的时间上限只有24小时，因此在用户数量逐渐达到瓶颈以后，各家短视频社区的竞争主要就是集中在用户时长上。据统计当前国内几个主流的短视频平台（抖音、快手、B站）的人均用户时长都在80分钟左右，也就是说超过了一个小时，考虑到每个用户一天的睡觉、吃饭及工作时间，一小时以上的短视频使用时长可以说是占据了用户大部分的休闲娱乐时间。

13.2.2 达人优势

短视频社区的另一个优势就是活跃在社区的各类达人创作者，我们将其划分为明星、KOL、KOC（Key Opinion Consume，关键意见消费者）三类。"明星+KOL+KOC"的营销矩阵搭配，能够以成熟的投放体系实现品牌从曝光到种草。

- 产品上线前，通过明星+头部KOL进行产品分享，进行新品曝光；
- 产品上线期间，通过KOL以及KOC的分享实现种草；
- 产品上线后，通过投放KOC的反馈帖，生成UGC内容，进一步进行曝光。

1. 明星

明星能够使用户产生模仿行为，产生使用好物的欲望。明星代言主要是为内容种草，通过展现自用好物的效果，并结合自身标签与工作性质，突出产品的良好效果，典型场景例如熬夜拍戏的女明星使用某款眼霜成功消除了黑眼圈等。明星种草能够通过自身的明星形象和影响力为品牌背书，解决用户的信任问题，帮助品牌快速获得用户认知。

2. KOL

KOL代表了社区平台内部粉丝量较大的头部创作者。KOL的作用是通过其影响力唤起用户的兴趣与购买冲动。通过达人富有趣味的创意内容将晦涩难懂的商品信息有趣地呈现出来，帮助用户加深对产品的理解，结合用户对KOL的信任优势，可以迅速加快品牌的拔草速度。

3. KOC

KOC代表了社区平台内部粉丝量较一般的中腰部创作者。KOC能够起到的作用类似于商家的大众点评，可帮助品牌快速获得用户的信任。KOC输出的内容大多都是真实的用户体验，包含朴实的推荐理由，虽然没有太多专业华丽的辞藻，但是却最直观地讲述了品牌产品的使用感受，较容易获得大众的信任。

13.3　新品牌与平台社区的博弈

在介绍完品牌崛起逻辑和短视频社区的优势后，我们来看看品牌与短视频社区之间微妙的博弈关系：品牌出于自身的增长逻辑，在依靠某个短视频社区平台成长起来以后，需要探寻更多流量，也就是去其他短视频社区平台拓量，以寻找更多的品牌受众，也可能会将这些流量转变为品牌自身的私域流量；而平台希望借助新锐品牌的影响力帮助其增强短视频社区的品牌形象，向市场去证明平台对品牌的巨大影响力，提高平台本身的商业价值，社区平台并不愿意轻易放任品牌走向其他社区平台，所以会尽力给予新锐品牌在营销和供应链上的帮助，增强平台与品牌之间的绑定关系。

13.3.1　新品牌自身的扩张需求

品牌的扩张通常遵循以下逻辑：首先通过单一平台起量，在单一平台上稳定后前往多平台铺量，最后汇聚所有的外来流量成为自身的私域流量，并持续对私域流量进行运营。

1. 单平台起量

很多新锐品牌早期都是先找准符合品牌调性、拥有大量品牌受众的单一平台，并在该平台上持续深耕，吃透该平台的用户人群，为品牌自身获取第一波买单用户，打造第一批稳定的品牌粉丝群体。例如完美日记最早就是在小红书上寻找大量价格合适的中腰部 KOC 发布种草笔记，将预算通过"细水长流"的方式花出去，持续影响小红书的女性用户，形成完美日记在站内的口碑营销；而元气森林最早也是在微博上持续经营，打造健康、时尚、年轻的品牌形象，为品牌积累第一波粉丝用户。

2. 多平台运营

新锐品牌的流量运营思路是"流量捕捉",而不是依靠平台的"流量扶持",能够敏感地跟随流量迁移及时调整营销策略,在某个单一平台流量红利逐渐见顶时,能够迅速调整思路,借助多平台的流量红利,持续发展品牌的新受众。例如,完美日记就在2019年小红书的流量增长趋缓之后,开始去挖掘抖音、B站、淘宝直播等新平台的流量价值;元气森林也是从最早的微博营销,逐步发展到B站和小红书去进行内容营销。这些新锐品牌都在不断尝试新路子,试图捕捉到新的流量红利。

3. 私域流量运营

在拓展完多个社区平台、公域流量放缓之后,新锐品牌会尝试进行私域流量的社群运营,希望将平台流量转化为品牌自身的流量,这样就不用受制于平台本身流量的增长困境,或者平台对品牌的扶植态度。越来越多的新锐品牌开始通过这种"公域转私域"的方式实现品牌建设,例如完美日记通过公域流量实现品牌曝光和种草之后,将用户转变为私域流量,通过让用户关注品牌公众号、小程序和加入微信群的方式进行社区运营。由于广告投放的边际效用逐步递减,私域流量运营能够带来复购率的进一步提升。

13.3.2 平台社区如何扶持新品牌

与品牌的扩张需求相对应,社区需要提供更多的平台服务来持续帮助品牌获取流量红利,降低运营成本,这里我们举平台提供的营销服务和供应链服务两个例子,同时我们也要探讨一下短视频社孵化并扶持新锐品牌所具有的意义是什么。

1. 平台服务

平台服务的根本目的是帮助品牌降低成本,而品牌增长最大的成本分为两块,一块是获取流量的营销成本,一块是获取货源的供应链成本,那么相应的平台就需要在这两个方向上为品牌提供支持。

（1）营销服务

营销服务具体指的就是品牌需要在平台上买广告获取用户，无论是购买品牌广告获取品牌曝光量，还是购买效果广告获取用户转化，抑或是在平台上进行内容营销，广告费用对于新锐品牌来说一般都是笔不小的开支。而社区平台在营销服务上的扶持，则是通过广告投放的优惠减免，或者是增加返点系数来完成的（注意平台一般不会直接返还现金，而是通过返还流量来实现返点），社区平台通过降低品牌的营销费用成本，帮助品牌获取更多流量。

（2）供应链服务

供应链服务指的是社区平台在货源、仓库、物流方面为新锐品牌提供服务，分别从怎么找到货源、怎么存储货物、怎么将货物送到消费者手上来帮助新锐品牌解决问题。

- 货源：大部分新锐品牌都是专注在快消/美妆等客单价适中、贴近民众生活的行业，社区平台可以提供投资关系与资金扶持，帮助品牌解决货源问题；
- 仓库：社区平台发展电商自营业务，可以为新锐品牌提供仓储服务；
- 物流：社区平台通常是各个物流公司的大客户，它能够通过大客户协议或者投资关系，帮助新锐品牌降低物流成本。

2. 扶持意义

短视频社区对新锐品牌的扶持意义分为两点：第一是在品牌圈子内形成示范效应，让众多品牌认识到平台的价值；第二是为平台的自身业务增加其他的可能性。

（1）示范效应

短视频社区平台只要扶持起了一个新品牌，那么在该品牌所在的行业内便会给其他品牌造成这样一个认知：这个社区平台一定有非常多适合本行业的受众人群，否则那个新锐品牌是怎么在那个社区成长壮大起来的，我们一定要拨一笔预算去那个平台上进行营销。通过这个逻辑，短视频社区平台就通过扶持一个新品牌，在一个行业内起到了示范效应，社区平台的商业价值就得到了极大提升。这样就可以吸引更多品牌入驻平台，且在平台上投入预算。

(2) 业务拓展

短视频社区平台可能会通过扶持某些特定的新锐品牌而发展出其他新业务，例如要扶持新锐品牌在社区平台上卖货而发展出电商业务和直播业务；要让平台的创作者更好地与新锐品牌合作，提升平台的商业内容占比以补充内容生态，那么就需要发展广告撮合平台的业务；平台若想让创作者获取收入，也需要发展短视频创作者的带货业务，等等。扶持新锐品牌能够倒逼平台去提升多样化业务能力，进而提升平台的发展上限。

商业化篇总结

本篇详细介绍了短视频社区商业化的四类商业模式：广告变现、直播变现、电商变现、增值服务，通过大量图例展现了品牌方是如何在短视频社区上开展营销活动、进行卖货变现的，短视频社区又是如何面向用户去进行变现的。广告变现部分分别介绍了品牌广告营销和效果广告营销，还梳理了典型行业的营销方案；直播变现部分我们介绍了直播引流、直播打赏和直播带货三种变现方式；电商变现部分我们按照"售前准备—售中营销—售后服务"的逻辑梳理了各个环节的细节；增值服务部分介绍了两种付费形式，分别是会员付费和内容付费。最后还探讨了社区平台孵化新锐品牌的过程，以及两者之间的博弈。

后　　记

　　作为一名大学毕业后就在互联网行业摸爬滚打，既在一线大厂负责过实战项目，也在创业公司深度服务过品牌客户的"营销老兵"，我在此刻特别想与看到这本书结尾的你探讨最后两个问题：第一个是互联网产品经理的职业生涯发展与规划；第二个是短视频社区未来的发展形态。相信作为读者的你，无论是和我一样的互联网从业人员，还是对短视频社区抱有兴趣的用户或创作者，这两个问题都能够带给你一些启示。

　　首先是第一个问题：互联网产品经理的职业发展。毫无疑问，互联网的就业环境真的是越来越"卷"了，随着用户量与用户时长增长的停滞，各家互联网公司的业务逐步趋缓，难以空出更多高阶岗位给新人空间去发展与成长，这已经是不可否认的客观现实。而这也反向倒逼每个互联网产品经理去认真思考一个问题，那就是，产品经理的核心竞争力到底是什么？好像产品经理既要了解研发和算法擅长的技术原理，也要和销售和策划一样去懂市场与客户。那属于产品经理这个岗位角色自身的核心能力是什么呢？实际上，产品经理的核心能力是做决策，是根据自己的认知和预测去拍板，去扛业务指标。这是一个劳心又劳力的事情，产品经理需要站出来替老板承担压力并完成业绩目标，久而久之，这种对行业、产品、环境、市场灵敏的判断与决策会赋予产品经理极高的商业敏感性，产品经理也就自然能够进化为业务负责人了。

　　本书涵盖了多种细分方向上的产品经理角色，包括用户侧方向的推荐产品经理、搜索产品经理，以及商业侧方向的广告产品经理、直播产品经理、电商产品经理和会员产品经理，然而未来的互联网环境，将对各个产品经理提出更加综合性的要求。不仅要懂用户也要懂商业，要承担业务指标，要扛越来越重要的事情，将是每个产品经理职业发展的不二归宿。这条路充满着不确定性与挑战，相信"梅花香自苦寒来"，保持积极乐观的心态，同时更加俯身贴近一线、贴近业务，大家一定会对自身的发展规划越来越清晰，在这里祝大家好运！

其次是第二个问题：短视频社区未来的发展形态。虽然很难在当下立刻给出五年后短视频社区将呈现出的清晰样貌，但是未来有几个方向一定是确定的：

- 站在创作者角度，创作者粉丝这个维度更重要的将会是付费粉丝、买单粉丝、粉丝留存率等指标，单纯的创作者粉丝量多少的价值将会逐步被淡化，"能够转化的粉丝才是真粉丝"的概念将进一步深入人心；创作者生产的内容也将会越来越专业化、工业化，粗制滥造的低水平创作者一定会被淘汰，UGC 内容的门槛将会进一步提升。

- 站在平台的角度，内容品类将会随着不同年龄段用户的迭代而不断变化，目前一些小众的内容类型未来或许会成为最大的内容品类，甚至未来会诞生一些我们现在根本猜不到的内容品类，这是多么有意思的一件事情。但是这也要求每个短视频社区不断迭代创新，始终抓住最核心、最主流的内容类型，避免后知后觉被用户所淘汰。

- 站在品牌方的角度，去流量平台投放硬广采买流量的比例将会进一步下降，用户将很难被没有人情味的品牌硬广打动，品牌需要更加"润物细无声"地融入内容。投入更多资源去运营企业号，进行内容营销，塑造产品口碑，将是品牌发展持续不变的方向。

或许有人觉得短视频社区非常符合最近异常火爆的元宇宙概念的雏形，大家在社区内获取一个虚拟身份，然后在社区内不仅仅是欣赏内容，而是更多地分享生活。然而在这里需要思考的是，将用户的 24 小时彻底卷入社区元宇宙，一刻不停地在社区内社交、工作、娱乐、休闲，而放弃真实世界的交际生活，真的是我们愿意看到的景象吗？

世界太大，有太多问题等着我们去解答，也许有些问题本身就没有答案，我们思考、探索这些问题的过程，或许比问题答案本身更有意义。在这里，我希望能够和各位读者朋友一起去思考未来，去拥抱更多可能性，最重要的是，持续成长。

张哲

2021 年 11 月

推荐阅读

推荐阅读